刘志松 · · · · · · 著

天津市哲学社会科学规划课题（TJFX11-209）
天津社会科学院院重点课题
天津社会科学院出版基金资助项目

先秦犯罪学学说丛论

中国法制出版社
CHINA LEGAL PUBLISHING HOUSE

　　大抵人之一生，所学所为，除了矢志不渝的理想，其他总会基于一些偶然的因素。而正是这些偶然的因素，往往会影响到我们的选择和道路，并创生出意想不到的结果来，成为我们人生的某种标签。让我觉得幸运的是，在这些偶然因素中，总有一些让我更接近我的理想，或者说自己真正想过的生活样态。几年前，几个醉心于学术研究的年轻人，糊里糊涂的走到了一起，谈谈学问，写写文章，感觉真的挺好。今日落笔之前，总不免回忆。

　　记得有一次，志松师兄在闲聊时跟我和志伟说起他准备研究《中国古代犯罪学说通史》的计划，大约是受到吴宗宪教授《西方犯罪学史》的影响和对这方面学术研究不足的认知，志松师兄志在开拓一个新领域，他计划将中国犯罪学史划分为先秦、秦汉、唐宋、元明清、近代等几个部分，对这些历史时期在司法实践及学术思想上对犯罪学有贡献的学者进行深入剖析和挖掘。并将这些成果注入当前的犯罪学研究之中去，改变当前一味"舶来"的犯罪学研究的现实困境。并问我们是否有兴趣大家一起来完成这个工作，我们欣然应允。

　　记得每次我们坐在南开大学校园内的石凳上，带着纸笔、电脑，就研究内容和计划进行商讨，及时厘正研究方向上的偏差，及时分享各自搜集到的相关材料，然后在西南村静谧的小馆享用美味。想起来那段日子很是惬意。

经过一年多的写作，虽然困难重重，但终究还是取得了让人欣慰的成果，先秦部分初步完成。大家商议决定，不等全部完成再出通史，而是先把先秦部分出版，以受教于各位专家师长，使我们在以后的书稿写作中能更加得体的表达数千年历史中先贤为我们留下来的犯罪学学说思想。现在呈现在读者眼前的就是我们的初步研究成果。

先秦时期的思想家灿若星河，其思想又极具穿透性，影响直到今天。历朝历代的学者都对先秦思想家提出的主张进行过阐释和解读，各类作品也汗牛充栋，浩如烟海，为我们汲取传统文化的精髓提供了丰富的养料。但检索相关著作，却又发现鲜有对先秦时期学者的犯罪学思想进行整理和归纳，学者们在研究其思想的时候虽或多或少有所涉及，却少有系统将先秦犯罪学史作为课题而专门研究者。

犯罪学成为一门独立的学科始于19世纪中叶，意大利的加罗法洛（1851～1934）最先使用犯罪学一词，它是一门以犯罪现象为研究对象的学科。任何时代，犯罪现象都是不可避免的。因此在历朝历代发展的过程中，政治家、思想者们都曾在阐述其政治统治、社会治理的基本方略和设想时或多或少的提出过对犯罪现象产生的原因、犯罪的预防、犯罪的惩罚等的认识，先秦时期的思想家们对这一问题的阐述则更为集中。但是本书并没有直接研究先秦思想家的犯罪学说，而是首先对罪观念的起源问题进行了探索。从罪观念的社会起源问题出发，展现人类社会生活规则出现的过程，作为人类最伟大的发明之一的"规则"，既是人所创造的产品，又影响和规范着人们的生活。其影响主要体现在"对于既有的规则，尤其是那些被奉为信条的规则，没有按照它的指引去选择自己的行为，内心往往会生出罪恶感来。如果它已经被确定为制度性规范，那么，违反了它就会受到痛苦的惩罚，甚至生命的代价。罪的观念就是在这样的过程中出现并不断强化的。"但是违反法律规范、道德规范、宗教规范等所表现出来的还仅仅是形式上的罪，其实质是违反了人类社会所共同认可的基本社会运行的规则进而导致的对行为人否定性、负面性的评价。罪的本质到底是什么？贝卡利亚、边沁、龙勃罗梭、弗兰茨·冯·李斯特等学者都曾分别作出过不同的论述。相较于西方学者更侧重于从社会学、法学的角度对犯罪进行认知，中国古代早期的思想家更善于从哲学思辨的角度上去反思"善"、"恶"、"吉"、"凶"、"人"、"神"等概念，从而形成了不同的认识基础。

从中国古代"罪"字的字源上去探索它的语意根源能清晰地看出"罪"观念的来龙去脉，因此对"辠"、"自"、"辛"、"辛"、"辜"、"辟"、"章"等字的考察和分析之后，最终得出结论：罪原作辠，此二字分别经历不同的演化过程，辠原指以刑具加于人身，本为一种刑罚；而罪本指以网罗捕飞鸟之意，引申为捕罪人或监禁罪人。这一探索非需要有大量的积累和长时间的思考不可。

先秦诸子，百家争鸣。在学术上大致有阴阳、儒、墨、名、法、道、纵横、杂、农、兵、医等学派，其中影响较大的是儒、墨、道、法。各家学派在其经典著作中对犯罪原因、犯罪预防、犯罪惩罚等问题进行了阐述，又基于其理论基础的差异而呈现出不同的观点主张，自成体系。儒家基于对人性善恶的认识，认为道德教化在处理犯罪过程中起着重要作用，反对"不教而杀"，并认为贫困是导致犯罪的原因之一。因此重视对贫困者的帮助，使其有"恒产"，进而减少犯罪的发生。以管仲、商鞅、韩非等人为代表的法家学派，则更强调"重刑"，认为"以刑去刑，刑去事成"，因其采用严酷的刑罚而被后世视为刻薄寡恩。但从商鞅在秦国的司法实践中来看，他的主张实际上是符合当时社会发展的趋势而最终促进了秦王朝的统一的。在重视刑罚的同时，法家也注意经济的发展，管仲所提出的"仓廪实而知礼节，衣食足而知荣辱"实际上就是认识到真正要预防犯罪的发生就需要使人民生活变得富足，从而降低犯罪行为发生的可能性。儒家和法家所强调的重点有所不同，儒家强调教化，法家强调刑罚。但这并不意味着二者是截然对立，应该说儒家也没有忽视刑罚的作用，法家也不完全排斥仁义、尊卑、贵贱等道德标准。而是在比较两者的作用时有所侧重，有所选择。所以尽管二者之间在手段和方法上有所不同，但异曲同工，殊途同归，即都是为了更好的治理国家，这也正是汉代以后儒法合流的前提和基础。

道家强调人法自然、无为而治。基于此，道家将犯罪原因归结为贪欲、诈智、恶政、恶法、战争、贫困等，因此道家强调顺应自然、少私寡欲，教人克制自己的欲求，使其行为不损害他人与社会的利益，具体来说就是要"禁贪欲，去诈智，除恶政，废恶法"。庄子认为无拘无束、无知无欲的自然之情乃是人的本性，进而提出"圣人不死，大盗不止"的观点，可见其对于儒家学者所提倡的礼义道德、等级秩序等观点的反对。墨子从"兼相爱，交相利"的基本主张出发，认为在人与人的交往中互敬互爱，统治者"兴天下之利，除天下之害"则可以避免和预防犯罪的发生。无论是儒家、法家或者墨家，尽管其基本主张有所不同，但也从不同的角度对犯罪问题进行探讨和阐释，从而加深了对犯罪现象的认识，为后世对这一问题作继续而深入的研究奠定了深厚的理论基石。

我们对中国古代犯罪学史的研究尚处于初步探索阶段，虽有热情，但终究年轻，宥于自身学识和视野，在文中难免有粗漏错讹之处，期望这样的研究能引起学者们对该问题更多的关注和思考，也就教于方家，指出不足，以便更进一步。

闫文博

2015 年 8 月 8 日

C目录
ONTENTS

第一章
罪观念的起源（代前言）

罪的观念与意识是在人创造世界的过程中形成的，作为一种现象也同时是一种观念，其本身就是一个辩证的过程。中国古代关于罪的观念的起源与发展与西方甚至东方的其他具有代表性的国家和民族有着诸多的不同。然而从本源意义上而言，剥开具体形态的外衣之后，仅就社会学和哲学意义上的关于罪的观念而言，其本质和起源则是统一的。从这一本源意义上对罪的观念的起源进行梳理和探讨，对于研究人类关于罪的观念出现和发展的各种具体形态具有重要意义。

对于中国古代犯罪学说史的考察主要还是对罪的观念考察，自然离不开对罪观念的起源这一问题的思考。所以，在开篇之前首先从人类的整体视角对这一问题进行论述，虽然与传统中国式治史之道多有未谐，然而对于整体架构和逻辑关系却并无不睦，故将这一部分作为全书的知识背景和理论基础，附于此，是为代前言。

1. 罪观念的社会起源

探索罪观念的本质与起源，我们将从人类社会形成的外在化、客观化和内在化的过程开始思考。这一思考不是随意的选择，在对罪的观念的产生方式进行考察之后，宗教成为了一个不可回避的话题，尽管本书中所言及的宗教是在社会学和人类学的语境下进行探讨的，是一种抽象的观念，是人类社会产生和发展的文化创造，与其他意义上的宗教具有不同的含义。宗教成为社会学研究的对象产生了宗教社会学，而宗教社会学的基本思路对我们探讨罪的观念的起源具有重要的理论价值，可以说它在理论上甚至哲学意义上解释了罪的观念的来源与本质。

宗教社会学，抑或说宗教与社会学扯上关系，在韦伯与涂尔干之前并没受到重视，是他们把宗教这一源远流长的社会现象系统而客观地阐释出来，并引领了西方宗教社会学研究的方向，从而被誉为西方宗教社会学的"并峙双峰"。尤其是韦伯，他主张"不仅宗教是社会的产物，而且包含在宗教体系中的观念自身也会对社会发生影响，并可能在许多重要方面影响社会变化的过程"。如今，宗教社会学的研究正在走出自韦伯与涂尔干之后所出现的一度低迷的时期，越来越多的学者开始用宗教社会学的这些理论、观念和方法来分析历史和今天的社会。

虽然，从宗教中尤其是原始宗教中探寻一种社会现象的起源往往并不被认为是宗教社会学的"主业"，但这作为一种研究路径无疑是具有不可或缺的意义的。贝格尔在《神圣的帷幕》一书中，开宗明义地讲道："每一个人类社会，都是一种建造世界的活动，宗教在这项活动中占有一个特殊的位置"。贝格尔所谓"建造世界"，实指人类构筑自己生活于其中的广义的文化系统。社会是文化之一部分，因而社会也是人建造世界的活动。社会的形成，是一个充满辩证关系的过程，这个过程包括三个阶段：外在化、客观化和内在化。外在化就是人通过其肉体和精神的活动，不断将自己的存在倾注入世界的过程。客观化是指人类的产物都具有一个规律：即它一旦产生，就具有了独立性，有其自身的逻辑，它的创造主体在某种意义上就开始受制于它。而内在化则意味着人将客观化了的产物重新吸收进自己的意识，于是它们就既是外在的实在，又是内在于人自己意识中的现象。这三个阶段是浑然不可分割的整体[1]。人类是万物灵长，但其自身尤其是作为个体的自身在面对自然力的时候是渺小而微茫的，正是由于人自身生理结构的无力，所以人必须以外在化的方式重新建立一个属于人类自己的世界，这就是一个人创造社会的过程。这个过程中，既有物质的创造，也有精神的创造。用贝格尔的话说，这是一个"人通过其肉体和精神活动，不断地将自己的存在倾注入这个世界的过程"。只是贝格尔关注的是人从胚胎开始的生命过程，而我们更加关注的是人类从万古洪荒一路走来的历程。如他所言的那样，"离开了人向他在其中发现了自身的世界的不断倾注，就不可能设想人。我们不可能把人的存在理解为在自身之内静止不动的，处于某种封闭状态中的，后来才开始在周围的世界中表现它自己。人的存在就其本质而言是外在化的，并从一开始就是外在化的"[2]。人类社会的形成是人类自身为自己打造的一个不同于自然界的新世界，一个文化的世界。

2. 人创造世界：人类活动的客观化

尽管对于文化一词有诸多的理解，但我们还是从这一意义上来认知它，那就是人类自己创造的一切物质与非物质的东西。文化的创造是人类的一种本能，这与蜜蜂采蜜、蚂蚁筑巢一样，也是人得以存在的基础和前提。其中，最重要的，甚至可以说全部的人类文化创造都与秩序相关。秩序就是人类先天自然属性的那部分所不

---

①【美】彼得·贝格尔：《神圣的帷幕：宗教社会学理论之要素》，高师宁译，上海人民出版社1991年版，译者序，第4—5页。

②【美】彼得·贝格尔：《神圣的帷幕：宗教社会学理论之要素》，高师宁译，上海人民出版社1991年版，第9页。

可能提供的一种稳定可靠的结构，而秩序对于人类生存和发展而言是最重要的基本条件，这要靠人类的集体行为去创造，创造一个在行为和情感上都具有约束力的意义体系，成为使人类免于混乱和无意义的保护层。这一意义体系成为了人类自然本性之外的"第二本性"，人类这种对意义和秩序的追求超越了生物本性，自然人为社会人所包容。

秩序的维系需要一个稳定（当然这种稳定是相对的）的结构，而它的表现即是规则体系。规则可以说是人类创造的最伟大的文化，他把人类原始的自然本性关进了意识的囚笼里。规则是人类根据经验的积累而进行的假设，是人的创造性产品，但它却反过来影响和规范着人们的生活，对于既有的规则，尤其是那些被奉为信条的规则，没有按照它的指引去选择自己的行为，内心往往会生出罪恶感来。如果它已经被确定为制度性规范，那么，违反了它就会受到痛苦的惩罚，甚至生命的代价。罪的观念就是在这样的过程中出现并不断强化的。这一过程实际上就是客观化和内在化的过程。

人类创造了一个属于自己的文化的世界，我们称它为社会。无论是其中物质的部分还是非物质的部分，尽管它们作为人类集体的创造，但是却逐渐演变成为一个个外在于人的独立存在，它们不但不会因人的意志而消失或发生改变，反而会常常与其创造者的意志相违，甚至控制和影响人的行为选择。正如贝格尔所言："人造的世界变成了某种外在的东西，它包括种种物质的与非物质的客体，它们都能够违抗其创造者的意愿。这个世界一旦被创造出来，它就不可能轻易地被撵走了。尽管所有的文化都起源、植根于人类的主观意识中，可是它一旦形成，人类就不可能任意地再把它收回意识中了。事实上，它作为一个世界，独立于个人的主观性之外。换句话说，人造世界获得了客观实在的特点"①。这个过程就是客观化。

以物质创造而言，人类活动使原来自然界中的物质客体发生了变化，新的物质被生产出来，但当一种物质被生产出来以后，它就成为了一种客观存在，它不会轻易地因使用它的人的意志而发生变化。比如说核武器，它无疑是人的创造物。上个世纪四十年代前后，人类发现了铀原子核裂变现象，当时，人们怀着利用这一新能源为人类创造财富的梦想，为这一发现欢欣鼓舞。但核能的开发却被首先用于战争，即制造威力巨大的原子弹、氢弹等核武器。地球上现存的核武器足以毁灭人类以及他们创造的一切文明，这种危险使很多创造它的人追悔莫及。1945 年 8 月 6 日，当爱因斯坦在纽约萨朗那克湖边从《纽约时报》的一位青年记者那里知道了日本广岛遭原子弹轰炸的消息时，感到极度震惊。他是第一个写信给罗斯福以推动美国原子弹研究的人，他感叹道："我现在最大的感想就是后悔，后悔当初不该给罗斯福总统写那封信。……我当时是想把原子弹这一罪恶的杀人工具从疯子希特勒手里抢过来。想不到现在又将它送到另一个疯子手里。……我们为什么要将几万无辜的男女老幼，作为这个新炸弹的活靶子呢？②"爱因斯坦在《大西洋月刊》发表文章指出："我认为原子能在可见的将来不会是一种福音，因此我必须说，它当前是一种威胁"③。我相信，现在绝大多数人都希望销毁所有的核武器，而不愿意生活在"核毁灭"的危机之中。尽管"零核"、"无核"被喊得天响，但现实却是越来越多的国家在研制它，"核毁

---

① 【美】彼得·贝格尔：《神圣的帷幕：宗教社会学理论之要素》，高师宁译，上海人民出版社 1991 年版，第 14—15 页。

② 马栩泉：《核能开发与应用》，化学工业出版社 2005 年版，第 169 页。

③ 杨建邺：《科学的双刃器：诺贝尔奖和蘑菇云》，商务印书馆 2008 年版，第 269 页。

灭"的危机越来越严重。1955年就曾有《关于核武器的声明》，即著名的《罗素——爱因斯坦宣言》在伦敦正式发表，共有11位以诺贝尔奖获得者为主体的著名科学家在此宣言上签字。《宣言》写道："在未来任何世界大战中肯定要动用核武器，这样的核武器肯定要威胁人类的持续生存，鉴于这样的事实，我们强烈要求世界上的政府认识到，并公开承认，不能通过世界大战实现自己的目的。因而，我们强烈呼吁寻求和平手段，解决他们之间的种种争端"[①]。辛辛苦苦创造出核武器的人们却在为销毁核武器而忧心和呐喊，这正是人类创造的世界在不断客观化的表现。

实际上，客观化了的人类产品经常会强迫其使用者服从它的存在逻辑，就像你一不小心就会被刀子割伤手指，一如被石头、树叶抑或野犬所伤一样，同样会流出血来。因为刀子已成为一个外在的客体，其使用者必须按照刀子的使用方法和规范来使用它。有时，一种创造物甚至会决定其使用者的思维方式和行为选择，而这一约束力也许是那些最初发明它的人所没有预料到的。

人类所创造的非物质部分同样具有这种客观化的特性。比如说道德，道德其实也是一种假设，动物残杀甚至同类相食不会被认为是不道德的，因为它们没有为自己假设道德标准。而人如果实施了同样的行为，其自己内心会产生罪恶感，他也同时会被整个社会认为是有罪的，会被批判为"没有人性"。人性是什么呢，就是人在为自身创造了一个新世界的过程中而获得的第二属性，也就是社会性。"没有人性"也就意味着失去了后天的社会性，又回到了最初的人类外化之前的"动物世界"。再比如说法律，法律的例子更容易说明非物质部分同样具有客观性这个问题。如果说道德的生成是人假设的结果这一论断不那么容易被直观地理解

---

① 马栩泉：《核能开发与应用》，化学工业出版社2005年版，第171-172页。

的话，"法律是人定的"这个论断就基本会达成共识，尽管法律远不如道德更具有本质性。法律是最高级别的社会规范，它的人为构造性更为突出，立法过程就是建构法律的过程。当然，立法只是在形式意义上建构法律，而在实质意义上建构法律则是一个长期的集体创造过程。但无论是形式上的还是实质上的，法律规范一旦建构，其本身就具有客观性和强制性，违背法律的行为不但会被认为是"恶"的，而且还会受到相应的惩罚。人创造了规范，而后，人却发现自己的思维方式和行为选择都受到各种规范的控制和影响。规范作为人创造出的价值标准，它却渐渐客观化为一种外部世界的强有力的控制性甚至威胁性的东西与人相遇。

3. 制度的合理化论证

贝格尔指出：社会是客观化了的人类活动，即社会是获得了客观实在地位的人类活动的产物。社会结构被人体验为客观世界的种种因素，社会以外在的、在主观方面难以理解的、具有强制性的事实性与人相对。人们通常把社会理解为实际上在客观存在上与物质宇宙等同的"第二个自然"[①]。作为个体的人，他可能并不喜欢他所在的世界，包括道德、观念、规范和一切制度，但这些都是真实存在的，它们是人类集体的产物，并且也是因人类集体的认可而具有了客观性。个体既然置身于这个世界之中，就不得不接受它。

社会对于个体而言是外在的，是不受个体主观意识控制的。这就产生了一对矛盾，社会和个体意识，也可以说是集体意识（当

---

① 【美】彼得·贝格尔：《神圣的帷幕：宗教社会学理论之要素》，高师宁译，上海人民出版社 1991 年版，第 16-17 页。

然是客观化了的集体意识）和个体意识之间的矛盾。个体意识在没有迈进行为的门槛时总是相对自由的，个体可以天马行空地在自己的大脑里构建自己的世界，这个世界可以与现实社会风格迥异。但这仅限于空想，个体意识一旦在行为领域与现实相遇，它就必然会受到现实社会的压制和约束。当个体意识到这一矛盾时，也就是发现自己所想与现实所在的差异时，他就会面临一个选择：反抗还是进入。获取答案的最佳途径就是去体验，个体不可能在自己的主观意识中发现为什么作为集体的人会把社会创造成这个样子？就像道家的庄子，他主张向自己的内心去探求，追求回归自然的境界，这对于个体的意识而言，无疑是美好而富于诗意的，但对于体察外在的社会而言，他并未意识到现实世界的意义。贝格尔指出：人不可能通过内省去发现社会现象的意义，为此目的，他必须走出自身之外，从事于基本上是同样的经验探索，如果他打算去了解任何在他思想之外的东西的话，这种探索就是必要的①。作为集体的人的经验累积总是指引着社会发展的方向，这一方向对于集体的人而言也总是最佳选择。换句话说，社会发展进程中所表达出来的一切客观存在都是有意义的，当个体体察到这一意义并理解它时，就会选择进入，当个体不能体察这一意义或者不能理解它时，就会选择反抗。进入就是下文会详述的内在化过程，而反抗就意味着个体否认了得到集体共同承认的观念。如此，表达出来的反抗意识就会被社会评价为"恶"，进行的反抗行为就会被社会评价为"罪"。

社会群体规定了为集体所共同承认的规则，并把它们强加于个体之上，社会并不会分别考虑每个体的意识。贝格尔指出：由于

---

① 【美】彼得·贝格尔：《神圣的帷幕：宗教社会学理论之要素》，高师宁译，上海人民出版社1991年版，第17页。

社会是以外在于个人的实在与个人相遇的，因此个人难于理解社会作用的事就会常常发生。首先，社会凭借其强制性力量来表现自己。它的客观实在性的最后标志是，它能够把自身强加于个人的反抗。社会能够指导、认可、控制甚至惩罚个人的行为①。法律、司法机构、警察和监狱以及一切强制力的公权力便是最典型表现。所有的这些物质的和非物质的存在首先在于给个体的行为以指引和评价，其次在于给反抗者以教育和惩罚。然而，我们不能仅仅把这些存在理解为一部分人统治另一部分人的工具，尽管在某一特定时期内这一特点会表现得比较突出。但从社会的本质来看，这些具有强制性的存在仍然没有脱离人类集体活动客观化的本质，它们之所以具有约束力从根本上还是因为它们是已经得到集体认可并成为了实在的力量。所以这些具有强制力的存在的主要作用并不是惩罚和镇压反抗，更多的还是提供一种标准，一种行为准则，从而为大多数社会成员形成一致的观念和选择意志的行为。

单个的规则本身是零散和碎片化的，也就意味着它会随着人类活动的变化而发生变化，也就是不稳定的。解决这一问题的基本方法就是在众多的规范中抽象出基本的思想和原则来，在这些基本思想和原则的指导下制定由众多规则组成的系统的制度，这个过程可以被称为"建立制度的合理化论证过程"。这一过程可以保证客观化了的制度在不断地微调中一代代传下去，可以使依靠制度而建立起来的社会秩序不断延续。古代曾经使用"天"的形态来掩盖制度本身的一切人造特征，如我国古代有神权法和君权神授的观念，西方有完善的自然法思想，直到现在也还存在宗教法，这些都是利用具有神性的讲述把制度描绘成先于人类存在的东西。

---

①【美】彼得·贝格尔：《神圣的帷幕：宗教社会学理论之要素》，高师宁译，上海人民出版社1991年版，第17页。

4. 集体意识的内在化

制度化了的尤其是那些被赋予神性而被信仰的规则更稳定，也更容易被理解成为独立于我们每个个体之外的存在。一旦我们承认了这种制度化的规则的客观性地位，那么一方面规则是客观的，它是存在于个体意识之外的真实世界中的若干客体的集合物，它与任何属于孤立的个人的主观意识鲜明地区别开来；另一方面，规则也必须为个体所体验和理解才具有意义。社会不是一成不变的，人类创造世界的活动同样一刻也未停歇。而这一过程离不开每一个个体的活动，每一个人的活动都在改变着世界，尽管它的作用微乎其微但却不能忽略不计，因为正是这无数的"微乎其微"在不断修正着这个世界。同时，这不是一个简单的单向运动，而是一个交互的双向运动，即客观化的世界也在无时无刻不在改变我们每一个人，所以可以说：我们在创造世界的过程中创造了我们自己。如果把这一过程的后半段单独拿出来看，我们可以把它称为"内在化"。

内在化是用这样一种方式，即这个世界的结构逐渐决定人的意识本身之主观结构的方式，重新把客观化了的世界吸收进意识中。也就是说，社会现在是作为个人意识的形成力量在起作用。在内在化过程中，个人在把客观世界的各种因素理解为外界实在的现象的同时也把它们看成是内在于自己意识中的现象[1]。而对于社会制度而言，内在化意味着人际交往世界的客观事实性变成了主观的事实性。个人与作为外在于他自身的客观世界之事实的种种制度相遇，而现在那些制度已成了他自己意识中的事实。社会建立起的制度程序，在主观方面也和态度、动机、生活规划一样

---

[1]【美】彼得·贝格尔：《神圣的帷幕：宗教社会学理论之要素》，高师宁译，上海人民出版社1991年版，第21页。

是实在的。个人与其角色和身份一起利用着那些制度的实在性[①]。在这一过程中，本质上是人类集体改变个体的过程，这是保证社会秩序维系的必然过程。然而，这一过程并非总是成功的，正如不可能存在完全相同的两片叶子一样，个体间总会存在这样那样的差别，个体的意义总会存在，它们总是存在于规则之外，或者存在于规则的边缘。每一个人的个体体验对于一个社会的整合和秩序的生成与维系至关重要，可以把这一关系称为社会化，也即社会集体意识与个体意识的融合程度。

　　社会化的成功依赖于在社会的客观世界与个人的主观世界之间建立起对称。如果个体意识与社会普遍认同的观念之间确立了一种高度的主客对称，就是社会化的成功，社会因之而实现整合，社会秩序得以建立；而如果不能确立起这种主客对称的关系，则意味着社会化的失败，社会出现分化与个体的游离，社会秩序无法保障。我们说社会的形成是人类创造世界的过程，从某种意义上说，就是人类实现自身秩序化和规则化的过程。通过经验的累积而形成的秩序和规则，被不可选择的横加在每一个社会成员的头上，并与他们相互分离的个体经验和意义相遇。这些秩序和规则不但为社会客观存在的连续和稳定提供保障，对于个体的主观意识而言也同样提供了保障，因为只有通过它们，我们每个人才有了对于行为选择的依据和行为后果的可预测性。我们之所以成为社会动物，就是因为我们可以过上一种有秩序的、有意义的生活。

　　如果个体脱离了这种秩序和意义的话，他的意识和行为就会陷于危机之中，恶与罪的出现就不可避免了。贝格尔指出：与社会世界彻底脱离，即所谓越轨或失范，就形成了对个人的强有力的威胁。

----

　　①【美】彼得·贝格尔：《神圣的帷幕：宗教社会学理论之要素》，高师宁译，上海人民出版社1991年版，第23页。

在这种状况下，个人丧失的不仅是情感方面令人满意的关系，他在经验方面也迷失了方向。在极端的情况下，他失却了对实在和身份的意识。他陷入了失范状态，因为他变得没有自己的世界了。个人的规范或法则是在与有意义的他人之对话中建立和维持的，所以，当这种对话被彻底打断时，个人也就陷入了混乱①。此种情况下，客观化了的规则会通过机构和程序来表达约束力，强制性的把有意义的秩序强加于个体意识之上，以减轻失范行为对社会和个体自身的威胁。社会化力图保证在社会世界的最重要特征方面不断取得一致意见，社会控制则力图在可以容忍的限度内去控制个人或团体的反抗。当然，这是对于病症治标的一面，是一种具体的应急措施，真正达到治本的效果，也即社会化，就必须使个体真正理解和接受集体意识，从内心深处认为它是合理的。

这个过程就是对集体意识的合理化论证，任何一个规则为人们所遵守，首先都必须事先证明自身是合理的。而在人类历史上，无论哪个民族，这一过程似乎都与宗教有着不可割裂的联系。从"神性"到"理性"是人类社会走过的共同道路，当然它们都无一例外的是人类自己的产品。无论是自然法还是神权法，最初，都曾用无需证明的神性遮盖住制度秩序的一切人造的特征，使它们变成某种在时间和空间的始端就已存在着的东西。正是通过这种赋予社会制度秩序以终极有效的本体论地位的手段，把经验社会不稳定的实在与终极实在联系起来，从而证明了它们的合理性。于是，尽管制度随着社会的变化而变化，尽管它们时常受到来自各方面的威胁，但是，一旦它们被赋予了必然的、稳固的、永久

---

①【美】彼得·贝格尔：《神圣的帷幕：宗教社会学理论之要素》，高师宁译，上海人民出版社1991年版，第28页。

的外貌，它们就具有了不朽的性质①。

5. 形式之罪与实质之罪

现在可以集中精力来谈一下"罪"了，罪可以是一种行为、一种观念、一种心理亦或是一种评价，但究其普遍意义而言，为国家法律所描述为罪的行为似乎更容易被认知。不错，这确实是罪的一种形式意义，但如果我们试图找到罪的实质意义甚至揭示出罪的本质，就需要全面分析罪的含义。

罪，通常而言，多指法律意义上的严重违反法律规范的行为，而从最广泛的意义上讲，则可以是任何违反规范的行为，包括法律规范、道德规范、宗教规范、民间规范等。由于我们是在探讨罪的起源问题，所以并不以国家法的存在为前提，人类关于罪的意识要远远早于国家法而存在。在人类创造世界这样一个如此广阔的背景之下来讨论罪的本质，需要高度的抽象，而抽象可以把具体问题规避掉，只关注其中最简单的部分就可以了。人创造了社会，包括其中最为重要的各种各样的规则，尤其是那些高度客观化的成为系统的制度的规则，成为人类不断内在化的对象和社会化的指针。然而个体在社会化的过程中总会参差不齐，对集体创造的规则的内在化程度多有不同，一部分个体总会制造出与集体行为不那么协调的小插曲。这样的"杂音"在形式上表现为个体行为对社会规则的违反，在内容上则反映出个体意识对集体意识的对抗。而所有的评价标准都是人类集体创造的，对于这样的违反或对抗的行为与意识，自然是否定性的评价。这种违反社会规则的行为被称为"罪"，而其背

---

① 参见【美】彼得·贝格尔：《神圣的帷幕：宗教社会学理论之要素》，高师宁译，上海人民出版社1991年版，译者序第11页。

后对抗集体意识的个体意识则被称为"恶"。

"恶"与"罪"两者之间具有辩证的关系，罪是恶的表现，恶是罪的依据。直至今日，二者的辩证关系仍然在理论和实践领域发生着影响。在刑法学领域，有一对经典的概念，即犯罪的"形式概念"和"实质概念"。这两个概念分别揭示了两个问题，一个是：哪些行为是犯罪；一个是：这些行为为什么构成犯罪。历史上的学者关于这一对概念的认识水平基本能反映出人类对于罪的本质的认识程度，无论他是哲学家、社会学家抑或是法学家，对他们进行论述和考察对于研究罪的起源问题至关重要，因为这决定了透过罪的躯壳到底应该选择什么为研究对象。

尽管早些时候便有一些学者提出了相关的主张，如霍布斯指出："罪行是一种恶行，在于以言行犯法律之所禁，或不为法律之所令。所以每一种罪行都是一种罪恶，但却不能说每一种罪恶都是一种罪行。有偷盗或杀人的意图，虽然从来没有见之于言行，也是一种罪恶，因为洞察人类思想的上帝可以让他对这事负责。但这种意图在没有见之于言行从而可以让人间的法官用作其意图之论据以前，就不能称为罪行[①]"。但犯罪的形式概念作为一种潮流却是伴随着西方思想启蒙运动和资产阶级逐渐登上历史舞台而逐步形成的。中世纪末，在当时欧洲的法庭上，司法处于黑暗之中，罪行擅断主义恣意横行，法官享有极大的自由裁量权。至17、18世纪，启蒙思想家们以自然法理论为批判武器，猛烈抨击中世纪教会统治下的罪刑擅断、司法专横，并将这些现象归咎于当时司法实践中大量的以内心的"罪恶"来判定犯罪和刑事责任的做法。启蒙思想家和资产阶级革命家代言了历史时代的要求，提出了严格限定只能以法定的要件形式去判断行为的原则，具体表现为严格遵行"罪刑法定"

①【英】霍布斯：《利维坦》，黎思复、黎廷弼译，商务印书馆1985年版，第226页。

的归罪模式。这一主张意味着一行为是否为犯罪仅从它是否具有刑事违法性来认定，即仅从法律规范角度来考虑该行为是否构成犯罪，因此也被称为犯罪的法律概念。从而奠定了从犯罪的法律特征上描述犯罪而表述犯罪概念的传统，也就是将犯罪表述为是触犯刑律、具有刑事违法性应受刑罚处罚的行为。

6. 罪真的是法定的吗？

洛克提出的分权学说在某种程度上就是针对司法擅断而设计的，在此主张的基础上，他明确提出了法无禁止即自由的原则："凡是法律没有规定的，便是允许去做的"，他认为"处在政府之下的人们的自由，应有长期有效的规则作为生活的准绳，这种规则为社会一切成员所共同遵守，并为社会所建立的立法机关所制定。这是在规则未加规定的一切事情上能按照我自己的意志去做的自由，而不受另一人的反复无常的、事前不知道的和武断的意志的支配，如同自然和自由是除了自然法以外不受其他约束那样"①。这一命题奠定了犯罪形式概念的理论基础，但这其中蕴含着一个前提，法律所禁止的事情是不能做的，那就要求必须构造一部理性而完备的法典来，才能保证社会秩序的维系。为了保护个人权利，国家拥有对违反法律者处罚的刑罚权，只是国家的立法权和刑罚权的目的只能是增进个人的幸福。启蒙思想家们是坚信这一点的，他们努力去探寻理想的法律，为的是法律既保障公民的自由和权力又能有效维护社会秩序，他们选择了强调行为的重要意义，区分犯罪与其他违法行为，规范法的规则，并将之纳入一个统一而明确的成文法典中，进而限制王权和保障公民权利。

---

① 【英】洛克:《政府论》下篇，叶启芳、瞿菊农译，商务印书馆1964年版，第16页。

孟德斯鸠完善了洛克的分权学说并提出了"三权分立"的主张。他提出立法、司法、行政三种权力由各个国家机关分别掌握，互相分立。他认为，"当立法权和行政权集中在同一个人或同一个机关之手，自由便不复存在了"，而"如果司法权不同立法权和行政权分立，自由也就不存在了。如果司法权同立法权合而为一，则将出现对公民的生命和自由施行专断的权力，因为法官就是立法者。如果司法权同行政权合一，法官便将握有压迫者的权力。如果同一个人或是由重要人物、贵族或平民组成的同一个机关行使这三种权力，即制定法律权、执行公共决议权和裁判私人犯罪或争讼权，则一切便都完了"①。所以此三种权力必须分别行使并相互制衡。立法机关行使立法权，裁判机关行使司法权，并且必须严格按照法律行使权力，法官只是机械地适用法律的工具，对法律的解释权属于立法权的内容，不允许法官解释法律。因为建立自由的仅仅是法律，只有如此，才能保障个人的自由，避免法官的擅断。在定罪量刑上，犯罪与刑罚必须预先以法律加以规定，法律没有规定为犯罪的，法官不能论罪，也不能处罚。在启蒙思想家们的倡导下，罪刑法定成为一种占据主导地位的思想潮流，犯罪的形式概念在这一理论基础上逐渐形成。

　　刑事古典学派的奠基者贝卡里亚以社会契约理论为基础，试图通过罪刑法定观念的确立，建立起保障公民权利和自由，防止罪刑擅断的屏障。他写道："每个公民都有权做一切不违背法律的事情，除了其行为本身可能造成的后果外，不用担心会遇到其他麻烦。这是一条政治信条，它本应得到人民的信任，本应得到廉正地守护法律的、高尚的司法官员们的宣扬；这是一条神圣的信

①【法】孟德斯鸠：《论法的精神》（上册），张雁深译，商务印书馆1982年版，第156页。

条，舍此就不会有一个合理的社会；这是对人的一种正确的补偿，因为他已经牺牲了每个感知物所共有的、在自己力量范围内做一切事情的普遍自由。这一信条培养着生机勃勃的自由心灵和开明头脑；它为了使人民变得善良，赋予他们一种无所畏惧的美德，而不是逆来顺受者所特有的委曲求全的美德"①。认为"增加对犯罪公民的既定刑罚，只有法律才能为犯罪规定刑罚，只有代表根据社会契约而联合起来的整个社会的立法者才拥有这一权威"。"任何司法官员（他是社会的一部分）都不能自命公正地对该社会的另一成员科处刑罚。超越法律限度的刑罚就不再是一种正义的刑罚。因此，任何一个司法官员都不得以热忱或公共福利为借口，增加对犯罪公民的既定刑罚"②。贝卡利亚认为法官在司法过程中的任务只是进行三段论式的逻辑推理，他们根本没有解释刑事法律的权利，因为他们不是立法者。他认为："严格遵守刑法文字所遇到的麻烦，不能与解释法律所造成的混乱相提并论。这种暂时的麻烦促使立法者对引起疑惑的词句作必要的修改，并且阻止人们进行致命的自由解释，而这正是擅断和徇私的源泉。当一部法典业已厘定，就应逐字遵守，法官唯一的使命就是判定公民的行为是否符合成文法律。当既应指导明智公民又应指导无知公民的权利规范已不再是争议的对象，而成为一种既定事物的时候，臣民们就不再受那种小型的多数人专制的摆布，受难者与压迫者的距离越小，这种多数人专制就越残忍；多数人专制比一人专制更有害，因为，前者只能由后者来纠正，并且一人专制的残暴程度并非与它

---

①【意】贝卡里亚：《论犯罪与刑罚》，黄风译，中国大百科全书出版社1993年版，第69页。

②【意】贝卡里亚：《论犯罪与刑罚》，黄风译，中国大百科全书出版社1993年版，第11页。

的实力成正比，而是同它遇到的阻力成正比"①。在刑罚法定方面，贝卡里亚指出："为了不使刑罚成为某人或某些人对其他公民施加的暴行，从本质上来说，刑罚应当是公开的、及时的、必需的，在既定条件下尽量轻微的、同犯罪相对称的并由法律规定的"②。贝卡里亚从专更为专业的角度提出论证了罪刑法定的主张。

费尔巴哈对罪刑法定做出了总结性的贡献，把罪刑法定提升为刑法的最高原则，为犯罪形式概念的形成和犯罪构成理论的发展提供了法理基础。他指出："市民的刑罚只有由刑法并且仅仅根据刑法才能给予。在刑法中而且由于行为违反刑法时，才有为了加市民以刑罚害恶的唯一根据。所以，没有法律，也就不存在市民的刑罚。现在的法律不能适用时，刑罚也不能适用"③。他认为罪刑法定原则包括：无法无刑（keine Strafe ohne Gesetz；Nulla poena sine lege）。法律只处罚行为前法律规定加以处罚的行为。因为只有法律规定了刑罚的概念和法定的可能性，才可能有作为恶的刑罚的适用可能性；无法无罪（keine Strafe ohne Verbrechen；Nulla poena sine crimine）。因为法律规定对特定的行为给予刑罚威慑，是法律上的必要的前提条件；有罪必罚（keine Verbrechen darf straflos bleiben；Nullum crimen sine poena legali）。因为法律规定对特定的违法给予刑罚之恶，是必要的法律后果④。他从罪刑法定的原则出发，指出"把任何行为作为犯罪并科以任何刑罚，都必须根据法律的

---

① 【意】贝卡里亚：《论犯罪与刑罚》，黄风译，中国大百科全书出版社 1993 年版，第 13 页。

② 【意】贝卡里亚：《论犯罪与刑罚》，黄风译，中国大百科全书出版社 1993 年版，第 109 页。

③ 转引自马克昌主编：《近代西方刑法学说史略》，中国检察出版社 1996 年版，第 86 页。

④ 【德】费尔巴哈：《德国刑法教科书》，徐久生译，中国方正出版社 2010 年版，第 31 页。

规定的确定"，"刑法法条是对感性痛苦与违法行为的连接的法律必然性这一至高无上的命题所做的解释说明，刑法法条本身即是有效的绝对根据"①。所以，费尔巴哈关于罪刑法定的主张可以表述为：有刑法法条才有刑罚。只有刑法被规定于刑法法条中，且该刑法法条具有执行力，确实被作为定罪量刑的根据，才可以据此科处刑罚，也即"无法无刑；有犯罪才有刑罚。国家施加刑罚的痛苦不是因为人们内在心理的不道德，而是因为他的行为违反刑法法条，也即"无罪无刑"。

后世学者对于这一原则也有许多论述，如康德指出：任何人违犯公共法律，做了一个公民不该做的事情，就构成犯罪。或者是简单地犯了私法的罪，或者是犯了公法的罪②。黑格尔在这一方面的贡献则是对"行为"做了基本的定义："意志作为主观的或者道德的意志表现于外时，就是行为"③。从而认为"凡是出于我的故意的事情，都可归责于我。这一点对犯罪来说是特别重要的。不过责任的问题还只是我曾否做过某事这种完全外部的评价问题。我对某事负责，尚不等于说这件事可归罪于我"④。所以"我只对属于我的表象的东西承认负责。这就是说，人们只能以我所知道的情况归责于我"⑤。他认为意志的权利在于人的举动之中，只有那些可以认定为他的行为，即根据它的目的在明知其前提并故意为之者，才能要求他对此承担责任，行为只能归责于意志的过错。后世黑格尔哲学的倡导者将他的行为概念引进到刑法学，以"行为"为

---

① Paul Johann Anselm von Feuerbach, Revision der Grundsätze und Grundbegriffe des positiven peinlichen Rechts.1, Scientia Verlag, 1966: p147.

②【德】康德：《法的形而上学原理》，沈叔平译，商务印书馆1991年版，第164页。

③【德】黑格尔：《法哲学原理》，范扬、张企泰译，商务印书馆1996年版，第116页。

④【德】黑格尔：《法哲学原理》，范扬、张企泰译，商务印书馆1996年版，第118页。

⑤【德】黑格尔：《法哲学原理》，范扬、张企泰译，商务印书馆1996年版，第121页。

中心设立犯罪论体系，即"一元的犯罪论体系"，成为古典犯罪学派的重要理论来源。如麦耶尔（H. Mayer）关于"客观的不法"与"主观的归责可能性"的分析，宾丁（Karl Binding）将犯罪行为三分为"犯罪之责任面"、"犯罪之事实面"、"事实向着责任之归责"体系等，都是从行为概念及其因果关系的角度来定义犯罪的。

　　启蒙思想家和后世哲学家们为了推翻黑暗的任意擅断的司法制度，建立理性的保护公民权利的法律制度，逐步建立起罪刑法定的刑法原则。后世学者在这一理论基础和法律原则的基础上概括了犯罪的形式概念，从理论架构到制度实践都表现出了较为明显的犯罪形式概念观念。但当渐渐失去那个与旧有的黑暗制度进行斗争的大背景，罪刑法定思潮兴起时的除旧布新的目的性渐渐隐去的时候，对于犯罪的形式概念进行反思和全面认识犯罪的本质成为当前学界面临的课题。

7. 罪的本质是什么？

　　透过犯罪的形式特征，必然要追问一个为什么某种类型的行为必须作为犯罪来处罚的问题。正如上文所述，与犯罪的形式概念相对应的是实质概念，而虽然实际上"实质概念"作为刑法学史或者犯罪学史领域的一个提法被概括出来是较晚的，但其所揭示的犯罪的本质和价值判断问题确是伴随犯罪现象始终的，而且无论是在西方还是在东方，在思想和学说领域关于罪的本质的阐述要远远早于欧洲思想启蒙运动以来形成的以罪刑法定为理论基础的犯罪形式概念，甚至早于法律而存在。宗教、道德、社会、政治等诸多学科领域往往都有丰富的关于罪的实质的思考和论述，即使在罪刑法定思潮兴起和盛行的时代，学者们也一直没有放弃对犯罪本质的思考，为犯罪实质概念提供了不断丰富的内涵。

即使是贝卡里亚也曾指出："我们已经看到，什么是衡量犯罪的真正标尺，即犯罪对社会的危害"①，可见他在试图构建一个犯罪形式概念的同时也在不断对更加本质的问题进行反思。再如边沁，他是倾向于犯罪形式概念的，但这限于司法领域，而就立法过程而言，他同样认为犯罪是从社会一般的观念出发而被认为是"恶"并应该受到惩罚的行为。他指出："究竟什么是犯罪，根据讨论的题目不同，这个词的意义也有所不同。如果这个概念指的是已经建立的法律制度，那么，不论基于何种理由，犯罪都是被立法者所禁止的行为。如果这个概念指的是为创建一部尽可能好的法典而进行的理论研究，根据功利主义原则，犯罪是指一切基于可以产生或者可能产生某种罪恶的理由而被人们认为应当禁止的行为"②。很明显，他把犯罪概念划分为立法犯罪概念和司法犯罪概念，而立法犯罪概念是在刑法典出现之前就存在的，正是那些违反主流价值标准、对社会造成现实危害的行为被界定为犯罪。

19 世纪中后期，倡导犯罪形式概念的刑事古典学派的主张受到了犯罪实证学派的猛烈攻击，以龙勃罗梭为代表的实证学派试图揭示一个建立在科学和实证基础上的犯罪概念。他从医学和生理学的视角来审视犯罪者，把他们视为病患，认为他们实施犯罪的基因是与生俱来的。所以，实证学派并不关注应该将哪些行为界定为犯罪的问题，而对犯罪产生的原因却情有独钟。龙勃罗梭通过大量的医学统计和试验，以达尔文的"进化论"为理论基础，提出了具有人类学特征的"天生犯罪人"的概念。后文我们将要谈到的关于罪恶的起源问题时会述及奥古斯丁的"自由意志理论"，刑事古典学

①【意】贝卡里亚：《论犯罪与刑罚》，黄风译，中国法制出版社 2002 年版，第 78 页。

②【英】边沁：《立法理论——刑法典原理》，孙力译，中国人民大学出版社 1993 年版，第 1 页。

派的整个犯罪理论正是建立在"自由意志论"的基础之上的。而龙勃罗梭的"天生犯罪人"理论从根本上否定了刑事古典学派关于犯罪人实施犯罪时存在"自由意志"这一先验论断，则建立在这一论断之上的关于犯罪本质问题的论述也自然发生动摇。龙勃罗梭的学生加罗法洛从学科划分的角度提出了法学与犯罪学的分野，认为犯罪的形式概念本身就是一个悖论，指出："因为任何试图告诉我们法律将什么看做是犯罪的努力都必然等于告诉我们：在法律的眼里，犯罪就是做法律本身所禁止的行为"①。他认为犯罪的实质意义"存在于人类社会之中，并独立于某个时代的环境、事件、或立法者的特定观点之外"②，从而提出了"自然犯罪概念"，指出"犯罪概念只能随着特定种类的不道德的确定而获得，而这种不道德必定在公共观念能够指出某种犯罪已经实施以前就已存在"③。龙勃罗梭的另一个学生菲利继承并发展了他对刑事古典学派自由意志理论的批判，指出"当用现代实证研究方法武装起来的近代心理学否认了自由意志的存在，并证明人的行为均系人格与人所处的环境相互作用的结果时，你还怎么相信自由意志的存在呢？④"他继而批评"古典派把犯罪看成法律问题，集中注意犯罪的名称、定义以及进行法律分析，把罪犯在一定背景下形成的人格抛在一边"⑤，认为"这就与医学不

① 【意】加罗法洛：《犯罪学》，耿伟、王新译，中国大百科全书出版社1996年版，第62—65页。

② 【意】加罗法洛：《犯罪学》，耿伟、王新译，中国大百科全书出版社1996年版，第20页。

③ 【意】加罗法洛：《犯罪学》，耿伟、王新译，中国大百科全书出版社1996年版，第65页。

④ 【意】菲利：《实证派犯罪学》，郭建安译，中国政法大学出版社1987年版，第9页。

⑤ 【意】菲利：《实证派犯罪学》，郭建安译，中国政法大学出版社1987年版，第24页。

顾病人的人格，仅把疾病作为抽象的病理现象进行治疗一样"①。当然，实证犯罪学派虽然推翻了刑事古典学派的理论体系，但同时也否认了先验的存在，在试图建立实证基础上的理论体系的同时也失去了哲学的意味。

刑事社会学派的代表人物弗兰茨·冯·李斯特试图在刑事古典学派与犯罪实证学派之间建立一条通路。他在承认"犯罪"这种否定评价只能与违法行为也即在形式上与法制的要求或禁止（Gebote oder Verbote）背道而驰，破坏或危害一种法益的行为的同时，又指出"并非任何一个违法行为均应处罚。立法者从几乎不可能一览无余的违法行为方式中，将一些特定的行为筛选出来，并以此方式构成了应受刑法处罚的具体犯罪的犯罪构成"。所以，"符合犯罪构成的违法性并不构成'犯罪'这种否定评价的理由，犯罪还是一种有责的行为（schuldhafte Handlung）。也就是说，有刑事责任能力的犯罪人是故意或过失地实施了符合犯罪构成的违法行为，也即刑法中的罪责问题涉及符合犯罪构成的违法行为"②。从而，李斯特在犯罪形式概念的阵营里打开一条缺口，将原本是犯罪法律特征的"违法性"划分为"形式违法性"和"实质违法性"，形式违法性指的是对具体法律规范的违反，而实质违法性则是对人们共同遵行的文化的违反，而具体的法律规范与文化之间本来是统一的，所以对法律的违反也即对文化的违反，从而在理论上实现了"形式违法性"和"实质违法性"的统一。李斯特甚至提出了"大刑法学"的概念，主张把与刑事问题相关的包括犯罪学、刑事政策学、刑罚学、行刑学等在内的各个学科综合成为"大刑

---

① 【意】菲利：《实证派犯罪学》，郭建安译，中国政法大学出版社1987年版，第9页。
② 参见【德】李斯特：《德国刑法教科书》，徐久生译，法律出版社2000年版，第167-168页。

法学"，也即整体的刑法学。这一主张的提出虽然仍将犯罪学置于"大刑法学"之下，但无疑这在一定程度上突破了规范刑法学的学科壁垒。李斯特的"调和"理论产生了两个结果，一是刑事古典学派的犯罪形式概念得以维系，一是更具独立意义的犯罪学学科兴起。一个基本的共识初步达成，犯罪的形式概念用于刑法学领域的研究和实践，而犯罪的实质概念则为犯罪学界所普遍接受。日本学者对这一划分的论述有一定借鉴意义，他们认为"所谓形式意义的犯罪，是指作为刑法所规定的产生刑罚权要件的犯罪，这种意义的犯罪，我们可以给它下个定义，就是刑罚所规定的可罚行为。所谓实质意义的犯罪，指的是社会现象，这种意义的犯罪，就是遗传与环境之间的力学结构关系中所发生的社会现象，可以说它是危害一般社会生活秩序的反社会伦理行为。前者属于刑法学对象的犯罪，后者属于所谓刑事学对象的犯罪。然而在社会上还存在着许多反社会伦理的行为，而所有这一切并不都是刑法上的犯罪。国家从这许多反社会伦理的行为当中，对那些值得进行刑罚意义上谴责的行为进行抽样归类。违反社会伦理的行为符合法律上的类型者就是刑法上的犯罪"①。而其所谓的刑事学也即从最广义上而言的包括犯罪学在内相关学科。在日本学者编著的《刑法学词典》中界定的更为清晰，认为"形式意义的犯罪，是指在实质意义的犯罪中具有可罚性的，即在法律中被科以刑罚的。这是法律的犯罪概念，也可以称狭义的犯罪。在说刑法学上的犯罪时，通常是指这种形式意义的犯罪。形式意义的犯罪，一般地是以符合构成要件的违法并且有责任的行为为定义"，而"实质意义的犯罪，是指广泛的反社会的行为，即是指侵害社会生活利益（法益）的人的行为。在

①【日】福田平、大冢仁主编：《日本刑法总论讲义》，李乔、文石、周世铮译，辽宁人民出版社1986年版，第38页。

此意义上的犯罪，不论是精神病人所实行的杀人，或是幼童实行的放火，都可以理解为广泛地包含在侵害社会共同生活秩序的人的行为中。作为犯罪学上的研究对象的犯罪概念，是具有这种实质意义的，被称作广义的犯罪概念"[1]。这一学科的划分具有极其重要的意义，这意味着一场旷日持久的论战的终结，对犯罪概念理解的差异成为两个学科不同的研究使命，相对独立的理论空间使它们彼此更容易借鉴和互补，从而推进对犯罪问题的研究和思考。

8. 罪是假设的而不是叙述的

让·皮亚杰在《人文科学认识论》中对人文科学在学科上做了一个分类，他把人文科学分为："正题法则"科学、人文历史科学、法律科学和哲学学科。按照他的分类标准，刑法学应属于法律科学，而犯罪学则应归入"正题法则"科学。皮亚杰指出，"正题法则"科学指的就是那些探求"规律"的学科，这里所谓的"规律"是以日常语言或以多少是形式化的语言（逻辑等）来表达的。它的意义有时是指能以数学函数的形式来表达的相对常量关系，但也指一般事实或序数关系、结构分析等等[2]。而法律科学与"正题法则"科学不同，这是因为法律是一个规范体系，而规范（normes）在原则上同"正题法则"科学所寻求的称为"规律"（lois）的、多少带有一般性的表系是有区别的。诚然，规范不是出于对存在着的关系的简单确认，而是来自另外一个范畴，即"应该是"（sollen）的范畴。因此，规范的特点在于规定一定数量的义务与权限，这些义务与权

①【日】木村龟二主编：《刑法学词典》，顾肖荣、郑树周等校译，上海翻译出版公司1991年版，第98页。

②【瑞士】让·皮亚杰：《人文科学认识论》，郑文彬译，中央编译出版社1999年版，第2页。

限即使在权力主体违反或不使用时仍然是有效的。而自然规律则建立在因果决定论或随机分配之上，它的真实价值完全在于它与事实的相符一致①。刑法学作为法律科学以法律规范为研究对象和依据，以规范研究为主要特征。而犯罪学作为"正题法则"科学，除了研究法律界定的犯罪之外，往往超越法律之外，以研究与犯罪这一现象相关的诸多的问题为任务，以揭示犯罪的社会学本质和哲学本质为目的。犯罪学可以吸收哲学、社会学、人类学、法学等学科的理论和研究方法，成为一门交叉学科。

如此长篇的笔墨实际上旨在说明一点，在漫长的人类历史发展进程中，对于"罪"这一概念的认识是不断丰富、不断深入的，作为一个形式概念或者说法律概念而言，其更多的是为了达到"罪"这一现象本身之外的目的，可以是思想斗争、政治斗争、社会治理、司法手段、研究方法等等，但即使是提出或持有这一观点的学者也从未放弃对"罪"的本质的思考和追问。所以说，与犯罪的社会本质和哲学本质比起来，形式概念更多的成为了一种带有工具主义色彩的产品，而实质概念则成为认为不断反思和探索罪的本质的"沉积坑"。

本书的主旨在于对中国从古至今的关于"罪"的意识、观念和学说的整体、系统的梳理，发现中国在人类共同的社会发展规律之下形成的具有自身风格的独特思想脉络。这将不是一个完全意义上的史学过程，而是一个具有史学框架、社会学方法和哲学意味的过程。上文的论述解决了一种重要的问题，那就是对罪的本质的追问以什么为核心的问题，也就是以什么为研究方向的问题。所以，通过对罪的形式概念和实质概念的比较和考察，我们

---

① 【瑞士】让·皮亚杰：《人文科学认识论》，郑文彬译，中央编译出版社 1999 年版，第 6-7 页。

发现，所谓罪的形式概念绝不是我们关注的主题，而对其本质的追问才是我们的着眼点和切入点。犯罪的实质概念并不一味强调犯罪的法律特征或者说形式特征，其注重在本质上揭示行为作为犯罪受到处罚的根本依据，也即犯罪行为之所以被刑法规定为犯罪的根据和理由。罪本身是一个存在，同时也是一个价值判断，而这一价值判断说到底就是关于"恶"的判断问题，所以说，这并不是一个刑法学或者犯罪学层面上的问题，而是一个哲学问题。

至此，社会学与法学已经完成了其对罪的起源问题的解释任务，更确切地说，社会学解释了犯罪现象的出现以及它们之所以被定义为罪的缘由，阐明了罪的评价标准只是一种"假设"而不是"叙述"的逻辑关系。至于更为本源的话题，也即对恶与罪的本源的探讨则要交给哲学来完成了。

9. 西方早期关于人性的讨论

对于"恶"的考察，在更多的时候是被用来作为价值判断的标准或者结论的，而在此，我们要进行的不是一种价值判断，而是一种现象描述，也即要解决"恶是从哪里来的"这个问题。所以，不是规范研究，而是现象描述。另外，谈到"恶"，就不得不谈"善"，善与恶本来就是两个相对的概念，只有同时对二者进行讨论才具有意义。无论是善还是恶，从根本上考察，都是对人性的追问。只有经过这一道德哲学或者说伦理学意义上的讨论，才能对作为罪的灵魂层面的"恶"产生更加深刻的认识。

关于人性，无论是西方还是东方，在其久远的思想史中，许多思想家曾经提出过各种各样的学说，而所有的这些学说都成为涓涓细流汇入了中西方哲学的历史长河里。西方哲学体系概括而言是以古希腊哲学为源头的，而正是从这一时期开始，哲学从神学中逐步分离出来。古希腊早期的哲学家把目光洒向广阔的宇宙和苍茫的自然，过去人们用神学超自然的力量来解释自然，古希腊哲学家们开始主要用抽象的理性思维的方式取代神话主要以形象思维方式的幻想，最早用自然本身来说明自然。标志着西方哲学产生的米利都学派就是早期的代表，他们开始实现了从神话向哲学的转变。如被誉为"希腊七贤"之首和古希腊第一位哲学家同时也是米利都学派创始人的泰勒斯，他用"水"这一自然界的自在物来解释世界，认为水生万物，万物又复归于水。这个观点看似简单却涵盖了万物最初皆诞生于水中这一命题，摒弃了当时流行的神造世界的臆想断说，也发端了哲学意义上世界本源的追问。他的学生阿那克西曼德发展他的学说，认为万物是"无定"产生的，万物消灭后又要回到"无定"中去，这是命运规定的。根据时间的安排，万物都要为对他物的损害而进行补偿，得到报应。米利都学派的另一位代表人物阿那克西美尼则进一步认为"无定"是一种很难把握的东西，而他认为本原应是有定的东西，这个东西就是气。气并不是神创造的，相反，神却是源自气的。世界上一切事物都是由气的凝聚和疏散而形成的。灵魂也不是别的东西，而是使我们成为一体并主宰我们的气。可以看出，早期哲学家们试图探求万物的根源，寻求多中之一，提出了关于世界的统一性问题。

　　稍晚一些的色诺芬尼则认为世界的本原是土和水，一切的生成都来自于土和水。赫拉克利特则认为这个有秩序的宇宙（科斯摩斯）对万物都是相同的，它既不是神也不是人所创造的，它过去、现在和将来永远是一团永恒的活火，按一定尺度燃烧，一定尺度熄灭。他还认为万物是永远变动的，而这种变动是按照一定的尺度和规律进行的，从而最早提出了"逻各斯"学说。而毕达哥拉斯、阿那克萨戈拉、恩培多克勒等对世界的认识和解释则更进一步，他们开始把数学、物理学、医学乃至天文学和地理学的知识运用到哲学中，以认识和解释现实的世界。但直到智者派，哲学的研究主题才从宇宙与自然换到了人自身。智者派的代表人物普罗泰哥拉便提出了著名的"普罗泰哥拉命题"：人是万物的尺度，是存在的事物存在的尺度，也是不存在的事物不存在的尺度。认为人的需求是衡量事物的标准，以承认事物的客观存在与运动发展为基础，认为判断是非善恶的标准，只能是个人的感觉和利害，把社会或国家理解为个人的集合，强调个人选择。智者派这种一切以人的感觉为判断存在与否的准则，进而否定真理的客观标准的观念，把人自身置于哲学问题的中心，空前的地凸显了人的地位和作用，这在传统宗教盛行的古希腊无疑起到了巨大的启蒙作用。

与此同时，智者派的学说也带来了一个问题，他们的主张更多的源自于个人经验，从某种程度上讲，是片面的认识物质内部的对立面，从而提出了错误的相对主义的结论。人是万物的尺度，那么每个人各有自己的需求，都是万物的尺度，当人们的感觉和认识出现差别时，就没有可依据的客观真理来评价谁是谁非，一切都成了相对的和可疑的。所以，智者派的学说也就导致了相对主义和怀疑主义的出现。

由于智者派关注人本身，那么自然就要面对人性和道德问题。按照他们的学说，一切都是相对的，所以，他们认为根本不存在评价伦理道德的普遍标准，道德价值只适用于特定文化边界内，因社会、文化、历史或个人境遇的不同而不同，从而认为道德或伦理并不反映客观或普遍的道德真理，只存在相对的道德或伦理。他们断言每一个人的知觉以及由此而产生的信念或意见都是同样真或同样正确的。人不仅仅是"善"的尺度，也是"恶"的尺度。善于恶都是因人而异的。如此，判断一个行为是否道德取决于判断者关于善恶的观念（即善恶的标准），对同一个行为的不同的道德判断相对于判断者各自的善恶观念是同样正确的，并无客观的标准决定不同的善恶观念之间的优劣①。从当时的历史背景而言，提出这一学说的目的是试图将"相对主义"思想推广应用于社会政治领域，用"约定论"的观点来规范其政治制度和道德法律。用"约定论"的观点论证政治制度和道德规范的相对性，借以反对贵族派所捏造的"永恒主义"的政治伦理道德，这在当时是反应奴隶主民主派的观点的，是进步的。但这也成为了后世"道德相对主义"②的源头。

10. 无知——苏格拉底论恶的起源

苏格拉底对智者派这一道德相对主义的价值观进行了批判，

---

① 陈真："道德相对主义与道德的客观性"，载《学术月刊》2008 年第 12 期。

② 道德相对主义认为，不同群体和不同个体的道德价值和道德观是不同的，是各种各样的，而不是绝对统一的，因为不同群体和不同个体的一切信仰所赖以存在的动力基础是存在差别的。因此，这个世界上没有绝对的对和错，也不存在客观的是非标准，道德只不过是人们所具有的一种道德信仰能力，除此之外，什么也不是。道德相对主义似乎可以对道德的多样性给予更好的解释，但其所面临的困境也是显而易见的。首先，如果道德仅仅是人们之间的约定或共识，那么，一个社会或一种文化的道德观念就不可能出错，因为，决定一个社会或文化的道德观念的是该社会或文化的人们之间的共识，由于我们并无其他手段决定这种共识是否正确，一旦达成共识，这种共识就成为了该社会必须奉行的道德观念。因此，一个社会或文化的道德观念不可能出错。但是，一个社会或文化的道德观念是有可能出错的；其次，道德相对主义认为对于一个行为的道德判断正确与否总是相对于某一个道德框架而言的，我们并无客观的依据对不同的道德框架进行评判，这就必然导致不同社会，不同文化之间的道德争议和道德批评变得不可能。按照道德相对主义，不同文化对同一行为的道德判断看似彼此冲突，实际上并不冲突，甚至不同文化之间的道德分歧逻辑上都是不可能的；再次，道德相对主义无法解释道德的进步。这不仅仅是因为道德相对主义不得不认为文化或社会的道德共识不可能犯错，不仅仅是因为它否认不同道德框架之间的道德批评的可能性，也不仅仅是因为它否认有评价道德的客观基础，还因为，按照道德相对主义，一种文化或一个社会内部的人，如果想要改变所处文化或社会的现有的道德观点，改变现有的道德秩序，想要进行某种道德的改革，按照他所在的文化或社会的标准，他的行为在道德上总是错误的。总之，尽管道德相对主义在历史上曾起到过解放思想的作用，但由于它将道德仅仅归于人们主观的看法，因而难以克服上面提到的理论上和实践中的困难。（参见陈真："道德相对主义与道德的客观性"，载《学术月刊》2008 年第 12 期。）

主张摒弃从人的价值肆意性来捕捉游移不定的价值标准，建立一种理性主义的道德哲学，通过关于人的本质的重新界定以及价值观客观性的追求，赋予道德价值以客观性、确定性和普遍性，从而重新为社会建立起道德标准和善恶尺度。对于苏格拉底而言，人的德性才是万物的尺度，永恒不变的真理和公认的美德是存在的，它就是"善"，道德规范存在的根源和依据也在于"善"，而不是个人的感性需要。

　　苏格拉底生活的时代是希腊城邦陷入严重的无序状态的时代，这一时期由于经历了希波战争、伯罗奔尼撒战争的巨大创伤，希腊正发生着由盛而衰的历史性大转折，社会道德沦丧殆尽。苏格拉底对这一社会现实进行了苦苦思索，他认为造成社会秩序混乱的根本原因在于人性的堕落，而人性的堕落又源于人们没有真正的把握"善"。人们错误地把占有金钱名利、享受荣华富贵的生活和欲望的满足看成了人生的目标和幸福，以致与善背道而驰。于是，苏格拉底指出，人们之所以丧失道德是因为他们的"无知"，而拯救雅典乃至整个希腊的根本出路在于让人们拥有"德性"，也即正确的知识，当人们拥有了德性，"善"才会占据灵魂，过有德性的生活才是真正的幸福，人们就会自觉达至善的境地。基于此，苏格拉底提出了"德性即知识"的命题，

　　"德性即知识"这一道德命题奠定了苏格拉底全部伦理学思想的哲学基础，无论是在与其他学者的辩论中还是在对人性善恶问题的讨论中，他的论述最终都归结到了这个命题上。他把人在社会生活行为中表现出来的所有优秀善良的品质（如正义、自制、智慧、勇敢、友爱、虔敬等）都称为"德性"，这些品质是神平均分配给每个人的，也就是说每个人在灵魂中都有潜在地"德性"。但是，这种德性只有在理性的指导下才能发挥出来并支配行动，才是有益的，是真正的善，否则则只能是无知，"德性"被蒙蔽，

是恶的。苏格拉底肯定了知识在人的道德行为中的决定性作用，而且认为正义和其他一切德性都是智慧，德性即知识，反过来说，知识也就是德性，无知即是罪恶。

所以，苏格拉底的这一论断合理的解释了"恶"的根源问题，也即由于无知而导致善被蒙蔽，而罪和一切不道德的行为都是因为善被蒙蔽的缘故，也即源于无知。这也成为了古希腊以至整个西方哲学史上建立起的一种理性主义的关于恶的起源论的理论基础和哲学源头，从而赋予了道德价值以客观性、确定性和普遍规范性。苏格拉底的这一学说可以引申出三个论断：每个人生而具有善的潜能；每个人的本性都是向善的，之所以会出现恶皆是因为无知；人是可教的。神把诸如节制、正义、虔诚、勇敢等优秀的品质平均分给了每个人，并以之作为人们心灵的内在原则，所以，每个人心中都有善的潜能。但并不是人人都能意识到这一点，这就需要通过对知识的不断学习来发现和懂得自己灵魂深处的善的种子，并认识到什么才是真正的善。同时，苏格拉底认为人的本性是向善的，人是一种目的性的存在，人的本性是趋善避恶，不断地追求善，以善为目的。人是一种德性的存在物，人都追求善，因此人都想要成为有德性的人，没有人故意为恶，而恶之所以产生是由于知识的不足。

如果一个人懂得了什么是善，他便自然会以此作为自己行动的规尺，而如果一个人自称知道什么是善，但又不去按照这善去行事，那么这恰恰说明他实际上并未真正知道什么是善，所以，一个真正知道什么是善的人必然行善。柏拉图这样理解他的老师的这一观点：无人会选择恶或想要成为恶人。想要做那些他相信是恶的事情，而不是去做那些他相信是善的事情，这似乎是违反人的本性的，在面临两种恶的选择时，没有人会在可以选择较小的恶时去选择较大的恶①。

苏格拉底反对把善说成是每个人的个体感受的观点，因为如果那样，就像他的学生柏拉图所言的，像普罗太戈拉想要证明的那样，美德是知识以外的东西，那么显然它是不可教的②。而苏格拉底他把道德和思维、意识紧密联系起来，以此来抵制智者的相对主义道德观，树立客观的道德标准，并且，他认为"不经受这种考察的生活是没有价值的"③。苏格拉底"德性即知识"中的"知识"主要是指要能认识人自己的本性（physis）④。这就是一个学习和发现的过程，也就是一个"教"的过程，在苏格拉底看来，善的理念绝不是一种外在于人类并强加于人类的东西，而是合乎人的理性和内在于人的灵魂的东西，是理性本身的必然的要求，他指出："如果人的本性就是善的，岂不是由于教育而成的善的吗？"⑤"认识你自己"就是关心自己的本性，也就是追求关于德性的知识，追求善并以善作为人生的最高目的，这才是高尚的生活，有意义的生活。

既然恶是一切罪的思想根源，那么从苏格拉底关于德性的学说可以得出"人的无知是一切罪的哲学根源"这一命题。再有，每个人都生而具有一种发现善的潜能，这是人的本性，而且恶是可以通过对善的发现和找回来去除的，那么，罪也就是可以避免或者去除的。我们暂且把这些命题作为假设，通过后世思想家们

---

①【古希腊】柏拉图：《柏拉图全集》（第1卷），王晓朝译，人民出版社2002年版，第484页。

②【古希腊】柏拉图：《柏拉图全集》（第1卷），王晓朝译，人民出版社2002年版，第488页。

③【古希腊】柏拉图：《柏拉图全集》（第1卷），王晓朝译，人民出版社2002年版，第27页。

④ 汪子嵩等：《希腊哲学史》（第2卷），人民出版社1997年版，第435页。

⑤ 北京大学哲学系编译：《古希腊罗马哲学》，商务印书馆1961年版，第166页。

的学说来验证它们。

11. 柏拉图：人皆无意为恶

柏拉图作为苏格拉底的学生，继承了他的老师关于人性的学说，这一点从柏拉图早期的作品中可以明显的看出来。他同样深信"美德即知识"，人唯有经由知识才能达到"至善"，也就是说"知识是使一个人成为有美德的人的充分条件"。但他发现苏格拉底追求善，探讨怎样使一个人成为有美德的人，却对于什么是善和美德并没有提出具体的答案，柏拉图试图解决这个问题，从《美诺篇》以后的作品中开始对苏格拉底的人性学说进行批判的继承与阐释。在《美诺篇》一开篇，"美诺"就提出美德是否可教和如何获得的问题，"苏格拉底"回答说，"我连美德是什么都不知道，又怎么知道它是否可教呢？"于是，柏拉图在开篇之后即把问题的重心转移到讨论美德的定义上来。

柏拉图坚持生命二元说，认为灵魂和身体是两个相互独立的存在，灵魂独立于肉体之外，也即对生命进行了灵魂和肉体的划分。他在《蒂迈欧篇》中讲道：

> 当他（创造主）建构这个宇宙时，就把理智放在灵魂里，而把灵魂放在身体里，他在用尽善尽美的本性进行工作。这样，就可能性而言，我们可以说这个生成的宇宙是一个由神的旨意赋予灵魂和理智的生物①。

---

① 【古希腊】柏拉图：《柏拉图全集》（第3卷），王晓朝译，人民出版社2002年版，第281页。

但柏拉图的确并未向后来的身心二元论者那样否认灵魂与身体之间的相互作用，他的理由是：按照不可见的理念统摄可见的有形物的原则，灵魂统摄身体。他写道：而他（创造主）创造的灵魂在起源和优越性上都先于和优于物体，灵魂是统治者和主宰，而物体是它的下属①。并且把灵魂看成是普遍的和永恒的存在：

> 造物主按自己的意愿造就灵魂以后，就在灵魂之中构造有形体的宇宙，并把二者放在一起，中心对中心。灵魂从宇宙中心扩散到各处，直抵宇宙的边缘，无处不在，又从宇宙的外缘包裹宇宙，而灵魂自身则不断运转，一个神圣的开端就从这里开始，这种有理性的生命永不休止，永世长存。天的形体是可见的，分为理性与和谐，是用最优秀的理智造成的，具有永恒的性质，是被造物中最优秀的②。

既然柏拉图认为灵魂统摄身体，而按照苏格拉底"无人有意作恶"的原则来推论，身体对灵魂所产生的坏的反作用又是不受灵魂支配的。很明显，这存在一个矛盾。为了解决这一矛盾，他继而在《理想国》中对灵魂进行了划分，即分为理性、激情和欲望③。理性存在于头部，激情存在于胸部，欲望存在于腹部④。理性、激情和欲望三个部分分别与思想活动、情感活动和肉体趋乐避苦

---

①【古希腊】柏拉图:《柏拉图全集》（第3卷），王晓朝译，人民出版社2002年版，第285页。

②【古希腊】柏拉图:《柏拉图全集》（第3卷），王晓朝译，人民出版社2002年版，第287页。

③【古希腊】柏拉图:《柏拉图全集》（第2卷），王晓朝译，人民出版社2002年版，第425页。

④【古希腊】柏拉图:《柏拉图全集》（第3卷），王晓朝译，人民出版社2002年版，第322-325页。

的倾向相对应。其中，理性把人与动物区分开来，是人的灵魂的最高原则，它是不朽的（而激情和欲望则是可朽的），与神圣的理念相通，它"总是全力要想认识事物真理"，是人们智慧的源泉。当理性原则支配着灵魂时，灵魂正当地统摄着身体，反之，当欲望原则支配着灵魂时，身体反常地毁坏着灵魂。激情是人们借以发怒的那个东西，它"永远整个儿地是为了优越、胜利和名誉"。欲望是人们用以感觉爱、饿、渴等物欲之骚动的，它的全部快乐和爱都集中在利益上，而金钱是满足它的主要手段。柏拉图讲道：

> 我们说一个部分是人用来学习的。另一个部分是人用来发怒的。还有第三个部分；这个部分由于内部的多样性，我们难以用一个简单而合适的词来统括它，我们只能用其中的一个最强烈的主要成分来命名它。我们根据它强烈的关于饮食和爱的欲望以及各种连带的欲望，因而称它为"欲望"部分①。

当这三部分彼此和谐时就具有了节制的美德，三个部分各做自己分内的事情，即理性和激情占据主导地位，三者之间达到和谐，也就是达到了正义和善。柏拉图谈到：

> 正义的真相确实就是我们所描述的这样一种东西，它与外在的各司其职似乎关系不大，而主要涉及内在的各司其职，在其真正意义上，它只和人本身有关，只和个人自己的事情有关。也就是说，一个人一定不能允许自己灵魂的各个部分

---

① 【古希腊】柏拉图：《柏拉图全集》（第2卷），王晓朝译，人民出版社2002年版，第594页。

相互干涉，做其他部分该做的事，而应当按照正义这个词的真实意义，安排好自己的事，首先要能够成为支配自己的人，能做到自身内部秩序良好，使灵魂的三个部分相互协调，就好像把最高音、最低音、中音以及其间的各个音符有序地安排在一起，使之成为一个有节制的、和谐的整体，这样一来，他就成了一个人，而不是许多人。这个时候，如果他必须做些什么，那么他就可以转入实践，无论是挣钱、照料身体，还是从事某种政治事务或私人事务，所有这些行为都堪称正义的和高尚的，都能保存或帮助产生灵魂的这种状态，智慧或知识则指导着这样的行为；而那些试图颠覆这种精神状态的行为都可以称作不正义的，指导着这种不正义行为的是愚昧无知[1]。

而反之就是不正义。他指出：

> 所谓不正义不就是灵魂三部分之间的内战，相互争吵和相互干涉，一个部分起来造反，企图在灵魂内部取得生来就不属于它的统治地位，而它本来应当像奴隶一样为作为灵魂统治者的那个部分服务，是吗？我想，我们要说的就是这样一种东西，灵魂的各个部分产生了混淆，偏离了各自适当的运作过程，于是就有了不正义、不节制、怯懦、愚昧无知，总而言之，就有了这些邪恶[2]。

---

① 【古希腊】柏拉图：《柏拉图全集》（第2卷），王晓朝译，人民出版社2002年版，第424页。

② 【古希腊】柏拉图：《柏拉图全集》（第2卷），王晓朝译，人民出版社2002年版，第425页。

在《斐德罗篇》中，柏拉图把灵魂比作马车，他说：

> 我把每个灵魂划分为三部分，两个部分像两匹马，第三部分像一位驭手。现在仍依这种划分。我们说过，两匹马中一匹驯良、一匹顽劣。但我们还没说明那匹好马驯良在哪里，那匹坏马顽劣在哪里，而现在我们就要加以说明。处在地位比较尊贵一边的那匹马身材挺直，颈项高举，鼻子像鹰钩，白毛黑眼；它爱好荣誉，但又有着谦逊和节制；由于它很懂事，要驾驭它并不需要鞭策，只消一声吆喝就行了。另一匹马身躯庞大，颈项短而粗，狮子鼻，皮毛黝黑，灰眼睛，容易冲动，不守规矩而又骄横，耳朵长满了乱毛，听不到声音，鞭打脚踢都很难使它听使唤①。

所以说，柏拉图发展了苏格拉底的学说，在人生而具有的潜能中，除了德性，还有欲望，而欲望就造成了恶的祸根，则罪的根源是在人的灵魂之中的。如何才能使理性控制激情和欲望呢？柏拉图又在我们所能感知的现实世界之上提出了一个理念世界。理念世界是绝对真实、永恒不变的，现实世界则虚幻不定、流变不已。现实世界中的一切事物，不过是理念世界中这一事物理念的影子而已②。这一"理念论"对于解释如何去除恶具有重大意义，因为理念世界被界定为规定着现实世界的理想形式，是现实世界的终极价值归宿，是世界的本体。而在理念世界中居于最高地位的是"善的理念"，其他理念只有依靠它才能获得自身存在的根基，

---

① 【古希腊】柏拉图：《柏拉图全集》（第2卷），王晓朝译，人民出版社2002年版，第168页。

② 【古希腊】柏拉图：《柏拉图全集》（第2卷），王晓朝译，人民出版社2002年版，第506页。

于是它就成为现实世界理想形式的最终规定者，成为人与社会的终极价值目标。所以柏拉图说："每个灵魂都在追求善，把善作为自己全部行动的目标"[1]。正是依据善的理念这一终极价值标准，柏拉图对灵魂的三部分作出了不同的价值判断。柏拉图认为，灵魂三部分中，只有理性是关于实在的，才有能力去认识理念世界，认识善本体，从而获得真正的知识、智慧。所以，理性是灵魂中的最高贵者，应处于领导地位。与理性部分相反，欲望部分所关注、追求的始终只是现实世界中的各种物质利益，因此，它自身将永远不可能达到理念世界，将永远远离善本体，故是灵魂中最低的部分，应处于被领导地位。至于激情部分，柏拉图虽未赋予它认识理论世界的能力，却认为它的追求高于形形色色的物质欲望。当灵魂内部产生冲突时，它总是站在理性一边，是理性的"天然辅助者"。因此，它在接受理性领导的同时，应成为它的助手，以共同统治欲望部分。柏拉图认为，一旦灵魂的三部分间形成了这种主从秩序，即理性起着领导作用，激情和欲望一致赞成由它领导而不叛乱，其内部就有了"神圣的管理"，这样的灵魂就符合善的理念，就标志着个体人性完善的最终完成[2]。

可以说，人类的一切活动都是对"理念世界"的模仿和映照，模仿的不完美就是恶，去除恶的过程就是要无限接近"理念世界"的过程。既然恶的去除抑或说善的达致是由于灵魂中的理性部分认识了理念世界尤其是"善的理念"而完成的，那理性的培育就成为去恶至善的唯一途径。为此，柏拉图又提出了"培育理性"的主张。在《理想国》中，他多次使用了"反思"（reflection）和

---

① 【古希腊】柏拉图：《柏拉图全集》（第 2 卷），王晓朝译，人民出版社 2002 年版，第 501 页。

② 郭长刚："柏拉图社会政治学说的人性基础"，载《齐鲁学刊》1996 年第 4 期。

"沉思"（contemplation）两词，认为关于理性的知识唯有凭借反思、沉思才能真正融会贯通，达到认识理念世界的目的。所以，柏拉图的学说也证明了我们最初的假设，他所讲的"理性"就是人生而具有的发现或找回善的潜能，人的可以通过学习来培育理性从而达到善的。

12. 亚里士多德：意志的重要性

综观柏拉图关于人性的阐释，理论逻辑是非常严密的。但他把理念世界、善的理念诸概念建构于人的现实世界、现实活动之外，造成了其对于人们对现实生活和实践意义的困惑。亚里士多德在继承了柏拉图人性学说的基础上进行了修正与发展。他把对善的理解"人化"了，把善从形而上的理念世界中拉回到现实世界中来。在他的视野中，善不再是作为本体而存在的独立于人的现实世界之外难以企及的东西，而是人的现实活动所追求的现实的东西。人的一切行为和选择都是有目的的，这个目的就是善，每种技艺与研究，同样地，人的每种实践与选择，都以某种善为目的[①]。他认为，就算有某种善是述说着所有善事物的，或者是一种分离的绝对的存在，它也显然是人无法实行和获得的善，而我们现在研究的是人可以实行和获得的善[②]。正因为亚里士多德所谈的善是人生活与实践中的善，所以在他的论述中，"善"的内涵是非常丰富的，善既是对象又是目的，既指秩序又指秩序的安排者，既可以述说实体，也可以描述性质，既可以指数量的适度，也可

①【古希腊】亚里士多德：《尼各马可伦理学》，廖申白译，商务印书馆 2003 年版，第 3 页。
②【古希腊】亚里士多德：《尼各马可伦理学》，廖申白译，商务印书馆 2003 年版，第 16 页。

以指称一种关系，如某物对另一物有用，还可以述说恰当的时间和合适的地点等。但尽管如此，亚里士多德并没有把善的概念泛化，他仍然认为善是人类行为的根据。有行为必然指向善。这种关联具有必然性，因而具有绝对性，即所有的行为必然联系着善。因此，善对于人类而言，不是可有可无的东西，而是人类的一种必然。只要有行为，必然有善。善成为人类存在的一种内在本性。这个目标，我们可以将其视为存在者存在的依据。从形而上学的角度来说，它即可能性。亚里士多德称之为潜能，是一种可能性，而作为存在可能性的善，它自己是自己存在的目的，不是为了其他的存在而存在。善是自足的①。

那么，如何达致善呢？正如柏拉图把灵魂进行的划分一样，亚里士多德继承性地对灵魂进行了理性的和非理性的划分。认为在非理性部分中有一种是生长和营养的能力，这种能力是所有生物共有的，而不为人所特有。人所特有的恰恰就在于人有理性部分，这就是人之所以异于其他生物的主要特征。亚里士多德继而认为德性的区分也是同灵魂的划分相应的。因为我们把一部分德性称为理智德性，把另一些称为道德德性。智慧、理解和明智是理智德性，慷慨与节制是道德德性②。其中，理智德性主要是通过教导而发生和发展的，需要经验和时间，而道德德性则通过习惯养成。亚里士多德受到古希腊哲学关于自然论和决定论的影响，主张道德德性不是自然形成的，因为自然本性是不能改变的。而道德德性在人们身上的养成既不是出于自然，也不是反乎自然的。自然赋予人接受德性的能力，而这种能力则是通过习惯而完善的。

---

① 沈顺福：“论亚里士多德的善”，载《伦理学研究》2005 年第 5 期。
②【古希腊】亚里士多德：《尼各马可伦理学》，廖申白译，商务印书馆 2003 年版，第 34 页。

自然分配给人的所有能力都是先以潜能形式为人们获得，然后才表现在人们的活动中[①]。可以说，道德德性的产生是人的灵魂的非理性的部分（情感、欲望、感觉等）受到正确理性的指导，从而获得了理智的形式。道德德性在于把较低的灵魂成分或冲动提交给正确的理性支配。道德德性是后天获得的，但它的基础在于灵魂的先天性质，道德德性就是使冲动理智化[②]。而且是我们先运用它们而后才获得它们。这就如同技艺，我们是通过做那些学会后所应当做的事来学的[③]。如此，理性对灵魂中欲望部分施行有效的控制和引导，便达致了善（即亚里士多德所言之"德性"），而反之，由于理性失去了对非理性的欲望的控制便成为了恶。可以看出，亚里士多德否定了苏格拉底建立的"恶源于无知"和"无人自愿作恶"的论断，认为恶恰恰是因为有意让非理性欲望驾驭理性的行为的结果。他指出，苏格拉底把理性当作知识，其实这是不可能的。因为一切知识都涉及理性，而理性只存在于灵魂的认知部分之中。按他的观点，一切德性就都在灵魂的理性部分中了。这样，就可推导出：由于他把理性当成知识，就摈弃了灵魂的非理性部分，因而也摈弃了激情和道德。因此，像这样对待德性是不正确的[④]。他认为德性是和灵魂的功能有关的。灵魂中有三种东西主宰着实践与真：感觉、努斯（理性）和欲望。在这三者中，只有感觉不是德性行为的起点。德性与理性和欲望相关。德性既然是

---

①【古希腊】亚里士多德：《尼各马可伦理学》，廖申白译，商务印书馆2003年版，第36页。

②【美】弗兰克·梯利：《伦理学导论》，何意译，广西师范大学出版社2002年版，第122页。

③【古希腊】亚里士多德：《尼各马可伦理学》，廖申白译，商务印书馆2003年版，第36页。

④【古希腊】亚里士多德：《大伦理学》，载徐开来译、苗力田主编：《亚里士多德全集》（第8卷），中国人民大学出版社1992年版，第242页。

一种有选择的品质，凡是在理智中肯定或否定的东西，也就是在欲望中要追求和躲避的。选择就是经过算计和考虑的欲望①。这里便引出了亚里士多德在伦理学史上的一个巨大的贡献，那就是"自愿或意愿（voluntary）与非自愿或非意愿（involuntary）的区分"。

亚里士多德看到了伦理学上自愿或意愿与非自愿或非意愿的区分，强调了意愿或意志的重要。这就为道德建立了稳固的基础，开阔了天地。从此，伦理学学者们便知道，道德固然有赖于智识和理性，但也依赖于意志或意愿；否则道德的范围就变得既褊狭而又干枯，成为有特权享受教育者手中玩弄的魔术把戏。这个区别让后人知道意志自由的重要，造成中世纪以来关于自由意志的热烈论战，也让康德依据他那个时代的心理学大讲关于智、情、意之分，强调道德优于理智；康德的这个论点一直到现在，很少遭受学者们的反对②。那么，按照亚里士多德的看法，选择对于德性的获得，对于使活动完成得好至关重要。因为，在实践的事务上，错误可以是多种多样的，正确的道路却只有一条。所以选择就预含了一个对我们而言是善的目的。我们是因为有目的才要作选择，而不是因为要选择才确定目的。作了错误的选择，德性便无从获得。错误的选择主要发生于两种情形。一是预含了错误的、有害的目的，或者那目的尽管显得是或在偶性上是善，然而在总体上有害；二是目的虽然是善的，手段却选择错了，或者由于没有能坚持一个正确的选择而妨害了目的的实现。放纵者把错误的即在总体上有害的事物当作善的，他出于选择地沉溺于过度的肉体快乐，认为自己在做正确的事。不能自制者则知道什么是

①【古希腊】亚里士多德：《尼各马可伦理学》，廖申白译，商务印书馆2003年版，第167-168页。

②【古希腊】亚里士多德：《尼各马可伦理学》，廖申白译，商务印书馆2003年版，周辅成序。

善的，却没有能够坚持正确的选择[1]。需要注意的是，亚里士多德的这种对"意愿行为"和"违反意愿的行为"的区分不是两种认识能力或状态的区分，而是表示意志的能力或状态的区分。意愿行为是受意志支配的行为，而违反意愿的行为则是不受意志支配，而受意志之外的力量支配的行为。这一区分突出了意志在道德活动中的决定作用。这实际上成为了后世刑法学自由意志理论的渊薮，奠定了判定行为人主观恶性的哲学基础。

既然德性和恶都是人出于人的选择，是理性对欲望引导和控制的不当造成的，那么恶就不是人性之中天然存在的。亚里士多德排除掉了世界和人的恶的源生性。"恶"不是世界和人与生俱来的东西。他不把恶与作为目的的善对应起来：恶不是人所追求的与善并列的又不同于善的另外一种目的。现实中存在的人们的恶行，并不表明恶就是人的目的。恶实际上是由人自己造成的，也就表明了恶是可以在现实世界中排除掉的。他认为，人作恶只是出于无知或强迫，所以提出了三种产生恶的具体形式：第一种可能是他们因为对人应该追求的目的的无知。第二种可能是行为者为了追求善，但是由于对具体情况的无知，没有找到正确的方向或途径而产生了恶果。第三种可能就是行为者作恶是出于自己无法控制的某种外在强力。

可以看出，关于恶的起源为题，亚里士多德基本上继承了乃师的学说，只是把柏拉图的理念学说发展成为实践的学说，但究其核心，仍是主张恶生于灵魂中理性部分对非理性部分的控制失当。那么如何去消除恶呢？亚里士多德认为应该通过对知识的真正把握来实现。他在《形而上学》中说的第一句话就是：求知是

---

[1]【古希腊】亚里士多德：《尼各马可伦理学》，廖申白译，商务印书馆2003年版，译者序。

人的本性。他继而谈到，我们乐于使用我们的感觉就是一个说明；即使并无实用，人们总爱好感觉，而在诸感觉中，尤重视觉。无论我们将有所作为，或竟是无所作为，较之其他感觉，我们都特爱观看。理由是：能使我们识知事物，并显明事物之间的许多差别，此于五官之中，以得于视觉者为多[1]。他从而认为道德行为的践行来自于对知识的真正把握，以知识的客观性、普遍性和确定性来推论道德的确定性、可靠性，以此奠定全体公民的道德信仰基础。可见，他强调德性的实践性。他指出，如果不去这样做，一个人就永远无望成为一个好人。但是多数人不是去这样做，而是满足于空谈。他们认为他们是爱智慧者，认为空谈就可以成为好人。这就像专心听医生的教导却不照着去做的病人的情形。正如病人这样做不会使身体好起来一样，那些自称爱智慧的人满足于空谈也不会使其灵魂变好[2]。实际上也就是包括了知识和实践这两个关键问题，也就是在苏格拉底和柏拉图所说的求知的基础上，还要通过实践活动来达到善，消除恶。

13. 西塞罗论自由意志

古希腊三贤关于人性的哲学思想构建起了西方哲学史上人性论的基础，后世哲学家基本上是在这一思想框架内展开讨论的，或有批判与发展，但无论是西塞罗、奥古斯丁和托马斯·阿奎那，还是后世的霍布斯、斯宾诺莎、康德与黑格尔，他们的思想都大体上沿袭了这一基本的思想脉络。

---

①【古希腊】亚里士多德：《形而上学》，吴寿彭译，商务印书馆1981年版，第1页。

②【古希腊】亚里士多德：《尼各马可伦理学》，廖申白译，商务印书馆2003年版，第42页。

　　西塞罗的思想继承非常明显，他把苏格拉底奉为"哲学之父"，在《图斯库勒论辩》中他便指出，是"苏格拉底首先把哲学从天上召唤下来，寓于城邦之中，甚至引入家庭，迫使哲学思考人生和道德，善与恶"①。当然，西塞罗在对苏格拉底人性思想继承的同时，也有深刻的创造性解读和发展。他首先把苏格拉底、柏拉图和亚里士多德所普遍谈到的理性理解为人灵魂深处所具有的神的因素。这个神的因素并不是神本身，而应是人与神共有的东西，是人身上最优越、最出色的部分②。西塞罗认为神赋予了人以远见和敏锐的智力，创造他的至高的神给了他某种突出的地位；因为在如此众多的不同种类的生物中，他是唯一分享理性和思想能力的。而又有什么——我并不是说只在人身上，而且也在天空和大地的范围里——比理性和思想力更神圣呢？而理性，当其得以成长并臻于成熟时，就被正确地称为智慧。因此，既然没有比理性更高的东西，而且它既为人所具有，也为神所具有，那么，人和神首先共有的就是理性。而那些共同拥有理性的，也共同拥有正确的理性，也即绝对的理性；而且既然正确的理性就是法，我们必定也就是因这法而与神联系在一起。进一步说，那些共有法的，也一定共有正义；而共有这些的，都应视为同一共同体的成员。因此，现在我们必须将这整个宇宙理解为一个共同体，神和人都是这个共同体的成员③。可以看出，西塞罗所讲的理性也是人生而具有的一种潜能（神的因素），这一潜能植根于人的本性之中，其他各种

---

　　① Cicero. Tusculan Disputation. Trans.King, J.E.Cambride Ma.Harvard University Press, 1996: v.4.10-11.

　　②【古罗马】西塞罗：《法律篇》（第1卷），苏力译，商务印书馆2004年版，第179页。

　　③【古罗马】西塞罗：《法律篇》（第1卷），苏力译，商务印书馆2004年版，第160-161页。

美德都以理性为基础。所以，惟有正确的理性才能区分善恶、是非，正确的理性才是正义的基础。如果不把本性视为正义的基础，那就意味着人类社会所依赖的美德遭到毁灭①。在这一理论基础之上，他提出了一系列的追问：什么是为良好的生活和正确的行为提供了准则的目的或终极的目标？被本性（Nature）当作至善而最想要追求的东西是什么？被本性当作至恶而最想要避免的东西又是什么？他从斯多葛学派的学说中得到了一些启示，斯多葛学派认为主要的善就是以一种顺从自然的方式生活，要顺从一个人自己的本性和顺从普遍的本性。西塞罗吸收了这一学说，认为这个本性实际上就是理性，就是善的潜能，也就是善本身，人应该依照理性去生活，反之，就是恶。所以他所谓的恶，就是放纵自己的欲望，他在《论老年》中转引阿契塔的话说："感官上的快乐是自然赋予人类最致命的祸根；为了寻求感官上的快乐，人们往往会萌发各种放荡不羁的欲念……实际上，没有一种罪恶、没有一种邪恶的行为不是受这种感官上的快乐欲驱使而做出的"②。这一观点与柏拉图和亚里士多德的理性与非理性的学说是一致的。西塞罗认为本质上正当的行为之所以是善的，关键在于它是自愿的，把善视为一种人们自愿适当的履行义务的状态，"这就是它的本质，与道德之善不可分，因为凡是适当的事情在道德上都是公正的，凡是道德上公正的事情都是适当的"③至此，他把按照理性行事视为一种人的义务，人必须履行这一义务。在面对这一义务时，如果

---

① See：Cicero.The Loeb Classical Library, Volume XXI, On Duties, 1.9. Harvard University Press，1997：p51.

②【古罗马】西塞罗：《论老年　论友谊　论责任》，徐奕春译，商务印书馆2007年版，第22页。

③ Cicero.The Loeb Classical Library, Volume XXI, On Duties, 1.9. Harvard University Press，1997：p97.

大脑中出现了犹豫和考虑：应当去做那种符合道义的事情呢，还是应当玷污自己的双手，去干那种自己明知是罪恶的勾当呢？那么，这一审慎考虑中就包含着罪恶，尽管他们从未将这种罪恶的行动付诸实施。因为这些行动根本就不应当考虑，仅仅考虑就是不道德的[①]。这时我们可以把人的理性这一潜能从另一个角度理解为人的自由意志，这一点也是与亚里士多德相通的。也就是说，人性中由理性支配的自由意志是善的本源，而错误的行使这一自由意志就成为了恶的渊薮。这一观点至中世纪时，由奥古斯丁进行了系统的阐发。

14. 奥古斯丁对恶的认识从本体论向生存论的推进

奥古斯丁对于恶的本源问题的认识经历了一个过程，最初，他接受了摩尼教的善恶二元论主张，认为存在着善恶两种实体，善的事物都是来自于善的实体，而恶的事物都是来自于恶的实体。如此，世界的本原就不只有一个，而是有善和恶两个本原。整个世界乃至人本身都是善与恶斗争的战场，善与恶分别主宰着光明与黑暗。他认为人之所以会犯罪会作恶，主要是因为黑暗战胜光明的结果，也就是恶的实体战胜善的实体的结果，所以，人也无需为自己的罪恶承担后果，因为犯罪的不是人自己，而是劣根性。他说："那时我还以为犯罪不是我们自己，而是不知道哪一个劣根性在我们身上犯罪，我即以置身于事外而自豪；因此，我做了坏事，不肯认罪，不肯求你治疗我犯罪的灵魂，我专爱推卸我的罪责，

---

① Cicero.The Loeb Classical Library, Volume XXI, On Duties, 1.9. Harvard University Press, 1997: p303.

而归罪于不知道哪一个和我在一起而并非我的东西"[①]。善恶二元论把犯罪的责任推究到恶的终极本体中去，把人的非理性视为来自黑暗世界的人所不可抵挡的强大力量。长达九年的时间里，年轻的奥古斯丁在摩尼教的理论中得到了满足。后来他认识到了摩尼教的善恶二元论本身就存在着无法解决的难题：既然上帝是代表至善的，那就是与恶对立的，这样就产生了一个悖论，如果上帝不能战胜恶甚至会被恶所伤害，那上帝就不是万能的和不朽的；如果上帝可以战胜恶或者消除恶，那么恶的存在就说明上帝创造了恶或者说容忍了恶的存在。对与奥古斯丁而言，这两种推论都是大逆不道和荒谬的，自此，他便在怀疑和彷徨不定的状态中。

直到他读到了罗马雄辩术教授维克托利努斯翻译的柏拉图学派的一些著作，新柏拉图主义关于恶的理论特别是关于"恶是善的缺乏"的观点为他提供了答案。他发现新柏拉图主义比较注重精神和抽象，促使奥古斯丁纠正了从摩尼教那里习得的物质主义的思维方式，开始在物质世界之外找寻真理，而应该由外向内看，反求诸己，进入心灵深处来仰视上帝的光辉。

奥古斯丁认为苦难并不是来源于上帝，上帝只创造美和善的东西。凡是存在的事物，都是善的，如果事物丧失了所有的善，它便不再存在。他坚信，上帝是"不能朽坏，不能损伤，不能变易"的渗透着整个世界，又在世界之外，充塞到无限的空间的至善的存在。但此时奥古斯丁对于恶的来源问题仍是不得其解，他说：我虽则坚信你是不可能受玷污，不可能改变，不可能有任何变化，虽则坚信你是我们的主，真天主，虽则坚信你不仅创造我们的灵魂，也创造我们的肉体，不仅创造我们的灵魂肉体，也创造了一切的一切，但

---

① 【古罗马】奥古斯丁：《忏悔录》，周士良译，商务印书馆 1963 年版，第 68 页。

对于恶的问题，我还不能答复，还不能解决 ①。他继而进行了追问：谁创造了我？不是我的天主吗？天主不仅是善的，而且是善的本体，那么为何我愿作恶而不愿从善？是否为了使我承受应受的惩罚？既然我整个造自无比温良的天主，谁把辛苦的种子撒在我身上，种在我心中？如果是魔鬼作祟，则魔鬼又是从哪里来的呢？如果好天使因意志败坏而变成魔鬼，那么既然天使整个来自至善的创造者，又何从产生这坏意志，使天使变成魔鬼？②恶原来在哪里？从哪里来的？怎样钻进来的？恶的根荄、恶的种子在哪里？是否并不存在？既然不存在，为何要害怕而防范它呢？③

在无尽的追问中，奥古斯丁从古希腊哲学中找到了答案。他指出：我探究恶究竟是什么，我发现恶并非实体，而是败坏的意志叛离了最高的本体，即是叛离了你天主，而自趋于下流，是"委弃自己的肺腑"，而表面膨胀④。恶是虚幻的，仅仅是善的缺失状态，是一事物相对于比自身高等的事物所拥有的善的缺失。缺失这个概念自苏格拉底就开始使用了，他谈到了知识的缺失，而后的哲学家们相继谈到过德性的缺失、理性的缺失、善的缺失等，奥古斯丁也仍然认为，恶的存在正是善的缺失的结果。缺乏善才会形成恶，所以绝对的恶是不存在的，恶本身只是善的缺失。

奥古斯丁在《教义手册》谈到：那位全能的上帝——连不信基督教的人也承认祂是如此——既是至善者，那么，若是祂不能从恶事中结出善果来，祂就绝不会让任何恶存在于祂的工作中。事

①【古罗马】奥古斯丁：《忏悔录》，周士良译，商务印书馆 1963 年版，第 115 页。
②【古罗马】奥古斯丁：《忏悔录》，周士良译，商务印书馆 1963 年版，第 116 页。
③【古罗马】奥古斯丁：《忏悔录》，周士良译，商务印书馆 1963 年版，第 118 页。
④【古罗马】奥古斯丁：《忏悔录》，周士良译，商务印书馆 1963 年版，第 130 页。

实上我们所谓恶，岂不就是缺乏善吗？[1] 至于恶的产生则是人类自由的结果，是人类滥用了上帝赋予的自由意志，因而也是人类应付的代价。所以他的观点意在将恶的起源与善的上帝完全分离开来，从而全善的上帝丝毫不用为恶的存在负责。奥古斯丁吸收了亚里士多德关于"形式"与"质料"的学说，亚里士多德把一切事物的构成都归结为"形式"与"质料"的相互结合与相互作用。事物的产生和运动变化即是"质料"获取和实现"形式"的过程也即由"潜能"向"现实"转化的进程。这就构成了一个从低到高逐渐上升的阶梯式的等级体系，其中高一级的事物是低一级的事物的形式，而低一级的事物是高一级的事物的质料。这个阶梯的最底层是完全没有形式的"纯质料"，即"绝对的潜能"，而这个阶梯的顶端，则是完全不包含质料的"纯形式"，即"绝对的现实"。而恶就被理解为上文所言及的"缺失"，"缺失"在这里的含义既非形式和实体，也不是质料，而是对善的一种否定和缺乏。质料缺乏善，才会形成恶；质料绝对地缺乏善，才会形成绝对的恶，所以，并非质料是绝对的恶，缺乏才是绝对的恶。这一学说经由新柏拉图主义的奠基人普罗提诺而被奥古斯丁吸收并发展，对之创造性的进行了逆向的阐发，提出了"缺陷因"的学说。在他看来，在上帝创造的宇宙等级秩序中，高一级的事物相对低一级事物（关于"高级"与"低级"含义的使用，奥古斯丁恰与亚里士多德不同）来说是存在，而低一级的事物相对高一级的事物来说则为非存在，由此高一级事物的存在应该是低一级事物存在的依据和目标。如果事物背离了这个规律，而"倾向于非存在的东西"，追求比自身更低一级的事物，那就是事物的"缺陷因"。这个缺陷因正

---

[1]【古罗马】奥古斯丁：《奥古斯丁选集》，汤清、杨懋春、汤毅仁译，宗教文化出版社 2010 年版，第 308 页。

是造成恶的原因。在此，奥古斯丁将恶的产生放在了一个不断变化的、流动的事物发展的倾向和趋势上①。在此基础上，他把恶具体分为三个层次，即"物理的恶"、"认识的恶"和"伦理的恶"。"物理的恶"是指由于事物的自然属性带来的损害或是由于人的生理原因造成的身心痛苦等。比如他说：

在动物的身体中，所以谓疾病和伤害，不过是指缺乏健康而已。若身体得医治痊愈，这并不是说，那先前存在的恶——疾病和伤害——离开身体去住在别处，而是说，它们都不再存在了。疾病和伤害并非什么实体，而是实体在肉身中的缺憾。肉身既是实体，所以是善的。那些恶，即失去健康，对善乃是偶然发生的事。同样，心灵中的罪恶，也无非是缺乏天然之善。它们一旦被医治好了，它们并不是转移到别处去了。当它们不存在于健康的心灵中，它们就不能存在于别处②。

"认识的恶"则是由于人类认知和思维的有限性造成的，是一种对正当认识秩序的颠倒，是一种人类心智上的缺乏。他指出：错误的本身仍是一种恶：那和重大事有关的错误是个大恶，那和小事有关的错误是个小恶；但无论是大或小，它总是一种恶③。而"伦理的恶"则是我们要讨论的罪的本源意义上的恶，也是奥古斯丁认为的真正的罪恶，是由于自由意志的负面作用导致的行为对善的背离。善是人自觉的，恶也是人自愿的，恶不是神的错，而是人的错，应当到人自身中去寻找恶的根源。奥古斯丁指出：在

---

① 参见周海金："恶是善的缺乏——论奥古斯丁的神正论"，载《基督教文化学刊》（2010 年第 23 辑），宗教文化出版社 2010 年版，第 112~113 页。

② 参见【古罗马】奥古斯丁：《奥古斯丁选集》，汤清、杨懋春、汤毅仁译，宗教文化出版社 2010 年版，第 308 页。

③ 参见【古罗马】奥古斯丁：《奥古斯丁选集》，汤清、杨懋春、汤毅仁译，宗教文化出版社 2010 年版，第 314~315 页。

意志变恶之处，若是意志本身不愿意，那么这种恶不会在其中产生，因此这些恶会受到公正的惩罚，因为它们不是必然的，而是自愿的[①]。而上帝把人造成公义的，让他们有自由意志……上帝预见到人会由于弃绝上帝和违反上帝的律法而犯罪，然而上帝并不剥夺人的自由意志，因为他同时预见到他可以从人的恶中产生出善来[②]。奥古斯丁进一步建构了原罪论，更为明确地指出恶是源与人的贪欲。他认为是上帝创造了人类的灵魂，灵魂本来分有上帝的善的属性，可是由于寄居于人类的肉体之中，因此才有了堕落而被朽坏的可能性。拥有智慧的人就在于心灵拥有至上的权力，能够成功驾驭灵魂的理性，达到心灵的平和。若当心灵无法成功控制灵魂时，灵魂就很容易屈从于贪欲，走向无知的罪恶之境。他发现每一种恶行当中都有贪欲，"贪欲引起了每一种恶行"，这一贪欲可以理解为一个人滥用其意志去追求他不应当追求的事物，恶存在于意志当中，它以意志作为行动的载体而趋向于其他低下的事物。

　　正是由于奥古斯丁将自由意志引入对恶的本源的探讨，从而将本体论意义上的恶转向了生存论意义上的恶，也就是罪。

　　奥古斯丁认为上帝为了善的目的而创造了自由意志，自由意志就其本性来说是上帝手中的造物，它也如同其他受造物一样，其本身虽善却可能被误用而丧失了自身的本性以致变成恶，所以恶是意志背弃不变之善而转向可变之善，而且这一转向完全是在人的自由意志控制下进行的，也即人误用了上帝所赋予的自由意志。他指出：那为中等之善的意志，一旦依附不改变之善，而不以

---

　　①【古罗马】奥古斯丁：《上帝之城》（第 12 卷），王晓朝译，人民出版社 2006 年版，第 503 页。

　　②【古罗马】奥古斯丁：《上帝之城》（第 22 卷），王晓朝译，人民出版社 2006 年版，第 1088 页。

之为私有，却以之为公有——正如我们对那说得虽不周到却已说得很多的真理一样——人就有有福的生活。这种有福的生活，即心灵依附不改变之善的性情，乃是人正当主要之善。一切不能被误用的美德，都存乎其中……但若意志离弃那公诸大家的不变的善，而归向一种私善，无论是在它以外或以下的，它就犯了罪。一旦它要自己作主，它就归向一种私善：一旦它渴望知道别人的私事，它就是归向于在它以外的；一旦它爱好肉体的快乐，它就是归向于在它以下的①。所以，奥古斯丁所谓的罪是超乎基督教神学的原罪论之上的，他不仅关注人从祖先那里继承来的原罪，他更加关注人的自由意志本身。他认为魔鬼诱使人犯罪靠的是说服，但说服只是外因，真正的力量还是来自人的意志本身，只有出于自由意志的罪才是严格意义上真正的罪。

15. 中世纪以后西方对善恶问题讨论的庸俗化

在对恶与恶的起源这一问题的解释方面，托马斯·阿奎那吸收了自古希腊以来所形成的这一人性学说的核心。他认为人是由上帝自由地从无中创造而来，上帝是造物主，人是受造物。上帝要分赐其至善于人，所以，上帝的至善就成了所有受造物的目的，所有受造物也都是某种程度地相似上帝，人也是就相似于其始源——上帝。人的存在以获取相似于上帝为最终目的，人成为了"上帝的形象"，人的存在只有比照上帝的存在才有意义，人的美德所能达到的善也只有在比照"最高的善"时才有价值。而恶也只能通过善才能被理解和解释，二者为对立之物，其中之一物，

---

① 【古罗马】奥古斯丁：《奥古斯丁选集》，汤清、杨懋春、汤毅仁译，宗教文化出版社 2010 年版，第 211 页。

因另一物而得知，例如借着光明而得知黑暗。因此，恶是什么，应该由善的本质来加以探讨……凡可嗜欲或欲求的一切，都是善。准此，既然一切本性都欲求自己的存在和完美，所以必须说，任何本性的存在与完美，都有善的本质。因此，恶不可能意指存在，或意指某种形式或本性。所以，只有说，恶意指"没有善"或"善的缺乏"①。显而易见，这与古希腊以来的恶是善的缺乏的基本观念是一致的。

中世纪以后，哲学家们似乎更乐于把善与恶的问题视为两个机械的实体来讨论，自古希腊以来所形成的这一哲学传统逐渐被庸俗化了。综观西方哲学史关于恶的本质与恶的起源之学说流变，基本上沿袭着这样一条基本道路，即恶并非与善相对的实体存在，而是善的缺乏的状态。人生而具有向善的潜能，可以概括的称为理性，而恶产生的原因是由于人自身没有充分运用这一理性或者错误的使用了理性的缘故。那么，中国古代思想史中是不是也存在这样一条哲学或者说伦理学的思想脉络呢？

16. 中国早期的泛神观及对人性的无意识

先秦自早期可考之典籍以至于继起之百家学说，几乎与西方呈现出一个相似的场景，与古希腊哲学奠定西方哲学史基础一样，关于人类的问题，在中国先秦时代的思想家们那里也已经讨论殆尽了。关于罪的哲学起源问题，先秦思想家同样把它归结为道德哲学或者说伦理学中关于恶的起源问题，从而推广及人性问题。

如同西方文明发展史一样，中国古代文明同样是从宗教开

---

①【意】托马斯·阿奎那：《神学大全》（第 2 册），陈家华、周克勤译，（台南）碧岳学社 2008 年版，第 53 页。

始的，先民在认识层面所面对的不是自己，也不是别人，而是整个世界，整个客观的世界。日升月落，四季轮转，山川之雄，湖海之深，草木繁枯、雷电风雨……自然的一切都是人自身所不能左右的，所以人也是任自然摆布而毫无主观能动性的客观存在。如果说人还是有一点能动性的话，那就是尊神事鬼。神鬼高兴了，降福于人，至少可以不降或者少降灾祸。无论是对自然神的崇拜，还是对祖先神的祭祀，大都出于恐惧，供奉血食，最早的舞蹈与歌唱，目的都是娱神，希望神和祖先高兴。人也就只能战战兢兢、诚惶诚恐地通过祭祀的方式向这些捉摸不定的神灵献媚，而殷人对于祖先神进行膜拜的唯一原因即在于——在他们看来——祖先神是自己向帝神表达敬畏、提出要求和展现回应的媒介。人类的目光还没有关注到人自身，也就自然不会对人自身进行深入的思考。

17. 对革命的合理性反思与个体意识的觉醒

学界一般认为这种状况持续到商代。并且认为，虽然从商代以青铜器为代表的历史遗存来看，那是一个文明已经相当发达的时代了，但从甲骨卜辞和相关文献记载可以清晰地得出"殷人事鬼"的结论，殷人的精神生活还未脱离原始宗教的世界。那是一个典型的神权社会，对于祖先等神灵的迷恋已近痴狂，到了每事必卜的程度。但是另一方面，在殷人的精神世界当中却并没有善恶神的观念，"殷人创造的上帝并不单是降福于人、慈悲为怀的慈爱的神，同时也是降祸于人、残酷无情的憎恶的神"[1]。殷人的祖先崇拜和帝神崇拜都是源于一种恐惧的心理和希望现实生活的要求

---

① 李亚农：《李亚农史论集》，上海人民出版社1978年版，第561页。

能够得到满足的实用主义的态度，在其中"没有任何道德理想出现，看不到伦理价值"①，人性善恶仍未自觉。如徐复观所言，宗教可以诱发人的自觉。但原始宗教，常常是由对天灾人祸的恐怖情绪而来的原始性地对神秘之力的皈依，并不能表示何种自觉的意义。即在高度发展的宗教中，也因人、因时代之不同，而可成为人地自觉的助力，也可成为人地自觉的障碍。②而要想突破这种障碍，实现人认识上从神到人的转变，就需要一场大变革来提供一个促使人们反身自问，反身自察的契机，而这个契机就发生在殷周革鼎之际。

　　无论是殷还是周，在神的谱系里都存在"帝神"和"宗神"两个层面，帝神大概就是天地自然之神，而宗神就是祖先神了。在"周革殷命"之前，二者之间是"小邦周"与"大邑商"的关系，是诸侯与共主的关系。暂且不说周与殷在世系上是同出于帝喾，但就政治与文化关系而言，殷的帝神当然也是周的帝神。《论语》说："殷因于夏礼，所损益，可知也。周因于殷礼，所损益，可知也"③，又说："周监于二代，郁郁乎文哉"④。可以很明显地看出，周文化系由殷文化继承发展而来，其对神的崇拜当然属于其中的一部分被同时承继。在这一神灵崇拜的体系中，帝神是高于宗神而存在的，殷人周人都是通过宗神这一中介而将祈愿上达帝神的。在殷商甲骨文中，没有直接对帝神进行交流的记载。周时大抵也是如此，《尚书》记载了周公请求以己身代武王之死的故事，死生之事，自然是操于帝神之手，但周公并没有直接请求于帝神，而只是向太王、王季、文王三位祖宗神表达了自己的愿望，请他们

---

① 张继军："周初'善'、'恶'观念考"，载《求是学刊》2006 年第 6 期。
② 徐复观：《中国人性论史》（先秦卷），上海三联书店 2001 年版，第 13 页。
③《论语·为政》
④《论语·八佾》

代为向天帝转达。这都表明了，大权是由帝神掌握的，宗神是人间与帝神的传达媒介，天命神权的神是帝身而不是宗神，有谁来掌握人间的权力也是由帝神决定的。那矛盾就出现了，天下共主本来是属于大邑商的，这是天命在商，而小邦周却革了大邑商的命。小邦周享有天下共主的地位是需要合理性解释的，如果抛却天命神权的观念，那就是取天下以武，结果就是所有的诸侯甚至平民奴隶都可以拿起武器闹革命，天下要大乱了；如果继续相信天命神权，那天帝又是因为什么不宠爱殷商这个儿子了，转而疼爱起周这个儿子来了呢？解释不清这个问题，周的合法性就存在问题。正是在思索这一问题时，周人的思想世界出现了一缕个体意识自觉的曙光。

　　从大量的甲骨卜辞可以看出，殷人尚鬼，在这种以信仰为中心的宗教气氛之下，人感到由信仰而得救，把一切问题的责任交给了神，此时不会发生个体的善恶意识，而此时的信心，乃是对神的信心。作为原始宗教动机的恐怖、绝望。殷人常常是在恐怖绝望中感到自己过分地渺小，而放弃自己的责任，一凭外在地神为自己作决定。在凭外在地神为自己作决定后的行动，对人的自身来说，是脱离了自己的意志主动、理智导引的行动。这种行动是没有道德评价可言，因而这实际是在观念地幽暗世界中的行动。由卜辞所描出的"殷人尚鬼"的生活，正是这种生活。周人则不同，他们虽然在宗教方面仍是属于殷的系统，但在周人的领导人物中，却可以看出有了一种新精神的跃动。因为有了这种新精神的跃动，才使传统的宗教信仰有了新地转向，也使古代整个文化有了新地发展[1]。

---

① 参见徐复观：《中国人性论史》（先秦卷），上海三联书店 2001 年版，第 18 页。

18. 从对神的敬到对人自身"德"的自觉

周人革了殷人的命，但从相关文献的记载中可以感受到，周人并没有想象中的胜利者的喜悦，而是陷入了对神与人的深深思索。《易》曰："《易》之兴也，其于中古乎？作《易》者其有忧患乎？"，又说："其出入以度，外内使知惧，又明于忧患与故"[①]。这种"忧"的意识在整个中国文化发展进程中的出现是非常了不起的，也可以说是划时代的。周人在对神与人关系的思考中，开始了理性的探讨，这种"忧"的意识与恐怖、绝望的最大的不同，就在于"忧"的心理的形成乃是从当事者对吉凶成败的深思熟虑而来的远见。在这种远见中，主要发现了吉凶成败与当事者行为的密切关系，及当事者在行为上所应负的责任。"忧"正是由这种责任感来的要以己力突破困难而尚未突破时的心理状态。所以"忧"的意识，乃人类精神开始直接对事物发生责任感的表现，也即是精神上开始有了对人自身的自觉的表现[②]。在殷及以前以信仰为中心的宗教气氛之下，人感到由信仰而得救，把一切问题的责任交于神，此时不会发生"忧"的意识。而此时的信心，乃是对神的信心。只有自己担当起问题的责任时，才会产生"忧"的意识[③]。这种"忧"的意识，实际是蕴蓄着一种对与错、是与非的观念在其中的。

当然，如上所述的人自身自觉的过程大抵是没有问题的，殷周之际，这种自觉也的确较为明显，但就此而认为此前人们就完全没有自觉意识，这恐怕也是站不住脚的。夏禹"家天下"，此前

---

① 《周易·系辞下》
② 参见徐复观：《中国人性论史》（先秦卷），上海三联书店2001年版，第18-19页。
③ 参见徐复观：《中国人性论史》（先秦卷），上海三联书店2001年版，第20页。

的权力传袭行的是"禅让制",禅让给谁呢?继位者选择的标准是什么呢?远古史上恐怕没有纯粹靠占卜来选择继承人的实例,均是先依照个人品行选定候选人,再占卜请示神意。所以,除了神意,人个体的意识与行动在很早的时候便已经有了是非对错的评价,对神的尊敬与亵渎或许仍是这种评价的主要标准,但绝不是唯一的标准。《尚书》赞颂尧帝"钦、明、文、思、安安。允恭克让,光被四表,格于上下。克明俊德,以亲九族。九族既睦,平章百姓。百姓昭明,协和万邦"①。尧帝晚年要选继承人,四岳推荐舜作为候选人的理由是"父顽,母嚚,象傲;克谐以孝,烝烝乂,不格奸"②。舜帝继位后,他又是怎么告诫百官的呢?他告诫司法官要"钦哉,钦哉,惟刑之恤哉!";对将作司徒的契说,要"敬敷五教,在宽";对皋陶说,要"惟明克允";对将作纳言的龙说,要"夙夜出纳朕命,惟允"③。舜晚年在考察候选人的时候也是如此,无论是益、禹还是皋陶,在他们的施政演说中都表达了自己对善政的观念和认识,益认为善政在于"儆戒无虞,罔失法度。罔游于逸,罔淫于乐。任贤勿贰,去邪勿疑。疑谋勿成,百志惟熙。罔违道以干百姓之誉,罔咈百姓以从己之欲。无怠无荒,四夷来王";禹认为善政在于"德惟善政,政在养民。水、火、金、木、土、谷,惟修;正德、利用、厚生、惟和。九功惟叙,九叙惟歌。戒之用休,董之用威,劝之以九歌俾勿坏";皋陶通过赞颂舜的德性表达了自己对善政的理解,他认为善政在于"临下以简,御众以宽;罚弗及嗣,赏延于世。宥过无大,刑故无小;罪疑惟轻,功疑惟重;与其杀不辜,宁失不经;好生之德,洽于民心,兹用不犯于有司"④。皋陶更是将君主应该具

---

① 《尚书·尧典》

② 《尚书·尧典》

③ 《尚书·舜典》

④ 《尚书·大禹谟》

有的美德归纳为九，即"宽而栗，柔而立，愿而恭，乱而敬，扰而毅，直而温，简而廉，刚而塞，强而义"[①]。选人要看个人品德，臣民革命与天子征伐也是如此。

所谓"太康尸位"，他作为君主荒废政事，放纵享乐，丧失了德行，外部四夷背叛。东夷族有穷氏首领后羿看到夏王朝内部矛盾重重，借太康外出狩猎数月不归之时，乘机掌握了夏的政权。其后少康有德行，人心咸归之，灭有穷氏，少康称帝，重新恢复了夏王朝的统治地位。"太康失国"与"少康中兴"也都是因为君主的德行造就的。本来，夏是有德的，天命也是在夏的，"古有夏先后，方懋厥德，罔有天灾。山川鬼神，亦莫不宁，暨鸟兽鱼鳖咸若"[②]。汤伐夏，也是出于同样的理由，因为"有夏多罪"、"有夏昏德"，夏王"灭德作威"，以敷虐于万方百姓，以至于"民坠涂炭"，万方百姓，罹其凶害，弗忍荼毒，并告无辜于上下神祇[③]。天道福善祸淫，降灾于夏，以彰厥罪[④]。所以"天命殛之"。天选择谁去伐夏呢？是商，因为汤"布昭圣武，代虐以宽，兆民允怀"。所以可以看出，无论是天命夺之还是天命予之，关键还是要看德与不德。

19. "以德配天"与善恶观念的起源

武王伐纣的时候，使用了同样的理由，"今商王受，狎侮五常，荒怠弗敬。自绝于天，结怨于民。斫朝涉之胫，剖贤人之心，作威杀戮，毒痡四海。崇信奸回，放黜师保，屏弃典刑，囚奴正士，

---

① 《尚书·皋陶谟》
② 《尚书·伊训》
③ 《尚书·汤诰》
④ 《尚书·汤诰》

郊社不修，宗庙不享，作奇技淫巧以悦妇人"①。所以周人要"恭行天罚"。从这一点来看，周代殷与殷代夏的合理性是一样的，都是德与失德的问题。

所以如果说殷周之际才开始人自身自觉的过程则是过于绝对的，人类文明作为一个文化整体只能是渐进的，而不可能是顿悟的。只能说周代殷之际，关于人性问题的思考更加系统化了。殷人重鬼，而周以小邦代殷大邦，其所造成的大变革不在于朝代之更替，而在于人们明白了受命于天的天之子也不会永远得到上天的眷顾而受祚永年，专事鬼神而不重德，终会失民心失天下。《尚书》对这一问题解释得很清楚，《多方》曰：

> 洪惟图天之命，弗永寅念于祀，惟帝降格于夏。有夏诞厥逸，不肯慼言于民，乃大淫昏，不克终日劝于帝之迪，乃尔攸闻。厥图帝之命，不克开于民之丽，乃大降罚，崇乱有夏。因甲于内乱，不克灵承于旅；罔丕惟进之恭，洪舒于民。亦惟有夏之民叨懫日钦，劓割夏邑。于惟时求民主，乃大降显休命于成汤，刑殄在夏②。

又曰："乃惟成汤克以尔多方简，代夏作民主。慎厥丽，乃劝；厥民刑，用劝；以至于帝乙，罔不明德慎罚，亦克用劝；要囚殄戮多罪，亦克用劝；开释无辜，亦克用劝"③。因有夏失德，天命迁于商，故《酒诰》曰："在昔殷先哲王，迪畏天，显小民，经德秉哲。自成汤咸至于帝乙，成王畏相惟御事，厥棐有恭，不敢自暇自逸，

①《尚书·泰誓下》
②《尚书·多方》
③《尚书·多方》

矧曰其敢崇饮？^①" 正因为殷先王有德，所以天命在商。而《多方》又曰："乃惟尔商后王逸厥逸，图厥政不蠲烝，天惟降时丧"。因殷复失德，故天命复移之。《康诰》曰："惟乃丕显考文王，克明德慎罚；不敢侮鳏寡，庸庸，祇祇，威威，显民，用肇造我区夏，越我一、二邦以修我西土。惟时怙冒，闻于上帝，帝休，天乃大命文王"^②。周虽小邦，但因为有德，所以天命与之。

周人通过以德配天之说，得出"天惟时求民主"的结论，所以周人时时不忘告诫子孙："我不可不监于有夏，亦不可不监于有殷。我不敢知曰，有夏服天命，惟有历年；我不敢知曰，不其延。惟不敬厥德，乃早坠厥命。我不敢知曰，有殷受天命，惟有历年；我不敢知曰，不其延。惟不敬厥德，乃早坠厥命"^③。《诗》亦云："无念尔祖，聿修厥德。永言配命，自求多福。殷之未丧师，克配上帝。宜鉴于殷，骏命不易！命之不易，无遏尔躬。宣昭义问，有虞殷自天。上天之载，无声无臭。仪刑文王，万邦作孚"^④。这一发生于人心之中的变化才是王国维所讲的"殷周间之大变革"，自此，人开始更多地观诸自身，观诸人心。所以说，尽管周以前亦有关于人性善恶之吉光片羽，但终不成体系，而自周始，各种学说和思想体系才逐渐形成。在人们的意识里，虽然仍以"天命"作为宇宙和世间的最高主宰，但人唯有以德才能"配天"。

对于德的追求使人们开始反思自身，开始向人心中去探求。这一思想上的变革使人不再完全被动地被神的光芒笼罩，人具有了能动性。殷人事神是战战兢兢、诚惶诚恐的，因为他们意识中的神不但可以降福，同时也会降祸，如果事神不周，神会迁怒于

①《尚书·酒诰》
②《尚书·康诰》
③《尚书·召诰》
④《诗经·大雅·文王》

人并降下灾祸。神是不可知的，喜怒无常的，人只能怀着敬畏之心甚至是恐惧之心对神顶礼膜拜。神具有主宰一切的权能，在神面前，人是无所作为的，所以根本不会形成完备的道德体系和伦理价值体系。而周人之对神的认知则不同，神并非不可知和喜怒无常的，神是有道德价值评价标准的，神通过德的考量来评价人。所以，周人在为神制定了一套道德价值体系的同时也是在为自身制定一套道德价值体系，因为，人如要得到神的眷顾就应该修德，而修德就是要使自身德行无限的接近于神。神不再是高高在上的，这个社会便失去了神性，而失去了神性笼罩的社会，人自身的道德判断和价值追求就会成为人们生活的标尺，也为道德、善恶之说开辟出了思想天地。

20. 从"吉"、"凶"到"善"、"恶"

周之前的善恶，是没有类型基础的善与恶，更准确地说应该是"好与坏"、"吉与凶"或者"利与不利"，这或许有价值意义，但不具有道德意义。而自"德"的观念的引入，神从无善无恶到惟德为善，先秦真正伦理意义上的善恶观念就是在周初这样一个"祛魅"的过程中出现的。《诗》云："皇矣上帝，临下有赫。监观四方，求民之瘼。维此二国，其政不获。维彼四国，爰究爰度。上帝耆之，憎其式廓。乃眷西顾，此维与宅"，又云："维此王季，帝度其心。貊其德音，其德克明。克明克类，克长克君。王此大邦，克顺克比。比于文王，其德靡悔。既受帝祉，施于孙子"[1]。孔颖达疏曰："此在上之天，能照临於下，无幽不烛，有赫然而善恶分明也"。又曰："言维此王季之身，为天帝所祜，天帝开度其心，令之

_____
[1]《诗经·大雅·皇矣》

有揆度之惠也。又安静其德，教之善音，施之於人，则皆应和其德。又能有监照之明，又能有勤施无私之善。又能教诲不倦，有为人师长之德；又能赏善刑恶，有为人君上之度。既有君人之德，故为君王於此周之大邦。其施教令，能使国人徧服而顺之。既为国人顺服，则功德有成。能择人之善者，从而比之，言其德可以比上人也"[1]。可见，周初的善与恶已经具有了理性基础和伦理价值。

　　徐复观认为，在周人"忧"的意识跃动之下，人的信心的根据，渐由神而转移向自己本身行为的谨慎与努力。这种谨慎与努力，在周初是表现在"敬"、"敬德"、"明德"、等观念里面。尤其是一个敬字，实贯穿于周初人的一切生活之中，这是直承忧患意识的警惕性而来的精神敛抑、集中及对事的谨慎、认真的心理状态。这是人在时时反省自己的行为，规整自己的行为的心理状态。周初所强调的敬的观念，与宗教的虔敬，近似而实不同。宗教的虔敬，是人把自己的主体性消解掉，将自己投掷于神的面前而彻底皈归于神的心理状态。周初所强调的敬，是人的精神，由散漫而集中，并消解自己的官能欲望于自己所负的责任之前，凸显出自己主体的积极性与理性作用。敬字的原来意义，只是对于外来侵害的警戒，这是被动的直接反应的心理状态。周初所提出的敬的观念，则是主动的，反省的，因而是内发的心理状态。这正是自觉的心理状态，与被动的警戒心理有很大的分别。[2]在周初道德的人文精神觉醒之下，人开始对自己的行为有了真正的责任心，也即是开始对自己的生活有了某程度的自主性。但他们行为的根源与保障，依然是传统宗教中的天命，而尚未达到在人的自身求得其根源与保障的程度。因此，此一历史黎明的阶段，为后来的

---

[1]（唐）孔颖达等：《毛诗正义》卷十六《皇矣》。

[2] 参见徐复观：《中国人性论史》（先秦卷），上海三联书店 2001 年版，第 20 页。

人性论敞开了大门。①

　　关于善恶的认知，周人以抽象的"德"为评价原则，德本身即意味着善，但尚未形成更为统一的标准和理性认识，所以善与恶往往是在诸如祭祀、军事、国家治理与日常生活等具体行为当中被界定的。如"克明俊德"、"允恭克让"（《尚书·尧典》）、"惇德允元"（《尚书·舜典》）、"敷佑四方"（《尚书·金滕》）、"惠鲜鳏寡"（《尚书·无逸》）、"缉熙敬止"（《诗经·文王》）、"柔惠且直"（《诗经·崧高》）、"于幽斯馆"（《诗经·公刘》）、"彻我疆土"（《诗经·江汉》）等都被认为是善；而如"昏迷不恭"、"反道败德"（《尚书·大禹谟》）、"甘酒嗜音"（《尚书·五子之歌》）、"颠覆厥德，沈乱于酒，畔官离次，俶扰天纪"（《尚书·胤征》）、"败祸奸宄"（《尚书·盘庚上》）、"厥纵淫泆"（《尚书·酒诰》）、"杀戮无辜"（《尚书·吕刑》）、"靡神不宗"（《诗经·云汉》）等则都认为是恶。这种对于善与恶的直观认知并没有形成统一的价值判断标准，所以，对于善与恶的关系也并没有过多的思考和论述。虽有如《汤诰》"天道福善祸淫，降灾于夏，以彰厥罪"之说，然详考之，仍不离具体的善恶。

21．中国先秦人性论特质的继续思考

　　系统的人性论体系是伴随着春秋时期各家学派的形成而构建起来的。各学派间百家争鸣，于人性问题上亦彼此抵牾。然而深入分析我们会发现，各家争论的焦点在很多情形下都是由于概念的不对称造成的，彼此在使用核心概念的时候其含义却是不一样的。如各家学派几乎都曾使用过的"气"、"性"、"情"、"理"、"伪"、

---

① 参见徐复观：《中国人性论史》（先秦卷），上海三联书店 2001 年版，第 28 页。

"命"、"类"、"欲"、"心"等概念，各家几乎分别赋予了不同的内容，所以说在概念没有统一的前提下进行的争论往往就是一场各说各话的"误会"。而综观各家之人性学说，看似矛盾，实际在很多问题上都是一致的。

我先贤论人性，大抵与西方古希腊古罗马哲学家们的思路是一致的，同样是首先把人的本性一分为二，一是受命于天的部分，一是受命于人的部分，或者说一是先天生而有之的部分，一是后天习而有之的部分。关于西方早期哲学家们的论述，前文已详，而我先贤亦是如此。性者，《说文》解释为"人之阳气性善者也"，《中庸》称"天命之谓性"，性乃是赋命自然，《孝经》称"性者，生之质也"，所以一般指的是生而有之的先天部分。但先秦思想家在使用上又是多元的，其含义要具体分析，这一点在早期经典中就有所体现。如《尚书》曰："惟皇上帝，降衷于下民。若有恒性，克绥厥猷惟后"①，此指天降中正之理（也就是善）于人心，而"天既与善于民，君当顺之，故下传云，顺人有常之性，则是为君之道"②。此处所言善性是受之于天的，所以是先天之性。而《太甲上》曰："兹乃不义，习与性成"③，此伊尹之言，意指常为不义之行，就会养成恶性，故《正义》言：伊尹以王未变，乃告於朝廷群臣曰："此嗣王所行，乃是不义之事。习行此事，乃与性成。"言为之不已，将以不义为性也④。《召诰》曰："王先服殷御事，比介于我有周御事，节性，惟日其迈"⑤。《正义》曰：召公既述周公所言，又自陈己意，戒王今为政，先服治殷家御事之臣，使之比近於我有周治事之臣，

①《尚书·汤诰》
②（唐）孔颖达等：《尚书正义》卷八《汤诰》。
③《尚书·太甲上》
④（唐）孔颖达等：《尚书正义》卷八《太甲上》。
⑤《尚书·召诰》

令新旧和协，政乃可一。和比殷周之臣，时节其性命，令不失其中，则王之道化惟日其行矣①。如徐复观所言，《召浩》是周公诫勉成王之词，所以要他"节性"，节性即同于节欲②，亦应为先天知性。《诗》云："岂弟君子，俾尔弥尔性，似先公酋矣"③。《正义》曰："乐易之君子来在位，乃使女终女之性命，无困病之忧，嗣先君之功而终成之"④，把性解释为生命。而徐复观不以为然，他认为应解释为欲望，该句意为："你游玩得很痛快了，休息得很舒服了；乐易的王呀，使你满足了你的欲望吧！这是继承了先王的成就呵"⑤。再如《易》，其中对于性的阐发就更具哲学意味。《象》曰：大哉乾元！万物资始，乃统天。云行雨施，品物流形，大明终始，六位时成，时乘六龙，以御天。乾道变化，各正性命。保合大和，乃利贞。首出庶物，万国咸宁⑥。这里实际上又提出了一个概念，即"命"，这个概念在《易》中多有出现，如：昔者圣人之作《易》也，幽赞于神明而生蓍，参天两地而倚数，观变于阴阳而立卦，发挥于刚柔而生爻，和顺于道德而理于义，穷理尽性，以至于命⑦。《易》注者亦有"《大有》，包容之象也。故遏恶扬善，成物之性，顺天休命，顺物之命"⑧。那性和命是什么关系呢？按《说文》、《玉篇》等的解释，命的本意就是"使也"、"教令也"，为使动的意思，而之

---

① （唐）孔颖达等：《尚书正义》卷十五《召诰》。
② 徐复观：《中国人性论史·先秦篇》，李维武编：《徐复观文集》（第三卷），湖北人民出版社 2002 年版，第 20 页。
③ 《诗经·卷阿》
④ （唐）孔颖达等：《毛诗正义》卷十七《卷阿》。
⑤ 徐复观：《中国人性论史·先秦篇》，李维武编：《徐复观文集》（第三卷），湖北人民出版社 2002 年版，第 23 页。
⑥ （三国魏）王弼：《周易注》卷一《上经乾传》。
⑦ （晋）韩伯：《周易注》卷九《说卦》。
⑧ （三国魏）王弼：《周易注》卷二《上经需传》。

所以会引申出今天生命的含义，关键是引入了"天"或者说"天道"因素。《乾卦》曰："各正性命"，《疏》曰："命者，人所禀受"，《说卦》曰："穷理尽性，以至于命"，《注》曰："命者，生之极"。而《左传》曰："民受天地之中以生，所谓命也" [1]。"人所禀受"就很清楚了，也即天道所赋予人的生命，此处是生命并非生物体意义上的生命，而是精神意义上的。关于这个问题，钱穆先生解释的更为透彻，他在《湖上闲思录》中谈到：人心是个别的，因而也是各偏的，不完全而有生灭的，相对而有限的。但人心亦有其共通的部分。这些共通部分，既不是个别的，又不是各偏的，而是完全惟一的，无起灭而绝对永存的。儒家之所谓性，即指此言 [2]。他继而谈到：此至善之性，究竟也是我心内较高较深的部分，虽在我心之内，而贯通于心与心之间，则又若超越于我心之外，因此我心有限，而我心之性则无限。一个超越我外而无限的性，较之只为我有而有限的心，自然也不免有一种降临与高压之感。此一种感觉，在儒家则谓之命。儒家最要工夫一面在知性，一面则在知命。性与命虽是一个东西，而不妨有两种感觉。一是感其在我之内，为我所有，一是感其在我之外，不尽为我所有 [3]。所以，命就可以理解为"天命"、"天理"、"天道"，故《中庸》曰："天命之谓性，率性之谓道"，而《孟子》曰："尽心知性，尽性知天"。天赋与的命又成为性地本源，郭店楚简曰："眚（性）自命出，命自天降"。所以，我们也可以理解成命是人与生俱来的一般性，而性则是个体的特殊性。

---

① 《左传》成公十三年

② 钱穆：《湖上闲思录》，生活·读书·新知三联书店 2000 年版，第 99-100 页。

③ 钱穆：《湖上闲思录》，生活·读书·新知三联书店 2000 年版，第 100-101 页。

第二章

罪观念的训诂学考察

对于某一问题的研究，往往需要使用多的方法去分析。有时，不同的方法可能导致殊途同归的效果，有时，不同的方法会导致截然相反的结论。但无论如何，对某一问题的研究所采用的研究方法愈丰富，人们对于该问题的认识就会愈深刻，这一点是不容置疑的。对于法学研究或者犯罪学研究，训诂学的方法可能很难与之扯上关系，但在法史学和犯罪学史学的研究中，确也有些学者曾运用这一研究方法来解释一些概念。如对于"法"与"律"的研究，训诂学的方法就得到了一定程度的运用。这使学界对我国古代"法"这一概念的理解不无助益。在对我国古代犯罪学说史的研究过程中，无意中发现了一些有趣的资料，一些关于"罪"字的解释。通过整理发现，古今关于"罪"字的解读与阐释观点各异，彼此参差。所以，本章试图通过对"罪"字的训诂学解读，来阐释"罪"字的源流嬗变，以希对我们进一步理解我国传统意义上"罪"的含义有所裨益。

22. 关于"罪"字的文献解释

关于"罪"字，就目前出土的甲骨文与金文来看，均未见。《说文解字》言，"罪，捕鱼竹网。从网、非。秦以罪为皋字。徂贿切"①。段玉裁注说文解字曰，"捕鱼竹网。竹字盖衍。小徐无竹网二字。从网非声。声字旧缺，今补。本形声之字，始皇改为会意字也。徂贿切。十五部。秦目为皋字。文字音义云：始皇以皋字似皇，乃改为罪。按经典多出秦后，故皆作罪。罪之本义少见于竹帛。小雅：畏此罪罟。大雅：天降罪罟。亦皋罟也"②。《康熙字典》言，"罪，（古文）皋。《广韵》，徂贿切；《集韵》，粗贿切；音皋。《说文》，捕鱼竹罔。《易·解卦》，君子以赦过宥罪。《书·大禹谟》，罪疑惟轻"③。宋本《广韵》言，"罪，通上（皋）"④。

从上述文献的解释来看，"罪"字并非其本源的写法，其原作"皋"。《说文解字》言，"皋，犯法也。从辛从自，言皋人蹙鼻苦辛之忧。秦以皋似皇字，改为罪。徂贿切。（注）臣铉等曰：言自古者以为鼻字，故从自"⑤。《康熙字典》言，"《玉篇》，古文罪字。注详网部八画。《说文》，皋，犯法也。从辛从自。自，古皋字。言罪人蹙皋，苦辛之忧。秦以皋似皇字，改为罪。按经史，皋、罪互用。今通用罪"⑥。段玉裁注说文解字曰，"皋，犯法也。从辛自，辛自，即酸鼻也。徂贿切。十五部。言皋人蹙鼻苦辛之忧。戚今之蹙字。此释从辛自之恉。秦以皋似皇字，改为罪。此志改字之

①（汉）许慎：《说文解字》，第七卷，网部，陈昌治刻本，中华书局影印，1996年版。注：以下凡引许氏《说文》，只注明卷数及所属部。

②（清）段玉裁注：《说文解字注》，第七卷，网部，经韵楼藏版影印本，上海古籍出版社1981年版。注：以下凡引段玉裁注：《说文解字注》，只注明卷数及所属部。

③（清）张玉书等编纂：《康熙字典》，未集中，网部，中华书局2004年版。注：以下凡引《康熙字典》，只注明集数及所属部。

④（宋）陈彭年：《宋本廣韵》，上声卷第三，十四贿，皋韵，江苏教育出版社2002年版。注：以下凡引《宋本廣韵》，只注明卷数及所属韵。

⑤《说文解字》，第十四卷，辛部。

⑥《康熙字典》，酉集下，辛部。

始也。古有假借而无改字。罪，本训捕鱼竹网。从网非声。始皇易形声为会意。而汉后经典多从之，非古也"①。宋本《廣韵》言，"文字音义云，辠，从自辛也，言辠人蹙鼻辛苦之忧，始皇以辠字似皇，乃改为罪也，徂贿切"②。

"罪"字除写作"辠"外，文献还记载了书中其他写法。主要有罪、圖、辠几种写法。其中，罪，实则是从罪字的小篆写法演变而来，其与罪的写法最为相近，应该是罪的直接演化字。圖，见《康熙字典》，"《字汇补》，古文罪字。注详网部，八画"③。辠，见《龙龛手鉴》。此外，还有䍁、辠、享三字应与"罪"字同源。䍁，音意，"司视也。司者，今之伺字。《广韵》作伺。从目，各本作从横目。今依《广韵》昔韵。众、蜀、蠲，篆下皆但言从目。从卒。会意字。卒者，罪也。羊益切。古音在五部。今隶作䍁。凡从䍁之字同。今吏将目捕辠人也。今，各本讹令，今正。此以汉制明之故曰今。汉之吏人携带眼目捕罪人，如虞诩令能缝者佣作贼衣，以采线缝贼裾，有出市里者，吏辄禽之。是也。辠各本作罪，今依《广韵》"④。辠，见宋本《廣韵》，"辠，罪也"⑤。享，见《康熙字典》，"《字汇补》，公都切，音姑。罪也，负也，音义与辜同"⑥。

综合上述关于"罪"字的各种写法，我们大致可以将之归结为两个系列，一个是以"罪"为基础的系列，包括"罪、罪、圖"；一个是以"辠"为基础的序列，包括"辠、䍁、辠、享"。如此，我们可以着重对"罪"和"辠"两个字进行分析，便可大致厘清

①《段注说文》，第十四卷，辛部。

②《宋本广韵》，上声卷第三，十四贿，辠韵。

③《康熙字典》，丑集上，口部。

④《段注说文》，第十卷，卒部。

⑤《宋本廣韵》，上平声卷第一，十一模，孤韵。

⑥《康熙字典》，卯集中，手部。

"罪"字的源流。马叙伦，严可均曰，"非声，末句校语也，出文字音义"。王均曰，"鱼有何非而网之哉，当增生字也"。伦按，"非罪，声同脂类也。此罾之同舌尖前破裂摩擦音转注字"①。上述多种文献中都有一个共同的记载，即"罪"字原来一直是写作"辠"的，由于秦始皇认为"辠"与"皇"颇为相像，犯了自己的忌讳，所以下令将"辠"字改为"罪"。这一记载是否真实，多已不可考，但值得注意的是，在《睡虎地秦墓竹简》当中，"罪"字共出现 78 次，但均写作"辠"。在《语书》中出现一次，时间是始皇"廿年"，也即在秦始皇统一天下六年之前（始皇 26 年，嬴政并天下，也即公元前 221 年）。其余各条虽无明确年代。可以推断，如果秦始皇改字之事属实，从其所用"辠"字看，必在始皇改"辠"为"罪"之前，也应在始皇 20 年（公元前 227 年）之后。史载，始皇统一文字在扫平六合之后，那么此番改字亦应在公元前 221 年之后。"辠"本为形声字，"罪"为会意字，二者之间是否具有同源关系，需要我们做出进一步的深入考察。训诂学中常用的研究方法，即因形求义。所谓因形求义，就是凭借对字形的分析来判定本字及本义。训诂学家把它与声训相对，称为形训。故在接下来的内容中，我们将对"辠"、"罪"二字做出解构性分析。

23．"辠"字的解构性分析

据现有的文献来考察，"辠"字最早见于金文，写作：𦥑（中山王鼎）。甲骨文未见。《睡虎地秦墓竹简》中多次出现该字，其中所出现的辠字大致有三种写法，分别为：

---

① 马叙伦:《说文解字六书疏证》（影印本），卷十四，上海书店 1985 年版。注：以下凡引《说文解字六书疏证》，只注明卷数。

睾（秦一七五，六一八例）①睾（日甲一四六背）②睾（效三五，十二例）③

而后即是在汉简当中出现，写作：

睾（汉简）④睾（古老子）⑤睾（古孝经）⑥

上述诸写法之间并无太大差别，均由上下结构的一个"自"字与一个"辛"字组成。值得注意的是，虽然在各种字书中所看到的"睾"字下面均是辛字，但还有一个字与辛字的字形颇为相似，只是下面一横长，即"辛"，音同愆。《广韵》去虔切，《集韵》《韵会》丘虔切，《正韵》苦坚切，达音愆。《说文》辛，睾也。读若愆。按《玉篇》本作辛。注详立部一画。《正字通》《字汇》音愆，睾也。《字汇》释之曰，"辛，睾也"。按曰，"辛与辛相似，但以画之长短辨耳"。引《说文》从干从二。二，古文上。又云：此字与辛相似，但以画之长短辨耳。按《说文》训辞未详，据篆形推之，辛七画与辛八画，多寡不似，非以上下画短长分也。赵古则曰：从干犯上，是其睾也。会意。今用愆，籀作愆，俗作愆，非。此合愆、愆与辛为一也。魏校曰：从干从上，有犯于上，未丽于法，辛愆音同，义小异。愆，踰礼也。辛，犯法也。此分辛与愆为二也。《说文》愆，过也。辛，睾也，读若愆。魏氏与《说文》同，然考经史达作愆。正韵十一先，收愆、愆阙辛，辛与愆音义通，赵说近是。可见，辛与辛应为同源异体字。在《古文四声韵》中，睾写作：睾（古文）⑦。很容易看出，这一写法已经非常接近于楷书的写法，其下面一横是长的。根据

---

①《古文字诂林》，第 7 册，第 127 页。
②《古文字诂林》，第 7 册，第 127 页。
③《古文字诂林》，第 7 册，第 127 页。
④《古文字诂林》，第 7 册，第 127 页。
⑤《古文字诂林》，第 7 册，第 127 页。
⑥《古文字诂林》，第 7 册，第 127 页。
⑦《古文字诂林》，第 7 册，第 127 页。

《字汇》中对辛的解释，以及《古文四声韵》中的这一写法，我们基本可以断定，"皋"字的下方往往亦写作辛。辛亦写作辛，下文皆以辛代之。从而，我们可以将"皋"字解构为"自"、"辛"或"辛"，接下来我们分别对这几个字进行考察。

24. 训"自"

"自"字，在甲骨文、金文中出现之处非常多，其甲骨文的写法主要有：

㫊（甲一九二）㫊（甲三九二）㫊（甲五〇五）㫊（甲六三二）㫊（甲四八一）㫊（甲二三三九）

㫊（甲二四一八）㫊（乙一八）㫊（乙六〇）㫊（乙一一六二）㫊（铁一八二·三）

㫊（拾一·二）㫊（前三·二五·四）㫊（前五·二八·一）㫊（前六·五八·一）㫊（后二·二二·一〇）

㫊（后二·二六·五）㫊（后二·二九·一五）㫊（林一·二〇·一二）㫊（粹一〇三）㫊（粹二五九）

㫊（乙二五九二）㫊（乙二七自壬见合文三〇）[1]

㫊（珠113）㫊（珠603）㫊（珠630）㫊（珠862）㫊（卜564）㫊（零45）㫊（佚7）

㫊（佚187）㫊（续1·36·4）㫊（掇395）㫊（掇549）㫊（征2·32）㫊（凡2·1）㫊（古2·9）

㫊（录132）㫊（天31）㫊（东方1298）㫊（书1·8·A）㫊（摭

---

[1] 以上文字均见于《甲骨文编》，其中甲指《龟甲兽骨文字》，乙指《殷墟文字乙编》，铁指《铁云藏龟》，拾指《铁云藏龟拾遗》，前指《殷虚书契前编》，后指《殷虚书契后编》，林指《甲骨文字诂林》，粹指《殷契粹编》，转引自《古文字诂林》，第4册，第16–17页。

续3）①

其金文的写法主要有：

（臣卿簋）（德方簋）（令鼎）（沈子它簋）（楚公钟）（姑氏簋）

（黄韦俞父盘）（县妃簋）（伯家父簋）（王子午鼎）（攻敔王光戈）（越王剑）

（新弨戈）（越王州句矛）②

除此之外，还有许多文献中有类似的写法，如《古陶文字征》、《侯马盟书字表》、《包山楚简文字编》、《睡虎地秦简文字编》、《长沙子弹库帛书文字编》、《古玺文编》、《汉印文字征》、《石刻篆文编》以及《古文四声韵》等。

通过"自"字的这诸多写法，旨在强化一种观念，那就是因形求意。不难看出，在这诸多写法之中，都给我们传递了一个相同的信息，那就是鼻子的形状。可见，鼻子与现代语义上的"自"有着直接的关联。《说文解字》言，"自，鼻也，象鼻形。凡自之属皆从自"③。《王筠句读》言许慎"此以今文训古文也"。对于许慎的解释，学界观点各异。支持许氏解释的观点如，强运开在《石鼓释文》中谈到，"说文鼻也，象鼻形。自古文，自之本意为鼻。从也，己也，自然也皆引申之意"。高鸿缙在《中国字例二篇》中谈到，"徐灏曰，自即古鼻子。↓象鼻形。中画。其分理也。因为语词所专。复从畀声为鼻"。李瑾对自与鼻的关系作了翔实的考

---

① 以上文字均见于《续甲骨文编》，珠指《殷虚遗珠》，卜指《卜辞通纂》，零指《铁云藏骨零拾》，佚指《殷契佚存》，续指《殷虚书契续编》，掇指《殷契拾掇》，征指《簠室殷契征文》，凡指《凡将斋所藏甲骨文字》，古指《传古别录二集》，录指《甲骨文录》，天指《天壤阁甲骨文存》，东方指《东方学报》第二十三册（京都），书指《书道全集》，掇续指《殷契掇佚续编》，转引自《古文字诂林》，第4册，第17—18页。

② 以上文字均见于《金文编》，转引自《古文字诂林》，第4册，第18页。

③《说文解字》，第四卷，自部。

证。他谈到，许慎在《说文》中分析"自"象鼻之形，语音读若鼻，二者音意全同。今以殷周古文字之形体所提供之句例证之，故知其说不谬。其主要论点有：第一，《卜辞》载，"贞，有疾自，隹有 㞢 "（院·乙·六三八五）。其中的"疾自"即可训为"鼻有病"。直接用自为鼻的句例虽不多，但确有文献可据。第二，甲骨文"𦚢"即篆书及经传之"劓"。第三，殷周古文字及篆书"百"字，乃借"自"之形与音以造字，将古文"自"上之圆点变为一横以造形，其音虽稍变而尤存重齿声母。此可为间接证据。第四，殷周古文字及篆书从"自"之字多有鼻意，如"臭、息"等字。第五，上古汉字"自"系复辅音声母 [bdzi]，后来在元音后退同化作用下，分化为 [bi—dzi] 两个音节，前者用为鼻 [bi]，后者用为自身代词及前置词 [dzi]，为便专任分工各司其职，故增加畀以为声符而形成新字 [①]。反对许慎解释的观点如，高田忠在《古籀篇四十七》中谈到，"𦣞白同字，而𦣞自为别字。许氏分别误混矣，但𦣞𦣞音意相近，通用"。综合上述观点，按照因形求意的规律，许慎的解释应该说是具有说服力的。自从甲骨文中"象鼻形"的写法演变为近似于后来自的写法，应该是在金文时代，商承祚言，"金文公违鼎作𦣞，以稍变其形。后作𦣞（毛公鼎等）。则与鼻形不类，而与小篆同矣" [②]。可见自在金文中的写法是从"象鼻形"逐渐发展为秦篆的，这条发展脉络的前后演变关系非常清晰，自为古鼻子应是毫无疑问。

前面我们从字形上考察了自的原形，下面我们来考察自在古代的含义。自在古代大概有以下几种含义。第一，鼻。这一点上

① 李瑾："释自——论自与鼻之音意关系及其语音发展"，载《华夏考古》1994 年第 1 期，转引自《古文字诂林》，第 4 册，第 21 页。

② 商承祚：《甲骨文字研究》，转引自《古文字诂林》，第 4 册，第 19 页。

文已经讲得很详细，而且也有甲骨文当中的句例为证。第二，始。《说文解字》言，"皇，大也。从自从王。自，始也"①。朱俊声言，"自之通训当为始"②。后来的用法当中亦多取此意，如，《韩非子》载，"故法者，王之本也。刑者，爱之自也"③。陈奇猷集释引刘文典曰，"王之本"与"爱之自"相对为文。《礼记》载，"知风之自，知微之显，可以入德也"④。第三，代词，表示第一人称，相当于自己，本身。《集韵》载，"自，己也"⑤。《周易》载，"天行健，君子以自强不息"⑥。现代的用法当中亦多才此意，如自爱、自给自足、自强不息等。第四，用。《广韵》言，"自，用也"⑦。《尚书》载，"凡民自得罪"，孔颖达疏曰，"自，用也"⑧。《诗经》言，"民之初生，自土沮漆"，《毛传》曰，"自，用也，土，居也"⑨。第五，副词。一，本来，本是。《乐府诗集》有，"东家有贤女，自名秦罗敷"⑩。二，另自。《词诠》有，"自，今言另自，别自"⑪。《汉书》载，"上曰，吾自为掖庭令，非为将军也。安世乃止，不敢复言"⑫。三，自然的，不借助外物的。《老子》载，"我无为而民自化，我好静而民自正"⑬。《商君书》载，"臣闻古之明君，错法而民无邪，举事而财

---

① 《说文解字》，第一卷，王部。
② （清）朱俊声：《说文通训定声》。
③ 《韩非子·心度》
④ 《礼记·中庸》
⑤ 《集韵·至韵》
⑥ 《周易·乾卦》
⑦ 《广韵·至韵》
⑧ 《尚书·康诰》
⑨ 《诗经·大雅·緜》
⑩ 《乐府诗集》，第七十三卷，《杂曲歌词·焦仲卿妻》
⑪ 杨树达著：《词诠》，卷六，上海古籍出版社，2006年版。
⑫ 《汉书》卷五十九《张安世传》，中华书局，第2637页。
⑬ 《老子》五十七章

自练，赏行而兵强，此三者，治之本也"①。第六，介词，表示时间或方位的由始相当于从、由。《玉篇》言，"自，由也"②。《广韵》言，"自，从也"③。第七，连词。一，表示原因关系，相当于因为。《周易》有，"自我至寇，敬慎不败也"④。二，表示假设关系，相当于如、若。《左传》载，"自非圣人，外宁必有近忧"⑤。王引之《经传释词》载，"自，尤苟也"⑥。三，表示让步关系，相当于虽、即使。《礼记》载，"自吾母而不得吾情，吾恶乎用吾情？"⑦考诸上述诸含义，可知"鼻"当为母义，也即最初的含义，后来的含义多为引申义。如自己，后世多以指鼻而称己者。

以上对自字用法的考察包含了周晚期甚至更晚的情形，而如果限定在较早时期的情形，则其用法似更有利于我们考察自字的本意。唐建垣认为自字在卜辞中至少有三种意义：一解作鼻，即用其本意，为名词；一解作由、从，为介词；一解作亲自、自己，为代名词。此外可能还有三个用法，现无十足例证，即贞人名、方名、妇名也……

　　　贞：帚（妇）好𣲙惟出疾？（前六·八·五）

王国维释为鼻液之涕字，盖𠂤示浓厚之涕，旁二点象水液。此因妇好流鼻涕，故贞问其是否换流涕之疾也。此可证𠂤确用作鼻意⑧。洪家义认为：自，甲骨文作𦣻，金文作𦣻。《说文》自部："𦣻

<hr/>

①《商君书·错法》

②《玉篇·自部》

③《广韵·至韵》

④《周易·需卦》

⑤《左传》成公十六年

⑥（清）王引之：《经传释词》卷八。

⑦《礼记·檀弓下》

⑧《释自》,《中国文字》, 第八卷, 第三十二册三四三三——三四三四页。转引自《古文字诂林》, 第4册, 第16页。

，鼻也，象鼻形（疾二切）。又："𦣻，十十也（博陌切）"。"𦣻，古文百，从自"。又："鼻，引气自畀也"（父二切）。

据此可知，自有二声，一读并母［b］，一读从母［dz］。自的二声在《说文》中的界限是非常分明的。例如魯、边、簉、邎、榻等字是从［b］得声的，臱、息、洎、坥等字则是从［dz］得声的。二者截然有别。为什么一自有二读呢？声转是不可能的，因为从母与并母声类相距大远，通转无由。我以为"鼻"在古代实际语言中念复辅音［bdz］，语言变成文字后，由于汉字一字一音的体制不能容纳语言中的复辅音。可是，实际语言中的复辅音在相当长的时间里是不易消亡的，所以，汉字又不得不迁就语言，作些让步。于是便出现了一字二声的现象。例如自字，既保留了［b］声，又保留了［dz］声，在某些字中取其［b］声，在另一些字中则取其［dz］声。这就是自有二声的由来，也是汉字和汉语从矛盾到妥协的结果。（《古文字杂记》，《文物研究》第一期六一页）赵诚认为：自，甲骨文写作𦣹，象鼻子的形状，本意为鼻子，引申为自己。卜辞用作副词，有"亲自"之意，则又为进一步之引申：

王自往从狊。（佚一一五）——商王亲自去追赶野兽。

吕方出，王自征。（邺一·四一七）——吕方出动，商王亲自征伐。[①]

可以发现，甲骨文自字象鼻之形，金文已稍讹变，与小篆同。卜辞自字之用法有三：一，用其本义——鼻。

贞屮疾自，隹屮耂。

贞屮疾自，不隹屮耂。（乙六三八三《合集》一一五〇六正）

此乃占问鼻有疾是否为患。二，用其引申义——自己。

---

① （《甲骨文虚词探索》，《古文字研究》，第十五辑，第二七九至二八〇页）。转引自《古文字诂林》，第4册，第16页。

王自往从獣。（续一·一〇·四《合集》一〇六一一）

叀王自往西。（乙五三二三《合集》六九二八正）

徐灏《说文解字注笺》云：人之自谓，或指其鼻，故有自己之称。三，用其引申义为"由"为"从"。

王奎自武丁至子武乙衣亡尤。

其自辟屮来嬉。

壬辰卜争，自今五日至于丙申不其雨。

卜辞自字用作介词，义为"由"为"从"者，数量最多，由此及彼，由近及远，此乃自己之自进一步引申义。

除了其用法之外，还有一个相关的论据，对于考察"辠"子的起源有所助益。即：

按照字形分析，应为"劓"字。王襄认为是古劓字。从自，自鼻也。（《簋室殷契类纂》第二十一页）罗振玉认为：《说文解字》：劓，刑鼻也，从刀。臬声。或从鼻作劓。此作劓，或与《说文》作合。自即鼻之初字也。（《殷释》中五十七叶上）瞿润缗认为：从自从刀，自鼻也，《说文》或作劓。（《殷契文编》四卷十二叶下）唐兰认为：劓即劓字。（《卜释》二九叶）孙海波认为：劓（乙三二九九），卜辞劓从刀从自，象以刀割鼻。（《甲骨文编》二〇〇叶）李孝定认为：《说文》：劓，刑鼻也。从刀，臬声。《易》曰：天且劓。劓，劓或从鼻，自即鼻之古文，此从刀从鼻会义。卜辞劓字所见两辞云："屮劓"（前·四·二·八）、"丁巳卜亘贞劓牛爵"（藏·二五〇·一）。其义均不可解。金文作劓（辛鼎）、劓（齐侯镈），与小篆同。（《集释》一五三五叶）白玉峥认为：劓，籀顾先生隶作自（见《文字编》），罗振玉氏释劓，曰《说文解字》劓，刑鼻也。从刀，臬声。或从鼻作劓。此作劓，或与《说文》作合。自即鼻之初字也。（《殷释》中五十七叶上）峥按：罗释是也，劓字于卜辞中之为用，以残辞且为字奇少，字义无由推勘。然就字之构形审之，是必为动词。《说文》刑鼻之说，故其初谊矣。（《契文举例校读》十二《中国文字》第四十三册四九二三——四九二四页）[1] 卜辞云：

贞乎劓（《合集》五九九五正）

丁巳卜，亘贞，劓牛爵（《合集》六二二六）

应该用的就是劓之本义。清代段玉裁《说文解字注》云：劓鼻也。劓，绝也。周礼注曰截鼻。从刀。臬声。臬，法也。形声包會意。鱼器切。十五部。易音义引说文牛列反。易曰。天且劓。睽六三爻辞。马，虞皆云黥额为天。可知，应为黥、劓、刖等刑罚中之一种，即割鼻之刑。《尚书正义》卷十九《吕刑第二十九》载：传"刖足"至"百锾"。正义曰：《释诂》云："剕，刖也。"李巡云："断足曰刖。"《说文》云："刖，绝也。"是"刖"者断绝之名，故"刖足曰剕"。赎劓倍墨，剕应倍劓，而云"倍差"，倍之又有差，则不啻一倍也。下句赎宫六百锾，知倍之又半之为五百锾也。截鼻重于黥额，相校犹少。刖足重于截鼻，所校则多。刖足之罪，近于宫刑，故使赎剕不啻倍劓，而多少近于赎宫也。

25．训"辛"

"辛"、"辛"亦多见于甲骨文与金文。其在甲骨文中的写法主要有：

　（铁一六四·四）　（余一·一）　（前三·七·五）　（前四·二四·一）　（前七·三三·一）

　（后一·一八·三）　（林一·九·一）　（林

---

[1] 于省吾主编：《甲骨文字诂林》（第一册），0706号，中华书局1999年版，第677页。又见《古文字诂林》，第4册，第575页；第5册，第936页。

二·二七·一四）辛（粹二五）辛（甲二二八二）辛（佚八〇）

辛（掇一·三九八）辛（乙六六九〇）辛（乙七六八九）辛（乙九〇七四）辛（续一·一四三）

辛（甲二三二五）辛（甲二三三一）辛（掇二·四〇〇）辛（前二·三六·五）辛（乙八五一五，合文）

辛（后二·三四·六，合文）①

辛（甲30）辛（甲206）辛（甲1618）辛（甲2325）辛（甲2331）辛（甲2707）辛（甲3618）

辛（甲3620）辛（乙5519）辛（佚427）辛（佚577）辛（征1·7）辛（征3·71）辛（征3·216）②

其在金文中的写法主要有：

辛（司母辛鼎）辛（□辛鼎）辛（鸢且辛卣）辛（父辛□簋）辛（册戊父辛卣）辛（□父辛簋）

辛（□辛爵）辛（□父辛卣）辛（驭八卣）辛（且己父辛卣）辛（父日戈）辛（臣辰卣）辛（趩鼎）

辛（剌卣）辛（中父辛爵）辛（辛巳簋）辛（父辛鼎）辛（子辛卣）辛（田告作母辛鼎）辛、辛（考卣）

辛（辛爵）辛（扬作父辛簋）辛（仲辛父簋）辛（孟辛父鬲）辛（舍父鼎）辛（辛鼎）辛（申鼎）③

除此之外，辛（辛）字在秦简、汉简、古币、古陶器中也有出现，其形多与甲骨、金文相类，不再一一列出。

关于辛（辛）子的解读，古今多有学者发表议论。《说文解字》

---

① 以上文字均见于《甲骨文编》，简称同前注，转引自《古文字诂林》第10册，第1018页。

② 以上文字均见于《续甲骨文编》，简称同前注，转引自《古文字诂林》第10册，第1018页。

③ 以上文字均见于《金文编》转引自《古文字诂林》，第10册，第1018–1019页。

言，"秋时万物成而孰。金刚味辛，辛痛即泣出。从一。从辛，辠也。辛承庚，象人股。凡辛之属皆从辛。息邻切"①。许氏的解释大抵为辛氏的是秋天植物成熟后苦辛的味道，以致使人涕泪横下。后人对这一说法观点各异。但基本可以分为三类，一是支持许氏的观点，二是反对许氏的观点，三是其他观点。支持许氏的观如，高田忠周在《古籀篇》中转述了许氏的观点，引段玉裁注，"一者阳也，阳入于辛，谓之愆阳"。又引朱骏声云，干支义为讬名幖识者，即假借也。本意大辠也，从羊上，会意。干上为辛。辠之小者，羊。撇也。撇，刺也。羊上为辛，辠之大者。辠、辥、辜、辟、辡皆从此为义。又引《白虎通》云，"辛，所以煞伤之也，转义。《周书》以匡辛苦注。辛苦，穷也。《周礼》以辛养筋注。金味，此说似有理。然审篆形，从辛，下口者指事，此元不从一，又不从二羊，明矣。盖谓辛义，秋霜寒栗之际，椒菽子熟，其味辣也。其意不可象，故借罪人被刑辛苦痛泣之意以为字义，此谓会意之假借也。辛字固古矣，卜辞多以辛为之，亦省文假借之恒例也。又按干上曰辛，犯罪之谓也。犯罪受刑曰辛，辛者，辛之果也。凡辛者，不能无辛。辛亦受意于辛"②。陈书农认为，"辛者言万物之新生，故曰辛。说文，秋时万物成而熟，金刚味辛，痛既泣出，从一。按辛作亲，二即上字，指木之上端，盖梢之初文。梢，枝梢也。《律书》言新生，释名亦云，辛，新也。其义犹未失……从辛之字，如朔如妾如童，皆有新生之义。许书曰男有罪曰奴，奴曰童。谓妾为有罪女子，给事之得接于君者。立说荒诞，则由其不明辛之本义也"③。朱芳圃引周伯琦言，"辛，木柴也。从木干而去其枝叶，上则横叠之，象

---

①《说文解字》，第十四卷，辛部。

②【日】高田忠周纂：《古籀篇》卷十六，大通书局1982年版。

③ 徐复观主办：《学原》第二卷，第四期，转引自《古文字诂林》，第10册，第1028页。

形"。"按周说近是。余谓辛即薪之初文"①。陈邦福引《白虎通·五行篇》,"辛者阴始成"。又引《史记·律书》,"辛者,言万物之新生"。又引《释名·释天》,"辛者新也,物初新者,皆收成也"②。夏渌认为,辛代表植物的新生枝条,其上部的丫士芔圣、花蒂之属。上部的▽形为花苞、叶芽、胚珠的形象,代表物始生形……辛可以代表草木的新枝新草,也可以代表柴薪。当然也可以代表责罪鞭笞的工具榎楚、荆条之类……因此甲骨文中的辟像人避辛之形,可视作荆条、柴棍之类的鞭打工具,不一定即剺面的刀具、凿具③。马叙伦亦称,"辛者,物熟味也,故由成熟而得金刚味辛之义。含辛则泣,辛痛亦泣。引申为罪人心痛之义耳"④。从这一类观点来看,多是吸取了许氏的解释,将辛释为与植物有关的一系列含义。

不同意许氏的观点者则多从因形求意之路。从其在甲骨文与金文中的字形来考释。郭沫若的解释最为具体,他认为辛为刻镂之工具,

　　辛辛同字而异音,此亦有说。字乃象形,由其形象以判之,当系古之剞劂,《说文》云,"剞劂,曲刀也"。王逸注《哀时命》云,"剞劂,刻镂刀也"。应劭注《甘泉赋》分为二物,云,"剞,曲刀。劂,曲凿"。盖同为刻镂之器,则曲凿曲刀是一非二。高诱注《淮南子》则别立异说,其于《俶真训》云,"剞,巧工钩刀。劂,规度刺墨边笺也。所以刻镂之具"。而于《本经训》又云,"剞,巧刺画尽头墨边笺也。

---

① 朱芳圃:《殷周文字释丛》,卷上,中华书局,1962年版。
② 陈邦福:《十干形谊笺》,转引自《古文字诂林》,第10册,第1028页。
③ 夏渌:"释'對'及一组与农业有关的字",载《河南大学学报》1986年第2期。
④《说文解字六书疏证》卷二十八。

厕，锯齿"。一人之说而前后互异，此其出狱臆度之明证矣。剞厕为刻镂之曲刀，然其为用自不限于刻镂，古之简篇亦用锲刻，故剞厕当即《考工记》"筑氏为削"之削。削之制，"长尺博寸，合六而成规"，郑注云，"今之书刃"。是所谓曲刀者，其形殆如今之圆凿而锋其末，刀身作六十度之弧形……

辛辛本为剞厕，其所以转为惩辠之意者，亦有可说。盖古人于异族之俘虏与同族之有罪而不至于死者，每黥其额而奴使之……而剞其额截其鼻，此古代虐待奴隶之真相也[①]。

吴其昌对辛字之考证亦致为翔实，认为辛为刃属兵器。在其文《金文名象疏证》中谈到，

辛之本意亦为金质刃属兵形之器。辛之形体亦由石斧⊥一形化衍而出，甚为浅著明白。盖由⊤之一形，其锋刃下向者，则衍为"工""士""壬""王"诸字；其锋刃左右旁向者，则衍为"戉""戊""戌""成""咸"诸字；其锋刃仰而上向者，则衍为"辛"字也。是故"辛"字即"士"字之倒形……是故"辛"之本义亦斧属也。亦兵形器也。

朱奇在其《十干字考》一文中谈到，

"辛字，甲骨文作𨐈，象今木工所用之钻，《说文》从辛之字，若辠若辜若薛若辝若辡若辩。皆由狱讼之意。意者，古有肉刑，黥楛之具，即名为辛。今肉刑废而辛之本义亦遂晦

① 郭沫若：《释干支》，《甲骨文字研究》，收入《郭沫若全集·考古编》，第一卷，科学出版社 1982 年版。

钦"。又"《说文》辛部所从之字，若童若妾，皆为有罪之奴隶，足证辛字即辛字也"①。

陈独秀认为，

　　"甲文之✝，金文之✝，当为辛字原始形，此器亦有二用。如斧，大者用之推火，平草穿木，变异为铲，且以刑人。小者用之契刻，变异为削，为剞劂，今曰刻字刀……锲刻艰辛，刑人大苦，故辛用为艰辛、辛苦字。辣字从辛，谓其味之刺舌"②。

　　李孝定也认为许氏的解释不合逻辑，"万物成熟其味不必皆辛，辛痛泣出，而从一辛义尤迂腐"，"盖亦象器物之形，借为庚辛字，又借为苦辛字也"③。他还大胆的推测下面两个更具符号色彩的金文就是古"辛"字④。詹鄞鑫认为，辛字的字形与出土的商周青铜凿极为相似，应为类凿具的象形。应该是"镌"字的初文⑤。可知这一类观点普遍认为辛为某种金属质工具。其他观点如，陈启彤在其《释干支》一文中谈到，"辛，当训大辠也，从羊上，会意"⑥。林义光认为从屰。曲逆上之意。言"凡辛味上搋鼻，故从屰。引

---

　　① 朱奇："十干字考"，载《艺文杂志》第一卷，第五期，转引自《古文字诂林》，第 10 册，第 1025 页。

　　② 陈独秀：《小学识字教本》，巴蜀书社 1995 年版。

　　③ 李孝定编：《甲骨文字集释》，第十四卷，台湾中央研究院 1982 年版。

　　④ 李孝定、周法高、张日升编著：《金文诂林附录》，2217 号，香港中文大学出版社 1977 年版，第 543 页。

　　⑤ 詹鄞鑫："释辛及与辛有关的几个字"，载《中国语文》，1983 年第 5 期。

　　⑥ 陈启彤："释干支"，载《中大季刊》第一卷，第一期。

申为罪，与辛同意。凡从辛之字多此意……是辛与辛同字"①。综观上述诸说，前两种观点各有道理，第三类观点则多属模糊或牵强，不足为训。然而，对前两种观点进行比较分析，可以看出，将辛训为金质刃属更具说服力。

26. 训"辛"

至于"辛"字，则大部分学者的争论在与是否与辛为一字，对其义的解释并无通说。其在甲骨文当中的写法主要有：

产（乙七八一二）弈（前五·四·二）弈（后二·三四·五）严（后二·三六·七）弈（掇一·一三二）②

弈（乙3119）弈（续6·13·11）弈（续存1276）弈（粹987）弈（佚757）③

《说文》言，"辛，辠也。从干二。二，古文上字。凡辛之属皆从辛，读若愆"④。罗振玉认为，虽然许氏均将辛与辛释为辠，但却将之分为两部，二者的区别在于中间一直画得直曲。但对辛的本意却没给出明确观点⑤。王国维认为辛、辛并非一字。并将辛字

---

① 林义光：《文源》，第十卷。

② 以上文字均见于《甲骨文编》，简称同前注，转引自《古文字诂林》，第3册，第145页。

③ 以上文字均见于《续甲骨文编》，简称同前注，转引自《古文字诂林》，第3册，第145页。

④《说文解字》，第三卷，辛部。

⑤ 罗振玉：《增订殷虚书契考释》卷中，中华书局2006年版。

的含义训为治①。马叙伦认辛为从二从丬，丬像一个倒立的人形，倒行犯上，所以为辠，为会意字②。饶宗颐认为与义、艾、辥通训，释为治③。可见，辛字在甲骨文句例中，语义甚多，且多于辛不同。在此，我们不做过过探讨。下文中的童、妾、辥诸字更宜于以辛释之。

"辛"既是金质刃属之具，在与"自"字组成"辠"字的语境下，当为一种施刑的工具。辠字在金文中出现，写作𢊾（中山王鼎），甲骨文中不得见。试想，如果将来在考古发现中，能够出现辠的甲骨文写法，大概应该是𤰊或𤰊。这是一幅十分形象的"劓刑图"，用辛把鼻子割掉。割掉鼻子也许是为了与其他人作区分，也许是为了惩罚。那么，"辛"这种工具既然可以割掉人的鼻子，当然也可以割掉人体的其它部位，总之，它是一种用来是实施肉刑的刑具。《汉书·刑法志》载，夏商之际，"大刑用甲兵，其次用斧钺；中刑用刀锯，其次用钻凿；薄刑用鞭扑"，可知斧钺、刀、锯、钻、凿等都是当时的刑具。辛从而也引申为被施刑的人。他们或许为罪犯、或许为俘虏，抑或是奴隶，我们不得而知，总之是一些任人宰割的人。由此，我们可以得出一个初步的结论：辛或指工具，或指被刑之人。我们将在下文中对与辛子相关的几个字进行考察，以期进一步佐证这一观点。

27. 训"辠"、"辟"

上文中我们谈到，辛被引申为被实施了刑罚（往往是用辛这

---

① 《毛公鼎铭考释》，《王国维遗书》，第六册。
② 《说文解字六书疏证》，第五卷。
③ 饶宗颐：《殷代贞卜人物通考》，第三卷。香港大学出版社 1959 年版。

种工具所实施的肉刑）的人。这一点在一些与辛字相关的字中可以得到求证。主要有辠、辟、辛、睪、執、圉、鞠、宰、章、童、妾、辡、辯、辭、辭、辭、辣等。按照各自的引申发展过程，我们择要将之分为三组，以此分析。

第一组，辠与辟。辠，甲骨文未见。金文写作𦋺①，秦简写作辠②。《说文》言，"辠，辠也。从辛，古声。𦋺古文辠从死"③。马叙伦言，"辠亦辛之转注字……今人言辛苦，亦言罪过，皆即辛辠、辠辠也"。又引段玉裁注，"从古文死也"④。商承祚认为，𦋺，从歺者。有罪易罹于歺也⑤。李平心认为，"辠训罪，犹咎训过。乃是后起之义，初意当为不祥"⑥。徐中舒认为，"辠从死。不辠为不当其罪而受罚也"⑦。在古文字中，辠或写作上下结构，上面为"古"，下面为"辛"，或写作左右结构，左面为"歺"字之形变，右面为"辛"字之形变。可见辠字上面的古本为"歺"。《说文》言，"歺，剕骨之残也"⑧。可见，辠代表一种用辛这类工具来残害人的身体的行为，而且伤及骨髓，应该是肢解人的身体，为一种刑罚，应即为磔刑。段玉裁注《说文》云，《周礼》，杀王之亲者辜之。郑注，辜之言枯也，谓磔之。按，辜本非常重罪，引申之，凡有罪皆曰辜。《康熙字典》载，辜又磔也。《周禮·春官》以疈辜祭四方百物。《註》疈，披牲胷也。疈辜，披磔牲以祭也。《周礼》载，"凡沈（沉）辜侯襪，

---

① 字见《金文编》，转引自《古文字诂林》，第 10 册，第 1032 页。

② 字见《睡虎地秦简文字编》，转引自《古文字诂林》，第 10 册，第 1032 页。

③《说文解字》，第十四卷。

④《说文解字六书疏证》，第二十八卷。

⑤ 商承祚：《说文中之古文考》，上海古籍出版社，1983 年版。

⑥ 李平心：《甲骨文及金石文考释（初稿）》，载《李平心史论集》，人民出版社1983 年版。

⑦ 徐中舒："中山三器释文及宫室图说明"，载《中国史研究》，1979 年第 4 期。

⑧《说文解字》，第四卷。

饰其牲"。即将"辠"沉入水中作为祭品，以禳灾求福。郑玄注引郑司农的解释曰，"辠，谓磔牲以祭也"。贾公彦疏曰，"辠，是辠磔牲体之义"[①]。又载，"凡杀其亲者，焚之；杀王之亲者，辠之"。郑玄注："辠，谓磔之"[②]。可知辠为磔刑无疑，此辛为刑具之一证。

辟，甲骨文、金文中皆多见。甲骨文、金文分别写作：

𝌆（甲一〇四六）𝌆（甲一四九〇）𝌆（甲一五六四）𝌆（前二·二三·一）𝌆（前四·七·五）

𝌆（前四·一五·七）𝌆（后一·一二·一）𝌆（佚六一一）𝌆（乙六七六八）[③]𝌆（甲1046）[④]

𝌆（孟鼎）𝌆（商尊）𝌆（商卣）𝌆（召卣）𝌆（臣谏簋）𝌆（克鼎）𝌆（辟东尊）

𝌆（师害簋）[⑤]𝌆、𝌆、𝌆（汉简）[⑥]

《说文》言，"辟，法也。从卩，从辛，节制其辠也；从口，用法者也"[⑦]。段玉裁注云，法也。法当作灋。《小雅》: 辟言不信。《大雅》: 无自立辟。《传》皆曰：辟，法也。又《文王有声笺》、《抑笺》、《周礼乡师注》、《戎右注》、《小司寇注》、《曲礼下注》皆同。引伸之为罪也。见《释诂》: 谓犯法者，则执法以罪之也。又引伸之为辟除。如《周礼阍人》为之辟，《孟子》行辟人，以及辟寒、辟恶之类是也。又引伸之为盘辟。如《礼经》之辟，郑《注》: 逡遁是也。又引申为一边之义。如《左传》曰：阙西辟是也。或

---

①《周礼·夏官·小子》

②《周礼·秋官·掌戮》

③ 以上文字均见于《甲骨文编》，简称同前注，转引自《古文字诂林》，第 8 册，第 130 页。

④ 此字见于《续甲骨文编》，简称同前注，转引自《古文字诂林》，第 8 册，第 130 页。

⑤ 以上文字均见于《金文编》，转引自《古文字诂林》，第 8 册，第 131 页。

⑥ 此三字见于《汉简》，转引自《古文字诂林》，第 8 册，第 131 页。

⑦《说文解字》，第九卷。

借为僻，或借为避，或借为譬，或借为辟，或借为壁，或借为襞。从卩辛，节制其辠也；节当作卩。俗所改也。以卩制说卩，以辠说辛，辛从辛，辛辠也。故辛亦训辠。从口，逗。用法者也，用法上当再出口字，以用法说从口。辟合三字会意。必益切，十六部。凡辟之属皆从辟。后世学者对许氏之说多有非论。罗振玉认为，"古文辟从辛人。辟，法也。人有辛则加以法也"①。吴大澂认为不从口，林义光亦认为从⊙不从口，高田忠周也认为许氏之说有误，"今审法训字元作㢻，从卩、辛，会意。卩、辛即节制罪人也。法也者，今所谓刑法治罪法也"②。马叙伦认为，"字当从卪，实即尸部之㦿字，从辛。即史言夷三族之夷本字"③。李孝定同意郭沫若的解释，认为既然从卩从辛，则辛为剞劂。而卩又与人同义，所以应当将辟训为刑人之法④。这一解释最为简洁，也最具说服力，充分运用了因形求意的方法。罗振玉认为，"卩亦'人'字，象踞形，'命'、'令'等字从之"⑤。杨树达则认为，"卩乃'郄'（膝）之初文，……卩者，胫头节也。引申为节止、节制之义"⑥。杨氏这个解释，将"卩"字作为"膝"的最初文字，也许很有道理，但他对于"卩"字引申义的解释，还是受许氏《说文》的影响。《说文》对"卩"字的解释是，"卩，瑞信也。守国者用玉卩，守都鄙得用角卩，使山邦者用虎卩，土邦者用人卩，深邦者用龙卩，门关者用符卩，货贿用玺卩，道路用旌卩。象相合之形"。许慎把"卩"解释成"节"（節），即古代作为验证身份的凭证，这种

① 罗振玉：《增订殷虚书契考释》卷中，中华书局，2006 年版。

② 《古籀篇》卷二十五

③ 《说文解字六书疏证》，第十七卷。

④ 李孝定：《金文诂林读后记》，第九卷，台湾中央研究院历史语言研究所出版，1982 年版。

⑤ 罗振玉：《增订殷虚书契考释》卷中，中华书局 2006 年版。

⑥ 杨树达：《积微居小学述林·释卩》，上海古籍出版社 2007 年版。

解释受其时空所限，似并非卩之初意。综合考察来看，罗氏的解释可能更接近于该字最初的含意。但是，说"卩"字"象踞形"却需要作进一步探讨。辞字中的"卩"所表现的动作有三种可能，一种是跪，一种是坐，还有一种就是踞。虽然古代跪、坐和踞都是双膝着地，但性质却迥异，因为这关系到古代礼的要求。具体而言，坐是双膝着地，臀股置于脚跟上面，这是人们日常家居时的姿式。跪则含有恭敬之意，与坐相似，也是双膝着地，但臀股不与脚跟接触，而且多是弯腰低头。踞则是临时性动作，虽然同样是双膝着地，但臀股不着脚跟，而且上身挺直，随时可以起身。在辟这一具体语境之下，"卩"应为跪。上文中我们已经得出结论，辛即为金质刃属刑具，而辟中之"卩"必为行将受刑之人，其在甲骨金文种写法酷似一双膝跪地，头低垂之人，其表现为跪姿颇为传神，也是合乎情理的。此辛为刑具之又一证。

28. 训"卒"等

第二组，卒、罩、执、圉、竊、宰。卒，甲骨文与金文皆得见。甲骨文写作：

𠀃（甲二八〇九）𠀃（甲三四七七）𠀃（乙六七一〇）𠀃（乙七〇四〇）𠀃（铁一〇一·一）𠀃（拾一〇·一五）

𠀃（前四·三二·五）𠀃（后二·二六·一三）𠀃（后二·三八·一）𠀃（佚三二三）①

𠀃（甲 2809）𠀃（乙 524）𠀃（乙 2093）𠀃（乙 6710）𠀃（乙 7732）𠀃（佚 34）𠀃（佚 323）𠀃（佚 865）

---

① 以上文字均见于《甲骨文编》，简称同前注。转引自《古文字诂林》，第 8 册，第 850 页。

$\updownarrow$（续存 601）$\updownarrow$（续存 713）$\updownarrow$（续存 1131）$\updownarrow$（粹 1165）[1]、$\updownarrow$、$\updownarrow$、$\updownarrow$[2]

《说文》言，"所以惊人也，从大，从羊，一曰大声也。凡卒之属皆从卒。一曰读若瓠。一曰俗语，以盗不止为卒"[3]。许氏的这一解释遭到了普遍质疑。郭沫若认为，卒为一种工具的形象，两端有锋，可执事以操作。与执音同，则与针为音转，故应为"针"之初文[4]。但继而，郭沫若又提出了第二种解释，即认为是"攻"的初字[5]。大多数学者却认为此字为一种刑具，即手械。董作宾认为，其形象颇似手械，也即加于俘虏之刑具[6]。孙海波也认为其象刑具，"罪人所以梏两手，执、圉等字皆从此"[7]。朱芳圃也认为，为手梏，其形与殷虚出土的戴手梏的陶俑具有极为相似的特征。

河南安阳殷墟小屯出土陶塑囚徒俑

---

① 以上文字均见于《续甲骨文编》，简称同前注。转引自《古文字诂林》，第 8 册，第 850 页。

② 以上文字依次见于《金文编》、《侯马盟书字表》、《睡虎地秦简文字编》和《汉简》转引自《古文字诂林》，第 8 册，第 850 页。

③《说文解字》，第十卷。

④ 郭沫若：《殷契粹编》，科学出版社 1965 年版。

⑤ 郭沫若：《释工》，载《甲骨文字研究》，收入《郭沫若全集·考古编》，第一卷。科学出版社 1982 年版。

⑥ 董作宾：《殷历谱》（下编），第九卷。中国书店 2007 年版。

⑦ 中国社会科学院考古研究所编：《甲骨文编》，第十卷。中华书局 2004 年版。

此手桍中有二孔，以容两手。上下用绳束之，上绳系于颈，下绳系于腰①。马叙伦认为，《玉篇》之中，此字部共有六字，其中五个都与犯罪有关，所以此字也应该与犯罪有关系②。李孝定认为，"正像捕击罪人两手加桍之形"，通过与其所隶之诸字的比较分析，得出其与捕系罪人之义有关的结论，认为其为刑具之象形字无疑③。于省吾认为，"本象施于手腕的械刑，验之于实物而后知之，依据殷墟出土的陶俑，女俑的腕械在胸前，男俑的腕械在背后。𢆶形中剖为两半作𢆶形，将人的两腕纳入械中，然后用绳缚其两端"④，朱德熙、裘锡圭认为，"卒象桍形，即桍之表意初文"⑤。赵诚也认为，"像一种刑具之形，用时将人的两腕纳入此种刑具之中，然后用绳子将刑具的两段捆住，可以说是原始的手铐……作为名词，就是这种刑具的名称。作为动词，本意应指用这种刑具将人的双腕扼住，用现在的话说，就是给人戴上木手铐"⑥。据古文献的记载，商、周时代已有专用于拘禁罪犯的桎、桍、拲等刑具，所谓"桍"用以扣手，"桎"用以扣足，而"拲"则用以扣双手。殷墟小屯出土的陶俑手腕上都带有枷铐，男俑手扣在身后，女俑扣在身前。《周礼·秋官·掌囚》载："掌守盗贼。凡囚者，上罪梏而桎，中罪桎梏，下罪梏"。《注》云，拲者，两手共一木也。中罪不拲，手足各一木。下罪又去桎。

综合以上观点，认为卒字应该指手械之类，而且系上述所言之"拲"，考诸甲骨字形与出土陶俑所系之刑具，堪称绝似。这一

① 朱芳圃：《殷周文字释丛》卷下。中华书局 1962 年版。

②《说文解字六书疏证》，第二十卷。

③ 李孝定编：《甲骨文字集释》，第十卷。台湾中央研究院 1982 年版。

④ 于省吾：《释卒、执》，载《甲骨文字释林》，中华书局 1999 年版。

⑤ 朱德熙，裘锡圭："平山中山王墓铜器铭文的初步研究"，载《文物》1979 年第 1 期。

⑥ 赵诚："甲骨文行为动词探索"，载《殷都学刊》1987 年第 3 期。

点在下文中对执、报等字的考察中可以得到进一步的佐证。

　　执，甲骨文与金文皆得见。甲骨文写作：

　　🔣（甲一二六八）🔣（甲三八〇五）🔣（甲三九一三）🔣（前四·一九·七）🔣（前四·五六·二）

　　🔣（前五·六·四）🔣（前六·一七·三）🔣（前六·一七·四）🔣（前八·八·二）🔣（后二·四二·九）

　　🔣（佚五〇〇）🔣（粹九四七）🔣（续三·三六·二）🔣（佚一一四）🔣（佚六八一）①

　　🔣（甲225）🔣（甲1166）🔣（乙135）🔣（乙8878）🔣（续3·36·2）🔣（续存1648）🔣（粹941）②

　　🔣（师同鼎）🔣（翏生盨）🔣（员鼎）🔣（散盘）🔣（虢季子白盘）🔣（多又鼎）③

　　《说文》言，"捕罪人也，从丮，从㚔，㚔亦声"④。孙诒让、林义光，丁佛言等学者认为是执捕罪人之意⑤。商承祚认为，在甲骨文的写法中，㚔与辛形近，"又象刑具形，有罪而执之也"⑥。"象有物梏人两手，又或系之以索，或牵之以手"⑦。此外还有许多学者提出类似的观点，即认为此字为执捕罪人之意。具有体而言又分为两种观点，一种是罪人双手带着梏属刑具，这一点在甲骨文中表

---

　　① 以上文字均见于《甲骨文编》，简称同前注，转引自《古文字诂林》，第8册，第861页。

　　② 以上文字均见于《续甲骨文编》，简称同前注，转引自《古文字诂林》，第8册，第861页。

　　③ 以上文字均见于《金文编》转引自《古文字诂林》第8册，第861页。

　　④《说文解字》，第十卷。

　　⑤ 参见孙诒让：《契文举例（下卷）》、林义光：《文源》、丁佛言：《说文古籀补（补卷十）》

　　⑥ 商承祚：《殷墟文字考》，载：《国学丛刊》第二卷，第四期。

　　⑦ 商承祚：《殷墟文字类编》第四卷，转引自《古文字诂林》第8册，第862页。

现得比较明显，另一种是吏手执梏属刑具去捕捉罪人，这一点在金文中表现得较为明显，因为金文中出现了两个人的形象。但从下文要考察的圉字中可以看出，似乎前一种说法更为准确。

罬，甲骨文与金文均未见，所见只古陶文字一例，写作。《说文》言，司视也，从横目，从卒，令吏将目捕罪人也。段玉裁注云，司视也。司者，今之伺字。《广韵》作伺。从目，各本作从横目。今依《广韵》昔韵。众、蜀、蠲篆下皆但言从目。从卒。会意字。卒者，罪也。羊益切。古音在五部。今隶作罬。凡从罬之字同。今吏将目捕皋人也。今，各本讹令，今正。此以汉制明之故曰今。汉之吏人攜带眼目捕罪人，如虞诩令能缝者佣作贼衣，以采线缝贼裾，有出市里者，吏辄禽之。是也。皋各本作罪，今依《广韵》。杨树达对许氏的说法作了进一步的阐释，"目今言眼线，仍不失目字之义，即侦探也。卒为罪人，字之构造，为眼线搜索罪人，故训为司视，司即今之伺字也"[1]。由于此字不见于甲骨金文，所以其原始字形不得而知，窃以为罬字不应在卒部，而应在辛部，或有以辛剜目之刑之义。罬今读作 yi，与其同音的字有如艾、夷、薆、薮、弋、刈、劓、乂等，皆有割除、铲除、剪除之意。该辛为刃属刑具，目为施刑对象，与"劓"刑类同，只施刑对象不同罢了。《金文诂林附录》中收录了一个金文符号字[2]，似与此字有关，李孝定认为是合文，兹录于此，待考。

圉，甲骨文、金文皆得见。甲骨文写作：

---

① 杨树达：《文字形义学》，载《杨树达文集》，上海古籍出版社 2006 年版。
② 李孝定、周法高、张日升：《金文诂林附录》，2462 号，香港中文大学出版社 1977 年版，第 35 页。

▨（甲二四一五）▨（乙九〇五七）▨（前六·一·八）▨（乙一九三五）▨（后二·四一·一）

▨（铁六七·一）▨（前六·五二·五）▨（前六·五三·一）▨（珠一〇〇七）▨（乙二二七三）①

▨（乙 7142）▨（佚 45）▨（续 5·35·7）②▨③

《说文》言，"囹圄，所以拘罪人"④。也即今所言监狱之类的关押罪犯或奴隶的场所。段玉裁注云，囹圄，所以拘辠人。卒为罪人，囗为拘之，故其字作圉。他书作囹圄者，同音相段（假）也。圄者，守之也，其义别。说文宋本作囹圄者，非是。月令，仲春命有司省囹圄，孟秋命有司缮囹圄。注曰，囹圄所以禁守系者。若今别狱矣。蔡邕云，囹，牢也。圄，止也。所以止出入。皆罪人所舍也。崇精问曰，狱，周曰圜土，殷曰羑里，夏曰均台。囹圄何代之狱，焦氏答曰，月令秦书，则秦狱名也，汉曰若卢，魏曰司空是也。按蔡说囹圄皆罪人所舍，云皆则不必一地。是以囗部曰圄，狱也。不连圉言，此言囹圄，错见以明之。从囗卒，会意，鱼举切，五部。今隶作圉。一曰圉，垂也。义见《左传》、《尔雅》、《毛传》。一曰圉人，掌马者。义见《左传》、《周礼》注、《礼记》注。按小徐本无此十二字。当是古本如此。边垂者，可守之地。养马者，守视之事。疑皆圉字引申之义。各书段（假）圄为之耳。大部分学者对于许氏的说法都无异议，如孙海波、王襄、商承祚、马叙伦、朱芳圃、姚孝遂等学者都持此种观点，普遍认为圄字的含义

---

① 以上文字均见于《甲骨文编》，简称同前注。转引自《古文字诂林》，第 8 册，第 867 页。

② 以上文字均见于《续甲骨文编》，简称同前注。转引自《古文字诂林》，第 8 册，第 867 页。

③ 此字见于《金文编》转引自《古文字诂林》，第 8 册，第 867 页。

④《说文解字》，第十卷。

即是将罪人关押于特定的场所之中①。在其甲骨文的部分写法当中，是由手戴桎梏的罪人与其所在的场所"囗"组成的一幅画面，颇为形象。另有圉字，在囗部，《说文》言，"回行也"。指的是云气连接不断，《周礼·大卜》注引《洪范》曰雨，曰济，曰圉，曰蟊，曰克，《诗》"齐子岂弟"笺：《古文尚书》以"弟"为"圉"。《正义》云："《洪范稽疑》论卜兆有五，'曰圉'注云：'圉者，色泽光明。'盖古文作'悌'，今文作'圉'。贾逵以今文校之，定以为'圉'。郑依贾氏所奏。"《说文》引《书》"圉圉升云，半有半无"，今按"圉"即《洪范》"曰驿"，其下乃注文。《古文尚书》曰渗，曰圉，与《周礼注》同。圉去圉义虽远，然其原始字义是否与圉有关，亦有待进一步考察。

　　鞫，甲骨金文皆不得见。同鞫。《说文》本作籟，今讹作鞫。《说文》言，"穷理罪人也，从卒，从人，从言"②。马叙伦引薛寿言，"此即今以词定谳为供之供"③。也即后世文献当中所言之鞫，也就是审判罪人。如"读鞫"、"乞鞫"之类。其中之"卒"字当指罪人。

　　宰，甲骨金文皆得见。甲骨文写作：

　　　𠂤（佚四二六）𠂤（佚五一八背）𠂤（掇一·一三一）𠂤（粹一一九六）④𠂤（乙8688）𠂤（粹1196）

　　　𠂤（甲332）𠂤（甲2123）𠂤（乙749）𠂤（298）⑤𠂤（宰椃角）

———————

　　① 孙海波：《甲骨文编》卷十，王襄：《簠室殷契类纂正编》卷十，商承祚：《殷墟文字考》卷二，马叙伦《说文解字六书疏证》卷二十，朱芳圃《殷周文字释丛》卷下，姚孝遂：《甲骨文字诂林》，第三册。

　　②《说文解字》，第十卷。

　　③《说文解字六书疏证》，第二十卷。

　　④ 以上文字均见于《甲骨文编》，简称同前注，转引自《古文字诂林》第6册，第813页。

　　⑤ 以上文字均见于《续甲骨文编》，简称同前注，转引自《古文字诂林》第6册，第813页。

宰（师汤父鼎）宰（颂鼎）①

《说文》言，"宰，辠人在屋下执事者。从'宀'从'辛'，'辛'，辠也"②。段玉裁注云，辠人在屋下执事者。此宰之本义也。引伸为宰制。从宀。从辛。辛，辠也。辛即辠之省。在许氏与段氏的解释中，辛同样已经被引申为罪人。对于这一解释，学者之间的争论较大。基本上有三种观点，一种是支持许氏观点的，也即认为"宰"所表达的是奴隶或罪人在屋檐下劳动。第二种观点是反对许氏解释的，认为"宰"即宰杀之意。第三种认为是官名。第一种观点如，郭沫若即认为，屋下之人"本罪隶俘虏之类，祭祀时可用作人牲，征伐时可用作兵士。而时有逋逃之事……此字正像一人在屋下执事之形，其必为罪人"③。第二种观点如，吴其昌认为，"……宰之类乃为屋下有辛类兵器，惟辛为兵刃之器，故宰之以为宰杀……盖宰本示于屋下操辛以屠杀切割牛羊牲牷者"④。马叙伦引何治运言，"古书无以宰为辠人者，当训宰夫在屋檐下调味者"。又引庄有可言，"许说非本义，人在屋下则安居矣，辠人执事岂必在屋下乎？"又引王绍兰言，"宰之本义为膳宰在厨下执鼎俎之事者"。但同时其又指出，"然则仆宰之本义，实为辠人执事者也。所执之事则亨（烹）调洒扫也。然辠人在屋下执事者非本训"⑤。第三种观点如，斯维至通过句例来证明宰之官已见于卜辞，也即宰之官实始自殷制⑥。综合考察以上三种观点，认为第一种观点较为准确。但对于"执事者"的解释似有不妥，宰中之辛字本指金质

---

① 以上文字均见于《金文编》，转引自《古文字诂林》第 6 册，第 813 页。

②《说文解字》，第七卷。

③ 郭沫若：《释臣宰》，《甲骨文字研究》，收入《郭沫若全集·考古编》，第一卷，科学出版社 1982 年版。

④ 吴其昌：《金文铭象疏证·兵器篇》，转引自《古文字诂林》第 6 册，第 815 页。

⑤《说文解字六书疏证》，第十四卷。

⑥ 斯维至：《两周金文所见职官考》，载《中国文化研究汇刊》第七卷。

刃属工具，所谓执事者所指无非执此"工具"以劳作，否则"执事"无从谈起。但这又产生了一个矛盾，即皋人，因为"辛"已被解释为工具，然皋人的解释从何而来呢？难道只有皋人才可以劳作吗？所以对此问题的解释只有一种可能，即辛以经由金质刃属工具引申为受刑之人，奴隶抑或罪人，也并不一定必须是在劳作，也可能只是圈禁。至于何必在屋下，或许是为了防止其逃跑而将其关禁起来，也并不一定必须是屋，也可以是山洞、围栏之类。至于第二种解释，我们也可以提出同样的问题，宰杀牲畜又何必在屋下？而且实施宰杀的主体与宰杀的对象在字形当中都没有任何显示。将之解释成官名应为后起意，是由负责对被关禁之人的监管之人逐渐发展为负责管理、治理等事物的官员。

从对这一组字的考察中可以得出这样的结论，即卒与辛可能当初都是指称某种具体的实物，某种刑具，卒可能指的是手梏，辛可能指的是刀铲之类。但它们都经历了一个字义的引申过程，仅从实物刑具向某种人的转化，即受刑之人。卒与辛由其字形相似，亦可同指皋人。所以许多后起的字很难说是由他们中的某一个字发展来的，或许说成由他们共同发展而来更为准确。从第一组字中的指称工具发展演变为指称皋人，是其第一步发展，下面要分析的一组字，是其第二步发展，即对皋人的管束、约束。

29. 训"章"

第三组，章。甲骨文未见，金文得见。金文写作：
　（曾侯乙镈）　（陈章壶）　（乙亥簋）　（竞卣）　（卫盉）
　（大簋）　（颂簋）　（史颂簋）

章字未见于甲骨，或许能说明其本意出现的较晚，可能要晚于辛字指称罪人的含义的出现。可以看出该字在金文中的写法与现代的写法不同，其中间一竖是上下贯通的，是由一个辛字与一个曰组成的。《说文》言，"乐竟为一章，从音，从十。十，数之终也"①。许氏将之放在音部，认为其与音乐有关，即为乐曲的单位。段玉裁注云，乐竟为一章。歌所止曰章。从音十。会意。诸良切。十部。十，数之终也。说从十之意。关于此说，观点各异，大抵有三种观点，一种观点认为指结束，与许氏所言之"乐竟"有关。如高田忠周则认为章是畢的省文②。一种观点认为指光彩。如朱芳圃认为，"字像薪燃烧时光彩成环之形"③。夏渌引用于进海的观点认为，章元指璋璜等玉石，引申为玉所发出的光彩。继而提出，"代表阳光照耀新生的枝叶，生机勃勃的气象"④。另一种观点则认为章字像用曰对辛（引申为皋人）的约束。如林义光认为，"本义当为法，从辛。辛，罪也。以曰束之法以约束有罪也"⑤。虽然学界对林氏的说法多有非之，但从字形上来考虑，则恰恰应合了我们对辛字引申为皋人的这一解释。按照这一说法，章则是指对罪人的管束或约束。后世才有了章法、规章、章程、宪章等含义，引申为规范。

由于尺幅所限，我们不能对相关字进行一一分析，如童、妾、羍、辯、辡、辞、辭、辣等。如童、妾，《说文》载，男有皋曰奴，奴曰童，女曰妾。从辛，重省声。䇜，籀文童，中与竊中同，从廿。廿，以为古文疾字。徒红切〖注〗童，《集韵》与童同。段玉裁注云，男有皋曰奴。奴曰童。女曰妾。女部曰。奴婢皆古之皋人也。偁周礼其奴男子入于皋隶。女子入于春藁。从辛。重省声。徒红切。九部。今人童仆字作僮。以此为僮子字。葢经典皆汉以后所改。

①《说文解字》，第三卷。

②《古籀篇》卷五十三。

③ 朱芳圃：《殷周文字释丛》卷上，中华书局1962年版。

④ "释'對'及一组与农业有关的字"，载《河南大学学报》，1986年第2期。

⑤ 林义光：《文源》，第四卷。

究其本源，可能是童、妾本指对奴隶或皋人的刻上标志（或为墨面，即黥，或为残害其他身体部位，如劓、刖等），男性奴隶或皋人称为童，女性则称为妾。从而将皋人进一步特定化。再如辝、辞、辭，此三字皆为辭，段玉裁《说文》注云，辝，籀文辤。和悦以却之。故从台。《康熙字典》亦载，辝，籀文辭字。而辞则辭之简体，《说文》释辭云，辭，讼也。从䛅，䛅犹理辜也。䛅，理也。嗣，籀文辭从司。段玉裁注云，说也。今本说讹讼。《广韵》七之所引不误。今本此说讹为讼。讻字下讼讹为说。其误正同。言部曰。说者，释也。从䛅辛。会意。似兹切。一部。䛅辛犹理辜也。释会意之恉。依小徐本订正。可知是从对皋人的约束或管制引申为治理、管理、审理。复如辩，《说文》载，治也。从言在辡之间。段玉裁注云，治也。治者，理也。俗多与辨不别。辨者，判也。从言在辡之间。谓治狱也。可知为会意字，在两罪人之间评判，引申为双方互相纷争辩讼。恕不一一考证。可以得出，辛（或辛、辠）经历了从工具到皋人，再引申出约束、管理等含义。但皆与罪有关，进一步证实了皋字中辛字的含义，如此溯流而上，其本意必是指刀铲之类的工具无疑。从而我们可以说，皋的本义即是指用刀铲割去鼻子，也即劓刑。至此可知，"皋"本指对皋人的惩罚方式，而并非犯罪行为。或许是因为早期时候劓刑使用较为普遍的缘故，将之引申为对罪人的普遍惩罚方式也是顺理成章的事。

30. 训"罪"

在上文中，我们已经将"罪"字在文献当中基本记载作了简要阐述。大部分文献都记载"罪"本作"皋"，系秦始皇认为"皋"与"皇"字相似，犯了自己的忌讳，便将其改为"罪"字。此说是否真实已不可考，但先秦文献中确实没有"罪"字出现，而"皋"

字却是大量出现。《睡虎地秦墓竹简》中仍作"辠"，说明"罪"字当出现于秦或更晚。《说文》言，"罪，捕鱼竹网。从网、非"①。在《说文》中，写作"罪"，小篆写作"𦋐"，古体也作"𦋹"。马叙伦引严可均言，"非声，末句校语也，出文字音义"。又引王筠言，"鱼有何非而网之哉？当增声字耳"。马叙伦认为，"非罪声同脂类也，此辠之同舌尖前破裂摩擦音转注字，非飞一字。而𦋐从飞异声，盖飞之转注字。异声之类，今言是非者。非借为否，否声亦之类，然则古读非如否，声在之类。辠声蒸类，之蒸对转也"②。考察网部所隶之字，大抵都是网状器具，罪非器具，定是引申之意。

接下来，我们对罪字进行解构性分析，仍按照因形求意的方法来探讨其本意。罪字本上下结构，上为网，下为非。但按照罪字的小篆写法，并非上下结构，而是半包围结构，为网中一非。首先我们来分析"网"。网大概是人类最早使用的工具之一，所以关于罪字的符号则也出现得较早。在成熟的文字出现之前，关于网的符号主要有：

▨（一）▧（二）✦（三）⬤（四）▨（五）▨（六）③

从上述符号可以看出，（一）至（四）依然较写实的保留着网的形象，而（五）、（六）二图则已经开始象形化，应为向甲骨文过渡过程的一种阶段性表现。在甲骨文中与金文中，写作：

Ｍ（甲2957）Ｍ（乙5329）Ｍ（佚702）④Ｍ（戈网瓿）Ｍ（戈

---

① 《说文解字》，第七卷。

② 《说文解字六书疏证》，第十四卷。

③ 以上符号分别见于：（一）宝鸡白首岭遗址出土，《考古》，1979年第1期。（二）《庙底沟与三里桥》图片。（三）考古发掘报告《西安半坡》（四）马家窑类型彩陶纹饰。（五）明藏一九八。（六）《殷虚书契后编》二·八·一二，转引自《古文字诂林》第7册，第124页。

④ 以上文字均见于《续甲骨文编》，简称同前注，转引自《古文字诂林》第7册，第120页。

网卣）◁▷（仲网父簋）①

《说文》言，"庖犧所结绳以渔。从门，下象网交文。凡网之属皆从网。或从亡，或从系"②。许多学者都对该字做出论述，极少有将之训为别字的。关于网的考察，大概有两种，一种是田猎之用，另一种是捕鱼之用。其中用于田猎的网，网眼较疏，写作🔲，而用于捕猎用的网，网眼较密，写作🔲。大概是因为鱼的体型较小，所以捕鱼的网网眼需密，而野兽体型较大，捕野兽的网网眼可疏。但网还有另外一种用途，即捕鸟。《史记》载："汤出，见野张网四面，祝曰：'自天下四方，皆入吾网！'汤曰：'嘻，尽之矣！'乃去其三面，祝曰：'欲左，左；欲右，右；不用命者，乃入吾网。'诸侯闻之，曰：'汤德至矣，及禽兽'"③。既然是禽兽，当然也包括鸟类。因为鸟类的体型也较小，所以所用之网应该与捕野兽所用的网不一样，网眼也应该较密，应该也写作🔲。

关于"非"字，甲骨文写作𰀀，金文写作：

𰀀（傅卣）𰀀（班簋）𰀀（舀鼎）𰀀（毛公鼎）𰀀（蔡侯钟）𰀀（中山王鼎）④𰀀一八

𰀀（二一）𰀀（三七）⑤𰀀（典一一五一）𰀀（亚五一二）⑥

此外，《侯马盟书字表》中写作𰀀，《睡虎地秦墓竹简》中写作𰀀，《长沙子弹库帛书》中写作𰀀，汉印中写作𰀀，石刻篆文写作𰀀，汉简写作𰀀。综观飞字的诸多写法，可以清晰地看出其中的共同特点，非字的本来写法中"横"的方向都是一致的，

---

① 以上文字均见于《金文编》，转引自《古文字诂林》第7册，第120页。

②《说文解字》，第七卷。

③《史记》卷三《殷本纪》，中华书局，第95页。

④ 以上文字均见于《金文编》，转引自《古文字诂林》第9册，第439页。

⑤ 以上文字均见于《先秦货币文编》，转引自《古文字诂林》第9册，第440页。

⑥ 以上文字均见于《古币文编》，转引自《古文字诂林》第9册，第440页。

而不是如许氏在《说文》中所写的那样，写作鼎，因为这直接关系到非字的本来含义。《说文》言，"违也，从飞下翄，取其相背也。凡非之属皆从非"①。许氏认为非字的字形如同两支相背而行的翅膀，意味着相互背反，所以有相背、相反、违反之意。关于这一说法，学者们一般都持反对态度，如林义光认为，鸟的一对翅膀本来就是相背的，无所谓违反之意，认为非就应该是飛字②。许多学者都同意这一说法，如马叙伦引吴颖芳言，"飞省为非也，亦飞字"，又引庄有可言，"去飛之凡即非也，以其横下，故两翅之张而相背"，从而认为，"非飛实一字，飛象头尾两翅并见之形，非则只见两翅，该远近之象不同也"③。此外，还有部分学者提出了其它观点，如于省吾通过对《周易》系辞的分析，提出了非即匪的观点④。高明则认为，非的本意为"排"、"列"⑤。

综合考察上述诸观点，许氏之说的确不具有说服力，飞鸟之两翅本来就是相对的，而且还与观察的角度有关。飛字在汉简中本写作羕⑥，马叙伦引龚橙言，"古文当作𩙿"⑦。我们比较汉简中的字形与龚橙所描述的字形，都很像一只鸟

振翅上飞之形，按照二种写法的同位分析，则飛字的左上方当为鸟头，左下方当为一翅，右上方当为一翅，而右下方当为鸟尾，中间自为鸟身。如此，则飛字中所表现的飞鸟之形，其两翅也是一边一个，也是相对的，而并非同向。非字正如一只飞鸟被遮去了鸟身，只留下两翼，其目的当然是为了凸显两翼。其两翼所指

①《说文解字》，第十一卷。

② 林义光：《文源》，第四卷。

③《说文解字六书疏证》，第二十二卷。

④ 于省吾：《释非》、《甲骨文字释林》，中华书局1979年版。

⑤ 高明：《楚缯书研究》，载《古文字研究》，第十二辑，中华书局1985年版。

⑥ 字见《古文字诂林》，第9册，第433页。

⑦《说文解字六书疏证》，第二十二卷。

无非"飞走"之意，所以非的本意就是飞。

上文中我们曾经谈到，网亦用来捕鸟，而且其网眼应该稍密，也即捕鸟之网应作❋。而罪字本作辠，其上方之网应该就是❋。其下方的非应该指代飞鸟，或者欲飞之鸟。由此可知，罪字的本意应该是用网捕捉飞鸟。则由"飞鸟"引申为欲逃走之人便是很自然的事。而欲逃走之人当然指的就是罪人。所以罪指的就是捕捉罪人，或者监禁罪人。而从辠字演变为罪字的过程，还有一个字，即圉，《字彙補》称其古文罪字，此不作详考。

至此，关于"罪"字的解读便告一段落。我们得出了这样的结论，罪原作辠，此二字分别经历不同的演化过程。辠原指以刑具加于人身，本为一种刑罚；而罪本指以网罗捕飞鸟之意，引申为捕罪人或监禁罪人。无论是辠还是罪，原意均非指"犯罪行为"，而是对待犯罪人采取的措施，也即刑罚。

文字	罪	非	网	辠	自	辛	辛	辟	宰	章	幸	羍	圉	執
符号甲骨金文														
小篆														
今楷	罪	非	网	辠	自	辛	辛	辟	宰	章	幸	羍	圉	執

自 ＋ 辛 ⟶ 辠

↓（始皇改辠为罪）

网 ＋ 非 ⟶ 罪

第三章
《周易》对罪的认识

《周易》作为一部"极天地之渊蕴，尽人事之终始"的经典，在哲学、史学、政治学和社会学等方面无不为集精蕴萃之宝山，成为中国传统文化之总纲。而治国理乱、处罪论刑，尤为历代治平之关要。对于周易中关于"罪"的相关理念与观点进行分析与研究，梳理出周易对于罪的问题的逻辑脉络与学说体系至关重要。具体而言，周易以"德道"来说明处在不同位上的人应如何"守分"才能"大有"，核心则是对人欲的认识；以"中道"强调"度"的把握，即对"人欲""损""益"得当，便不会获罪；以"正道"讨论执法者以心正而不偏私、不废公。总之，周易自阐发人欲而始，阐述恶与罪之辩证，主张协调利欲以化除恶与罪，以教化与刑罚交互为用，终成治世之功。

现代意义上的犯罪学理论是一个新生学科，我国犯罪学的发展也是从近代开始的。然而在中国古代历史上，犯罪问题始终被历代统治者和思想家重视，所以关于犯罪问题的学说却是俯仰皆是。《周易》作为先秦经典，其中关于犯罪问题的学说与观点自然也值得关注与发掘。综观《周易》，其中隐含了一条针对犯罪问题的逻辑脉络，通过对其中的卦辞和爻辞的交互分析便会发现，周易对于什么是犯罪、犯罪产生的原因以及对于犯罪的惩治等犯罪学的问题都具有系统和深入的阐发。

31.《周易》诸卦关于罪的学说脉络

《周易》诸卦中隐含着一条关于罪的学说体系，这一体系内又自有其逻辑脉络。其中，主要相关的卦包括讼、师、夬、蒙、大有、损、益等卦。首先是罪开始于恶念，抑或说好利恶害的本性。周易帛书《系辞》言，"动作以利言，吉凶以请（情）迁。是故爱恶相攻而吉凶生，远近相取而悔吝生，请（情）伪相钦而利害生"。阐明人的本性是好利恶害的，若放纵它，就会不择手段的损人利己、损公肥私，最终导致作奸犯科，受到法律制裁（结果为"凶"）。而犯罪的不同形态分别出现在不同阶段，蕴含不同程度的主观恶念，这在周易帛书《系辞》多有阐明，如"善不责不足以成名，恶不责不足以灭身。小人以小善为无益也，而弗为也；以小恶为无伤而弗去也。故恶责而不可盖也，罪大而不可解也。"便进一步说明犯罪的发生是一个量变的过程。其次是关于犯罪所实行的处罚原则，帛书《昭力》言，"教之义，付之刑，杀当罪而人服。"[1] 就包含在内，只不过，主张先教而后刑，"教"为根本。除"刑"与"教"这两种犯罪的他律手段之外，还需要修德以自律，也就是具有"元、亨、利、贞"四德。即"元者，善之长也。亨者，嘉之会也。利者，义之和也，贞者，事之干也。"[2]

具体而言，"讼"卦九二爻辞中"不克讼"表明："下讼于上，少讼于长，卑讼于尊，贱讼于贵"[3]，是越分而争，低位与高位相抗衡，终如以卵击石，应心怀戒惧逃回本邑可免除灾祸，方能不获罪。但如果依据强势而有谋恶之心，不仅自身犯"悖逆之罪"，而且处

---

① 参见崔永东：《简帛文献与古代法文化》，湖北教育出版社 2002 年版，第 153—159 页。

② （唐）孔颖达等：《周易正义》卷一《上经乾传》。

③ （宋）胡瑗：《周易口义》卷二《上经讼卦》。

以"连坐"之刑。非但"无眚"，反而得咎。① 而针对犯罪，作为统众者的"师"刚刚上任之初，申严法令以为纪律。所谓"师贵律，律贵藏。令顺人心，简而易行，斯善矣。若立法不善，而以法滋扰，则律亦足以致凶，故法不可不慎也。"② 刚刚上任统众，应依法行事。如果不然，虽"有功"，但也同"无功"，结局不"吉"，反为"凶"。进一步讲，"执事顺成为藏，逆为否。③ 正因为以柔质处于刚位，故用法律来约束众人，失去法律的威慑力，民众便涣散。④ 所以，在用律统众的前提下，应慎用刑罚，切不可轻易征伐。正如师卦六五爻辞所言，当戎夷猾夏，寇贼奸宄祸害甚大，不能怀柔以化之时，方可奉辞以讨之。这好比野兽在田，侵害庄稼才能捕猎。

　　然用刑罚需要讲求尺度，这就需要有决断之能。夬卦便对这一问题进行了分析，夬卦下卦是天，上卦是兑。泽本在天之下，现在反而上位于天，其势必不居，君子观此象，有所取有所忌。量刑要讲求依据情节断案，则是应明取舍之道。夬是决断之义，以五刚决一柔，君子去小人不足虑。"无刚暴之失而有和柔之善，故吾不彼疾而彼不吾忌，邪正之辨，黑白之分，脱然而解，不相疑也。"去小人贵用公道，否则便是李训之谋。"昔李训之谋去宦官也，而假甘露以赤其族，此盗贼之谋也。以盗贼之谋去小人，小人不可去，徒炽其焰而逞其毒尔。"但去小人不可暗地处理，应"孚其大号以警戒于众，使知以此之甚"，就像舜诛杀四凶而天下皆服，若隐其诛则不是光彩之事。圣人治理小人必先从自身修德开始，以己之善道胜革之，并且慎用兵戎，也就是大刑。然去小人一定

---

　　①"讼"卦九二爻辞：不克讼，归而逋其邑。人三百户，无眚。(参见《周易正义》卷二《上经需传》)

　　②(清)傅恒等敕撰：《御纂周易述义》卷一《卦爻·师》。

　　③(元)吴澄：《易纂言》卷一《易·师》。

　　④"师"卦初六爻辞：师出以律，否藏凶。(参见:《周易正义》卷二《上经需传》)

要坚持到底，否则余孽未亡，祸胎犹在，终为众君子之患。

夬卦六爻不但描述了决断的渐进性，而且阐发用法者所应具备的品质。初九爻表明去小人需要先众而动以决，去在上之小人，决意而往，未有咎。倘若轻浮冒进，祸害自身。九二爻以阳居阴，任人之责而暂行决柔之事，应内怀警惕，外严诫号，而后可以无忧，且不可败露谋划，无所准备，反被小人所害。九三爻以阳居阳，又处乾健之极，不患刚决之不足，患太过。此时与小人相对，虽有愠忧之心，但以无咎为善。九四爻以阳居阴位，刚决之心不足，却怀疑畏之心，见义之勇消，故圣人诫之。九五爻是以阳德居阳位又藉众阳之助，为刚决之主，必贵于中行而后无过咎，倘若有刚过之失而无和柔之善，虽然借助天下之力，小人亦难除。上六爻是小人道消之时，此时不应斩尽杀绝，应留小人改过自新之路，才是用法之宗旨。①

除用刑处罪之外，须讲求教化。蒙卦初六之初，久在蒙昧不能通明，必得在上圣贤之君申严其号令，设张其教化以开示众人，使民晓悟律法之义，故称发蒙。倘若民性识至昧，虽得号令教化以启发，尚不通晓于心，反善趋恶，犯君之教化，则贤明之君当用刑罚以决正，故称"利用刑人"。然初九在蒙昧之时，不知礼义，不知教化，过而犯罪，以至遭受桎梏之苦，开始晓悟而自悔，那么，圣贤之君又应当赦免其罪。此爻明刑法"小惩而大戒，刑一而劝百，使天下之人皆迁善而远罪，是不得已而用之。""且刑人之道乃贼害于物，是道之所恶；以利用刑人者，以正其法制，不可不刑矣，故刑罚不可不施于国，鞭扑不可不施于家。"② 但以往周官大司寇以

---

① （唐）孔颖达等：《周易正义》卷五《下经夬传》。同时参见（宋）王宗传：《童溪易传》卷二十《夬》。

② （三国魏）王弼、（晋）韩伯注，（唐）孔颖达疏，（唐）陆德明音义：《周易注疏》卷二，《上经蒙卦》。

圜土聚教罢民，对于那些不能改过的犯人便施加杀罚。又以嘉石惩治犯罪，对于不知改悔者才施加桎梏之刑。足见古人用法之慎。这正与《尚书》中所倡导的"明于五刑，以弼五教"，"刑期于无刑，民协于中，时乃功"①相合。

通过对上述诸卦爻辞的分析，不难看出"易理"统摄下的犯罪学说的逻辑关系，即由"欲"（位、分、德）而致"罪"（咎、凶）或致"功"（吉），而"罪"与"功"皆由欲始。再联系相关诸卦爻辞，又可以进一步阐释为：由"不克讼"而致罪，由罪而致刑（人三百户：连坐，桎梏；甲兵：长子帅师），又关乎夬卦（所以刚决柔，君子去小人之道）与师卦（所以大人师出以律）。

32.《周易》诸卦关于犯罪问题的逻辑结构

在上文论述的基础上，我们可以进一步将"易理"统摄下的犯罪学说概括为由"大有"、"损"、"丰"、"噬嗑"、"中孚"、"旅"、"观"、"贲"诸卦构成的逻辑结构来分析《周易》对于犯罪问题的认识。

首先，"大有"阐明了罪始于恶。然对待利欲，往往应"遏恶扬善"（大有）、"惩忿窒欲"（损）、"见善则迁，有过则改"（益）。这不仅仅是道德层面的要求，同样也是伦理法的根本诉求。那么，从一开始便注定了"罪"须由刚、柔两股力量予以调整。进一步讲，刚是指刑狱，包括"赦过宥罪"（解）、"折狱致刑"（丰）、"慎用刑而不留狱"（旅）、"议狱缓死"（中孚）、"明罚敕法"（噬嗑）、"明庶政、无敢折狱"（贲）；柔则指教化，包括"化成天下"（离）、"教思无穷"（临）、"观民设教"（观）。这两股力量需要"阴阳动静，

两者贵乎兼施；虚实刚柔，各处求得相济"，方能成王道，开辟万世之功。

分而论之，"大有"卦的象辞"君子以遏恶扬善，顺天休命。"人欲无所谓好，也无所谓坏，关键在于合理地调控。倘若一味追求己私便是恶，圣人须遏之。对于善，圣人应扬举之。天下之所以有不明之世，因为恶没有消除。圣人在位，则应遏绝之。倘若恶之大者，则诛击之，恶之小者，则刑戮之。如此，则天下之为恶者便知道惧怕了。如此，才能"顺天休命"。之所以能够达到休命的境地，是因为顺从"福善祸淫"的天命。善是天下人所爱，恶是天下人所恶。善必善加于天下，恶必恶加于天下。遏恶扬善以顺天下心，是为顺天。天人之心本自一致，天心眷佑和气致福，休命之来莫可止，人君大业也将永久不替。而《尚书》云："天命有德，五服五章哉。天讨有罪，五刑五用哉。"，"作善降之百祥，作不善降之百殃。"① 此天之休命也。圣人代天理物，则刑赏之行，岂能违反天道，逆乎天心也哉？"②

"损"卦的象辞"君子以惩忿窒欲"，则阐明人欲是致人犯罪的根源，故而需要加以惩治。因为人情感物而动，境有顺逆，所以情有忿欲。泽在山下，是损泽益山，损下益上之象。君子观此象，可损之事在于忿欲，有忿则加以惩戒，有欲则加以窒塞，可损之善莫善于此。③ 之所以应该惩忿窒欲，因为血气过盛容易导致犯罪，故戒之在斗。对于居于上位的统治者而言，控制自己的欲念尤为重要。所谓"峻宇雕墙本于宫室。酒池肉林，本于饮食。淫酷残忍，本于刑罚。穷兵黩武，本于征讨。凡人欲之过者，皆本于奉

---

① 《尚书·皋陶谟》，《尚书·伊训》
② （宋）李光：《读易详说》卷三《上经大有》。
③ 参见（宋）胡瑗：《周易口义》卷七《下经损卦》。

养，其流之远，则为害矣。先王制其本者，天理也。后人流于末者，人欲也。损之义，损人欲以复天理而已。"①

犯罪之后，法不贵惩治，贵在让犯人"见善则迁，有过则改。"此也正是益卦象辞所指。然改过自新并不困难，关键在于是否从心底悔悟。"凡善即迁，当如风雷之疾。有过则改，当如风雷之疾，如此则获益，人谁无好善之心，往往多自谓己不能为而止。人谁无改过之心，往往多自以难改而止。凡此二患，皆始于意，意本于我。"故惩治犯罪的核心在于惩心，也就是心刑。它使人知荣辱、明事理。它胜于残害身体的肉刑。虽没有天罚对大恶惩治的严酷，却也效力持久。

对待犯罪一般要"折狱致刑"，这在丰卦象辞中明确阐明。雷电是由阴阳二气相交而成的，雷电至天下，天下万物没有不兴起的，故成丰大之象。然兴起后必定生事，正如序卦中所讲的那样，丰是表物之盛大，但在当丰之时，天下可谓无事，那为什么还要称多事呢？这是因为天下惟有事，然后知无事之为安，及其无事之时，又将生事以为乐，虽然如此，亦是形势所逼，不得不然。《尚书》也曾说过，"位不期骄，禄不期侈"，小民刚刚从温饱线上挣扎出来，不会生事。但渐渐的，大家过上了小康富足的生活，有田有食，又有房屋以自处，便纷争四起。对于国家而言，也是如此。当丰之时，应"丰其德，丰其典礼，丰其贤才，丰其法度，则本益固，而末益茂。苟为不然，丰其宫室，丰其货利，丰其女子，丰其便嬖，则其所以自丰，乃所以自蔽也。"②

"折狱致刑"的前提是"明罚敕法"。噬嗑卦的卦象是上雷下电，雷电大作，迅疾异常，二者并用，威力巨大，此就像牙齿一噬一嗑，

---

① 参见（宋）程颐：《伊川易传》卷三《下经损卦》。
② （宋）林栗：《周易经传集解》卷二十八《丰卦》。

"电击雷掣使人知惧而修省，先王以之先明其刑罚，敕其法令，以示人，使人预知所畏，迁善远罪而不犯有司。不然专以用狱为能，则电雷之威亦亵矣。"① 用刑贵一视同仁，求得齐整。雷震故得情实，奸伪分明，彰而不隐，先王明其罪，告其法，然后诛之，而民莫怨其上。② "此以制刑言明罚者，明墨、劓、剕、宫、大辟、流、宥、鞭朴、金赎之罚，原事情以定罪，本天伦以制刑，当墨者墨，当劓者劓，剕、宫、大辟以下皆然，使刑必当其罪，罚必丽于事，轻重毫厘之间，各有攸当。若此者，所以振法度以警有众，使人不敢犯也。《舜典》象以典刑，流宥五刑，鞭作官刑，扑作教刑，金作赎刑，《吕刑》五刑之属三千，即是此意。"③

惩治犯罪也不能一惩到底，有些情况下应"赦过宥罪"，这便是解卦的象辞。天下初解，百废待兴，此时应施行仁政。君子处乱但不改其度，小人不为非者甚少。退而诛之，更起天下之难，并非化解世道之恶。因此，用法者对于过误者赦而不问，对于有罪者宥而从轻。但应特别注意的是，这里的"赦过宥罪"处于平难之时，刑人杀人出于一时之权，非能折狱而致刑，明罚而敕法，不可以训后世。最有说服力的事例便是汉初刘邦的"约法三章"。然后世每岁都赦免犯罪便不合经义。那么，为什么只有处于朝代更替，政权建立初期，才能施行这一用刑原则呢？这是因为"上失其道，民散已久，难解之后，岂能以一朝而革之哉？张其纲纪，敷其教化，优柔宽缓，日渐月渍，使之迁善远罪而不自知，是君子缓民之道也。"④ 此卦象还表明君生人之心，法天之威而用刑，法天之泽而恤刑，则有赦过宥罪之典。故周武云"百姓有过，在予

---

① （元）王申子：《大易缉说》卷五《噬嗑卦》。

② 参见（春秋）卜商：《子夏易传》卷三《上经噬嗑传》。

③ （明）林希元：《易经存疑》卷四《噬嗑卦》。

④ 参见（宋）林栗：《周易经传集解》卷二十《解卦》。

一人"，商汤亦云"万方有罪"，罪在朕躬，赦过宥罪，仍是反身修德之意，不然姑息养奸，难道是君子之道吗？①

除了"赦过宥罪"这一惩治犯罪的仁爱原则之外，用刑者还可"议狱缓死"。此条来自于中孚卦象辞。泽上有风，风行泽上无所不周，这就好比信义普及万物，无所不至，君子观察此象则知中信之世犯过失为辜，也就是过失犯罪，情在可恕，故而应"议狱缓死"。②那么这又是为什么呢？水在湖泽中，微风拂过水面，水草借此蕃滋，虫鱼以此生息，"风之所化，王者当天地长养之时，禁民毋覆巢，毋伐木，毋竭川泽，毋漉陂地，毋焚山林草木，"③鸟兽鱼鳖都保全生命，人类才能享用不尽，倘若一味捕杀，便有枯竭之险。用法者执法就好比厨师宰杀牲畜，并不是乐于杀生，是不得已为之。故而在用刑时，凡是罪人被判处刑罚之后，都应商议、斟酌，且不能草率行事，这也正是周官八议制度设计的初衷。君子体此以用狱，应当狱之未成时用议，以期盼使判重刑的人能够减轻刑罚，死中能求生，足见仁君哀矜恻怛之心。

在处理具体案件时，执法官还应明察秋毫，"慎用刑而不留狱"，这便是旅卦象辞所阐发之旨。"火在山上，逐草而行，势不久留，"描述的是旅卦卦象。执法者当明慎用其刑罚而无留滞其狱。因为刑罚断人肌肤，伤人骨髓，"死者不可复生，断者不可复续，故君子当明审慎而用刑罚，辨其情伪，正其枉直，使无至于失法，又不可重伤其民，使系狱者无至于留滞。"④能够做到"慎用刑而不留狱"，执法者应怀有一颗悲天悯人之心。进一步讲，"明慎者，

---

① 参见（明清）刁包：《易酌》卷七《下经解卦》。
② 参见（三国魏）王弼、（晋）韩伯注，（唐）孔颖达疏，（唐）陆德明音义：《周易注疏》卷十《下经中孚卦》。
③ 参见（宋）林栗：《周易经传集解》卷三十一《中孚卦》。
④ 参见（宋）胡瑗：《周易口义》卷九《下经旅卦》。

君子之仁也；不留者，君子之义也。仁义并用而治狱之道尽矣。义而不仁则伤于暴而滥及于无辜，仁而不义又伤于懦而威阻于强梗，必如君子，然后可当折狱之任而天下无冤民。"①

在《周易》的思想中，不仅要求惩治犯罪，而且主张预防犯罪。而预防犯罪的最佳途径便是施加教化。离卦由于上下卦皆是离，可谓光明无比。"离"在此卦中是美丽、附着之义，"日月丽乎天，百谷草木丽乎土，重明以丽乎正，乃化成天下。""日月得天，故能长守其明。百谷草木得乎附土，故能永保其种。"君主统众应以贞正为本，这样"上下皆明，咸安其处"，②方能亨通天下。

临卦象辞云"君子以教思无穷，容保民无疆"，言明"教"对于统众的作用。教之所以备受推崇，其原因便是刑罚过暴，民怨沸腾，"民不畏死，奈何以死惧之？"③而柔教之法减少了反抗的阻力，使民说顺而归化。故而"设庠序学校，既以礼教之，又以乐教之。礼又防其伪，乐又防其淫。又政以行其教，以防其患，刑以辅其教，以禁其非。"这些都是顺民之性，是圣王之道。"天地以此建立日月，以此照临万物，以此生成，君以此尊，臣以此卑，父以此慈，子以此孝，夫妇以此别，长幼以此序，朋友以此信"，④万世之功业可立。

在明白"教"与"化"对国家统治秩序的构建作用之后，需要观民俗以设教。这是观卦象辞所旨。"先王观此之象，以省察四方之利害。观视万民之善恶而设仁义之教，以行于天下，使一民

① 参见（清）牛钮等：《日讲易经解义》卷十三《下经旅卦》。
② 参见（春秋）卜商：《子夏易传》卷三《离卦》。
③《老子》七十四章
④ 参见（宋）杨简：《杨氏易传》卷八《临卦》。

一物皆得遂其生成而不失其所。"① 为了便于天子观察民俗，特意制定了巡守制度。虞舜在嗣位之初，每年二月，东巡守至于岱宗，五月，南巡守至于南岳，八月，西巡守至于西岳，十有一月，朔巡守至于北岳。观察四方民风之后，协调历法，统一器物规制，自此以往，五年一次巡守，后又改为六年巡考于四岳。在诸侯层面，又各朝于方岳。看上去此种制度设计颇为繁琐，然不这样规定不足以观览民风。"天子适诸侯曰巡守，巡守者，巡所守也。诸侯朝于天子曰述职。述职者，述所职也，无非事者。春省耕而补不足，秋省敛而助不给。"通过上下、中央与地方之间的制度相辅，可见圣人设教之大旨。②

那么，对待犯罪，如何处理教化与刑罚之间的关系，贲卦提出"君子以明庶政，无敢折狱"，说得明白一点，便是教化为先，不得已才用刑罚，"明刑以弼教"。庶政是指治理国家要修礼乐，繁文饰。无敢折狱则是因为狱讼之情至幽至隐，其间奸诈万状，情伪万端，必有刚明之德才能辨明冤枉，决其是非而其情可得而见。然治国之道不可专于刚，刚则暴。不可专于柔，柔则懦。刚柔相济，然后治道可成。因为"兵革所以御侮而不可久玩，刑罚所以止奸而不可独用，必有仁义，礼乐，文章，教化，以文饰之，则天下大同矣。""观乎天文以察时变，观乎人文以化成天下。"圣人上观乎天文以察时之变，若东作，西成，南讹，朔易，雨旸，风燠，灾祥之类，尽在眼中。圣人观乎人文，使君明臣忠，父慈子孝，兄弟有礼，长幼有序，各得其正，所以制作礼乐，施为政教，以化成天下而成天下之治。③

① 参见（宋）胡瑗：《周易口义》卷四《上经观卦》。
② 参见（宋）王宗传：《童溪易传》卷十《观》。
③ 参见（宋）胡瑗：《周易口义》卷四《上经贲卦》。

33.《周易》对于治理犯罪问题的总体思想

上文之逻辑结构所阐发的是"理",所列诸卦各有深意,故而"理"有万殊。但每卦爻与爻之间、卦与卦之间又在"易理"统摄之下,所阐发的治罪之"道"则是浑然一体。正所谓"散之在理,则有万殊;统之在道,则无二致。"①概括起来,治罪之道分为"德道"、"中道"、"正道"。"德道"主要说明处在不同位上的人应如何"守分"才能"大有",核心则是对人欲的认识。"中道"强调"度"的把握,细分起来便是二层——对"人欲""损""益"得当,便不会获罪;惩治"罪"则应把握好处断的分寸。"正道"则重点是论执法者心正才能不偏私、不废公。

首先是德道。在《周易》中,"德道"概括起来可以表达为"元、亨、利、贞"这四个字。孔子在《文言传》中曾经述明元、亨、利、贞此四德之义。"元者,善之长也,亨者,嘉之会也,利者,义之和也。贞者,事之干也。"②

爻辞中的德道主要表现为"合位""守分"。每个爻均代表一个位,位随时而变,整体而言就是"时空"。不同的"位"又处于不同的"势",只有以"德"为"资",方能获吉。只有位与德相称才能大行其道。"位"从礼制上讲是"尊卑贵贱"的象征,用现代语言描述则是社会角色。"位"的内核则是统众者对处于不同位上的人的道德要求,概括起来便是"六顺";"不当位"、"越位"则被认为"逆",对应起来便是"六逆"。③

---

① (宋)朱熹:《周易本义》卷首《序》。

② (唐)孔颖达等:《周易正义》卷一《上经乾传》。

③ "六顺"——"君义、臣行、父慈、子孝、兄爱、弟敬";"六逆"——"贱妨贵、少陵长、远间亲、新间旧、小加大、淫破义"。(参见(春秋)左丘明传,(晋)杜预注,(唐)孔颖达等正义:《春秋左传正义》卷三,隐公三年)

　　"位"呈现出来的便是"等级"。统而言之，天下分为三等，依次是天子、诸侯、卿大夫。进一步讲，诸侯又被授予五等不同的爵位。总的来说，在天子这个塔尖之下，分为九命、八命、七命、六命、五命、四命、三命、两命、一命。伴随政治等级制度而来的便是经济利益等一系列"配套附属设施"的等级化，以周礼较为详尽地体现出"命"与"数"之间的紧密联系，以及等级观念在社会各方面制度设计中的灵活运用。①

　　对待"位"需要有睿智的哲学思辨。首先要"定位"，然后去"求位"，等"即位"之后要用德来"守位"，否则就会"失位"。当才能不称位或才能高于位时便不能"妄居其位"，此时就要"更位"、"复位"、"归位"或主动"释位"。这一整套的动态过程反映了位的变动性，所以统称为"合位"。在国典朝章中规定的则是"常位"。君有君位，臣有臣位，父有父位，子有子位，兄有兄位，弟有弟位，夫有夫位，妻有妻位，万事万物各安其位，才能和谐共存。

　　在找到每个人的位之后，才能知道自己的分在哪里。用现代语言来讲就是社会责任。分表明一定的节，每一个人都有自己的"常分"，不能"犯分"，否则便会获罪。

　　为了巩固自己的"位"，便设置了"名"。在实际运作当中对处于不同位置上的人的道德要求便是"分"。"位"动，"名"变、"分"也变；"位"正，"名"嘉、"分"也宜。"位"、"名"、"分"三者协调一致、整合在一起便是"礼"。而三者之间的这种"蜜月"关系是很短暂的，现实当中由于人欲这个任何人都无法摆脱的自然属性使得"位"、"名"、"分"互相"打架"，矛盾迭出。"人"与"礼"、"人情"与"礼教"，忽远忽近，若即若离，纠缠不休。

　　其次是中道。中道便涉及到"中庸"这一重要的哲学概念。

---

　　① 参见柏桦：《宫省智道》，中国社会出版社 2012 年版，第 73、74 页。

在《周易》当中，"九"与"六"均代表数，事物产生之后，便会显露出物象，再由一个变为一群，进而呈现滋生之象。象代表着物体刚初生的状态，数则代表物体滋生之情貌。数与度相比较而言，实际上大同小异。度代表限制，数反映多少，均是谈尊卑等不同地位之间的等级差异，概括来讲便是"节数"。进一步分析，"度"可细化为"分、寸、尺、丈、引"，用来测量长短。"量"可用"龠、合、升、斗、斛"来称量。"权"则用"铢、两、斤、钧、石"来表示轻重。"度"、"量"、"权"只是在揭示本义时才会有上述迥然不同的解释，实际上，在法律制度的制定与执行上，三者则可混同为一体。扩大一点，"度"拿捏得当表现出来便是"政和"，也就是政治清平、人和之象。政治宽平，百姓便生怠慢之心，统众者便会施加刑罚以惩治，过度便会害民，然后又变为柔和的教化。在宽与猛之间来回游移，政治才能达到和乐的境地。①

"中道"的第一层含义则是"执两用中，允执厥中"。从空间上看，此些爻确实位于下卦的"中间"和上卦的"中间"。往大一点说，在天、人、地三爻组成的一卦当中，人也位于"中间"。自然让大家很容易将"中道"与"中间"联系起来，甚至等同起来，进而做出"为人臣者事君，执法既不能太温亦不能太火，永远保持适中的程度。"实际上，"执两用中"的"中"非"中间"之义，虽然从空间上看人位于天地之间，但实际上"中"是"命中"的意思，进一步追问，"命中"是什么？答案很简单，就是"理"，即"合乎理"，也就是大家经常说的"合理"。杜绝讼源的方法之一便是作制，而制度便是依理而作，这里的理是法理；一旦制定出来投入实际操作，需要进行阶段性调整以期合理，而这里的理

_____

① 参见（春秋）左丘明传，（晋）杜预注，（唐）孔颖达等正义：《春秋左传正义》卷五，卷十二，卷十九上，卷四十九。

则是情理。制度本身是执法的一把尺，有上限也有下限，中间会有一定的浮动原则。用法者需要牢固的抓牢这把标尺，酌情衡量，以求法尽其用。而不是任何案件的司法裁量全是不走极端，只走中间，那样是模棱两可，不是中道，这也就是为什么法律中有"官司出入人罪"这条法律，就是为了避免此种现象的发生和减少因执法不合理所造成的对法制的破坏。

而"中道"的第二层面便是"过犹不及"。从哲理上讲，"世俗言之则过犹于不及，由礼义以观之则过犹不及而已。是故贤者过之，不肖者不及，而道之不明一也；智者过之，愚者不及，而道之不行，一也；墨翟之兼爱，杨朱之为我，其于害道，一也；单豹之养内，张毅之养外，其于伤生，一也。或失之多，或失之寡，皆学者之弊；或徐而甘，或疾而苦，皆输人之患。华无实，实无华，皆不足以为礼；事胜辞，辞胜事，皆不足以为经。然则过与不及岂相远哉？"[1]从法理上讲，"执两用中，允执厥中"强调的是标准的重要性，也就是法律制度的必要性和实际操作中的灵活性。那么"过犹不及"强调的则是"度"，即刑罚的轻重，所谓"度，法制也"。不同的罪承担不同的刑罚，所谓"上罪梏拲而桎，中罪桎梏，下罪梏"[2]。度经常会被强调，但是越是强调往往很难做到，赏僭和刑滥都是不重视度的表现，繁刑和省刑均需要拿捏。"度量衡之法，起于黄钟之九寸，黄钟，坎位也。《尔雅》曰：坎，律铨也"[3]。"律"因与"铨"相连，故本身便带有极强的"度"的成分。而衡量"度"的标准便是"公义"。何谓"公义"？即符合"道义"的价值追求——凭良心，讲道德，重伦理。

---

① （宋）陈祥道：《论语全解》卷六《先进第十一》。

② （汉）郑玄注，（唐）贾公彦疏：《周礼注疏》卷三十六《掌囚》。

③ （元）赵采：《周易程朱传义折衷》卷五《师卦》。

再次是正道。"正道"是一种"贞"道，而"贞"实际上是一种"守"。只有把分拿捏好才能将位摆正，进而处理好每一个人的大有之欲，就不会获罪；大人公正执法也能使民弃恶从善。而"贞正"指的是"心"要"守正"，一个"守"字凝聚了多少坚韧，多少辛酸，多少无奈，多少痛苦与挣扎。而用以约束人欲的"礼""法"制度根植于"心"。心之所向，"礼""法"的内在价值便会趋向那里。

因此能够调节人欲，使其不获罪的根本在于"心"，良心便是其中的重中之重。所谓良心，则是多种德性的结合物。具体而言，"敬是一点兢业之心，信是一点真确之心，节用是一点惜费之心，爱人是一点恻怛之心，时使是一点爱养民力之心。心即在政上见，不是空空个心。敬字不是一心在事上，只是心常存而事不苟，君子因事以治心，未尝役心以应事。"①圣人之所以能够作制，盖其存有一片善心。因此，所作之"物"才被称为备受推崇的"礼"与"法"，以兴教化，成万世功业。

《周易》阐发的治罪之道、治罪之理，是一种玄思。什么叫"玄思"呢？"玄"这个字根据其本有的意思，就是《道德经》所云"此两者，同出而异名，同谓之玄。玄之又玄，众妙之门。"人的思考进至玄思的时候，境界就很高了。初步的思考是逻辑的思考，逻辑的思考是平常的思考，并不玄。玄思的境界一定比逻辑思考高，依《道德经》言玄之意义，其层次在逻辑思考之上。玄是深奥的意思。天地玄黄，玄者黑也。水本来很清，一点不黑，为什么看起来黑呢？因为深嘛。②故而在此境界下，爻所表现出来的"合位"、"守分"便是控制人欲的最好筹码，也是预防犯罪的先导与根本。而作为惩治犯罪的二手——"教化"与"刑狱"，则是以化

---

① （清）陆陇其：《四书讲义困勉录》卷四。

② 牟宗三：《周易哲学演讲录》，华东师范大学出版社 2004 年版，第 3-5 页。

为本、明刑弼教的关系。正如贲卦象传所言："观乎天文，以察时变；观乎人文，以化成天下。"这里的"文"不是文章的文，是文饰的文，当动词用。譬如说"天文"，"天文"是自然的调理、秩序，阴阳刚柔之道是自然的道理。光讲自然秩序不成，自然秩序要加以人的力量，所以观乎人文，才能化成天下，才能移风易俗。《中庸》讲："参天地，赞化育"，也就是化成天下。然"化成天下"便是鼓励人们"向善"，也就是"尽心知性知天"。"善"的世界最基本的概念就是"应当"，而这也就是"经为训"的题中之义。

第四章

先秦道家思想中的犯罪学学说

　　道家之名起于西汉。司马谈《论六家要旨》中的"道家"，与先秦的老学与庄学颇有不同，主要是指战国中期兴起的黄老之学。据《汉书·艺文志》著录道家之书，计37家，993篇，老子、关尹、文子、杨朱、列子、庄子等都可纳入"道家"名下，但各人、各派之间也没有确定无疑的师承和学术渊源关系。简言之，先秦道家与儒家、墨家不同，是联系较为松散的一个学派，或者说是由某种思想倾向较为相近的人们发展出来的学术思潮。

　　从新出土的简帛来看，老子为道家学派的早期代表当无问题。虽然从师承方面研究道家学术的传承与发展行不通，但是从学术思想的要旨来看，在道论及"清静自然无为"的基本精神方面，庄子等人与老子有一脉相承之处；结合先秦学术发展的大趋势来考察，也可以理出大致的顺次。可以说，春秋末期的老子初步建立了道家思想体系，战国中期的庄子集先秦道家学术之大成；战国中期兴起并流行开来的黄老之学，属于道家的别派。①

34. 任自然——道家的主要学说

　　道家的学术观点可以大致概括为：

---

　　① 张立文、陆玉林：《中国学术通史》（先秦卷），人民出版社2003年版，第259页。

以"道"为核心。道家之所以被称为道家，就是因为道家的代表人物都在讲道论道。《老子》八十一章、《庄子》三十三章，章章篇篇都在讲道、论道。近人刘节与郭沫若考证，《管子》中的《心术》上下、《白心》、《内业》四篇，是宋研、尹文的遗作。学术界有许多人也同意这一说法。这四篇也在讲道论道。"道"是道家思想体系的核心，失去"道"，道家就失去灵魂，就不成其为道家。

因任自然。道家的"道"是一个多层次的概念。有宇宙本源之道，有事物发展规律之道，也有治国与为人处世之道。但，不管是哪一个层次的道，都贯穿一个基本精神，即崇尚自然。《老子》说："道法自然"。这是说，道的本质就是自然。《庄子》一书也反复强调，要因任自然，"无以人灭天"，不要以人去破坏自然。稷下黄老学派的思想虽然与老庄的思想已有明显差别，但也主张"随天"、"效天地之纪"。在主张因任自然方面，道家各派是一致的。司马谈在《论六家要旨》中说："道家使人精神专一，动合无形，赡足万物。其为术也，因阴阳之大顺，采儒墨之善，撮名法之要，与时迁移，应物变化，立俗施事，无所不宜，指约而易操，事少而功多。"要求人们的行动要顺应自然，"因阴阳之大顺"，"与时迁移，应物变化"，这是道家各派的共同点。所以说，道家的思想具有明显的自然主义特征。

无为而治。从"道法自然"思想出发，道家的代表人物在政治上都主张"无为而治"。"道常无为而无不为，候王若能守之，万物将自化"①。老子提倡"无为"是反对妄为，这是相对的"无为"。庄子也提倡"无为"，但他把"无为"绝对化，认为"治天下"最好的方法就是不治天下，反对任何作为。稷下黄老学派则把老

①《老子》三十七章

子的"无为而治"发展为"君道无为，臣道有为"。即君主应顺任自然，清静无为。臣下有能力办具体事务，君主不要包办代替。

崇尚自然法。在法律思想方面，道家各派都崇尚自然法，认为人类应顺应"天道"，按自然法则办事。这种推崇"天道"的思想就是我国古代的自然法思想。《老子》说："人法地，地法天，天法道，道法自然。"《庄子》说："道者，万物之所由也，庶物失之者死，得之者生，为事逆之则败，顺之则成。①"这都是在赞颂"天道"，主张人类应该以"天道"作为行动准则。

道家各派在崇尚自然法方面是一致的，但在对待人定法的态度上，却大相径庭。老子把"天道"与"人道"对立起来，在推崇自然法的同时，抨击人定法，认为"天下多忌讳，而民弥贫；……法令滋彰，盗贼多有。"庄子把这一思想引向极端，极力推崇自然法，全盘否定人定法，主张"殚残天下之圣法"。稷下黄老学派的自然法思想，既不同于老子，也不同于庄子。他们把"天道"与"人道"结合起来，既推崇自然法，也重视人定法。道家认为法的作用在于使参差不齐的事物整齐划一。杀戮禁诛是为了齐一人们的行动，所以办事必须依照法律，法律要随时随事而变化，而变化的本源在于道。这样，就把"天道"与"人道"，自然法与人定法紧密联系起来。②

35.《老子》及其主要学说

老子作为道家学派的创始人，他的生平事迹，在汉代已经搞

---

① 《庄子·渔父》
② 李光灿、张国华：《中国法律思想通史》（第一册），山西人民出版社2001年版，第382-384页。

不大清楚。据《史记》的记载："老子者，楚苦县厉乡曲仁里人也，姓李氏，名耳，字聃，周守藏室之史也。"就是说，老子当过周王室的图书馆馆员。

研究老子思想的主要资料，是《老子》一书。关于《老子》一书是否为老子所作，以及成书的时间，历来有争论。《史记》载："老子乃著书上下篇，言道德之意，五千余言。"据此看来，《老子》一书的作者应该是老子本人，初步成书的时间则在春秋末期。到了战国时代，经过老子的后学们进一步对它加工、编纂而定型。在先秦和秦汉之际，《老子》一书的"德"经部分是上篇，"道"经部分是下篇，不分章。汉以后则把上下篇颠倒了过来，并分为81 章。《老子》又称《道德经》。

《老子》一书流传至今，出现了许多不同的本子。异文异义很多，给研究老子思想带来不少困难。1973 年 12 月，马王堆三号汉墓中出土了帛书《老子》的两种写本，通称甲本、乙本。甲本抄写年代约在汉高帝时期，乙本抄写年代约在汉文帝时期，距今都已两千多年，是目前见到的最古的本子。帛书的发现，对解决《老子》书中歧义之处，有很大作用。我们在引用时为了论述方便，仍按后世约定俗成的分篇章体例，对其中异文异义则从帛书本校正。

老子的思想概括起来便是："道是万物的本体"，"道"是自然无为的，"道"是变化的。老子把他所认识的事物矛盾发展的原则，叫做"道"，认为"道"是无为自然的，"道常无为而无不为"，"天法道，道法自然"。"道"是"生而不有，为而不恃，长而不宰"的，就是说，"道"生长万物而不据为己有，有所作为而不居功自恃，有所成长而无意做主宰。同时，他进一步认为"道"是天地万物的根源："道生一，一生二，二生三，三生万物，万物负阴而抱阳，冲气以为和。""一"是指原始混沌之气，"二"是指"万物负阴而抱阳"的阴阳两气，"三"是指阴阳两气经过相互冲动而形成统一，即"冲气以为和","万物"就是由于这样"冲气以为和"而产生的。这种认识原来具有朴素的辩证法思想，但是他认为"道生一"，把原始混沌未分之气看作是由"道"派生的，而"道"又是和"无"是同一范畴。"天下万物生于有，有生于无"。"无"就是天下万物所以会有的根本。这个"无"，老子又称为"道"，"道"就是天下万物的本体。老子既认为天下万物的本体是"道"，"道"就是"无"，因此他认为这个"道"是"先天地生"的，是没有意志、没有具体形状、无声无臭的，是无时无地不在的。从它的实际存在来说，可以称之为"大"，但是这种"大"又不是我们感官所能认识的。[①]除了"道"本身的自然无为，"道"是变化的。"反者道之动。反本也，本者道所以动，动生万物，背之则亡也。弱者道之用。柔弱者道之所常用，故能长久。"[②] 这里，"高以下为基，贵以贱为本，有以无为用，此其反也。动皆知其所无，则物通矣。故曰反者道之动也。"[③] 进一步讲，"天下柔弱莫过于水。圆中则圆，方中则方，雍之则止，决之则行。而攻坚强者莫知能胜。水能怀山襄陵，磨铁消铜，莫能胜水而成功也。弱之胜强，水能灭火，阴能消阳。"此万世皆行之理。

36．贪欲与诈智——罪的人性原因

老子认为，犯罪现象是由多方面的原因引起的，既有人性的原因，又有政治的、社会的、乃至道德的原因。具体说来，贪欲、诈智、恶政、恶法、战争、贫困以及儒墨所提倡的道德等等，均

---

① 杨宽：《战国史》，上海人民出版社 1997 年版，第 477-478 页。
②《老子》四十章
③（三国魏）王弼注：《道德真经》卷三《四十章》。

是导致犯罪的原因。下面分而述之：

老子虽然对人性问题没有进行过系统论述，但不能因此就认定其对人性缺乏认识。他所认识的人性除了德性的内容外，还包括欲望及智慧等内容，而"德性"（素朴之性——少私寡欲的心理状态）则是人的本质属性。在老子看来，过分的欲望即贪欲，邪恶的智慧即诈智，二者都对人之德性起负面作用，并且会诱发犯罪。老子指出："罪莫大于可欲，祸莫大于不知足，咎莫甚于欲得。""五色令人目盲，五音令人耳聋，五味令人口爽，驰骋田猎使人心发狂，难得之货使人行妨。是以圣人为腹不为目，故去彼取此。"此是对人犯罪原因的揭示：如果一个人穷极耳目之欲，不注意克制自己，一味追求奢侈放荡的生活，那么他就会不惜一切手段来损人利己，损公肥私，并由此导致犯罪。这里"难得之货使人行妨"就是说人的贪婪的欲望会使人不择手段地去攫取"难得之货"，从而损害他人或社会的利益。另外，老子强调，统治者多欲是社会犯罪的最大根源。贵族官僚阶层为了满足其奢侈之欲，残酷掠夺民脂民膏，过着"金玉盈室"、"富贵而骄"的腐朽生活。老子对腐朽的统治者进行了猛烈的抨击："朝甚除，田甚芜，仓甚虚，服文采，带利剑，厌饮食，财货有余，是为盗夸。"老子亦认为，人的伪诈之智是人的邪恶贪欲的帮凶，同样也是导致犯罪的根源。

37. 恶政与恶法——罪的政治原因

根据老子的主张，有为的政治是恶政，严苛的法律便是恶法，恶政与恶法紧密相连，是导致犯罪的政治原因。所谓"百姓之不治也，以其上之有以为也，是以不治。"这里"不治"，只不过是对犯罪的另外一种表述而已。统治者的有为之治恰恰是导致百姓犯罪的原因。这种有为政治的具体表现为"损不足而奉有余"，这是不合天道的。因为天道是"损有余而益不足"，恶政则反其道而行之，一味压榨百姓，必然导致官逼民反或群体"犯罪"的结局。老子又指出，恶政与恶法相连，恶政需要恶法来维系，故恶法也是导致人犯罪的原因。"法令滋彰，盗贼多有"就是此意。老子强调无事无为之政为善政，善政能使民淳朴憨厚，它不用严刑酷法即可使民向善。而恶政则是一方面用严密苛重的刑罚治国，使百姓为避免法网而生奸诈之心；另一方面又用赏赐手段使民生竞争之心。奸诈之心与竞争之心交互作用，必然导致人们犯法作乱。这样，老子也就揭示了犯罪与苛法、恶政的内在关系。

38．贫困与战争——罪的社会原因

贫困导致人犯罪，不言自明。战争也会导致人犯罪，因为战争的直接后果也是贫困。老子除了指出战争与贫困的因果关系外，还论证了恶政、恶法与民众贫困的因果关系。例如，他提到"损不足而奉有余"的恶政便是人民贫困的重要原因，又指出"天下多忌讳而民弥贫"，是说法网严密使民不敢求富，而导致贫困。统治者为了自己的利益，总想通过严密的法网来限制人民的求利行为，但人民为了生存就不可能不求利，即使身受刑戮也在所不惜。老子对此深有感慨："民之轻死也，以其求生之厚也，是以轻死。"这就是说，老百姓之所以不怕杀头，是因为他们求过温饱生活的愿望太强了。而战争，是人类社会的灾难。故老子说："夫兵者，不祥之器也。"战争总是带来灾荒，带来贫困。老子所谓"师之所居，楚棘生之"。王弼注曰："言师，凶害之物也。无有所济，必有所伤，贼害人民，残荒田亩，故曰'楚棘生之'"。战祸连绵，田园荒芜，民众饥寒交迫，无以为生，则会铤而走险。老子正是看到了这一点，故把战争也视为犯罪的社会根源。

39. 儒墨道德——罪的道德原因

老子认为，儒家和墨家所提倡的道德是彻头彻尾的虚伪的道德，是对真正道德（道家所倡之道德）的破坏，因为儒家道德只是教人谋取名利的工具，它启示争心，导致人不择手段地追名逐利，从而引发犯罪。道家道德以顺应自然、少私寡欲为目的，它教人克制自己的欲求，使其行为不损害他人与社会的利益。在这里应特别指出，学术界流行的那种关于老子是禁欲或绝欲主义者的说法是不恰当的，老子的"无欲"说并非绝对禁欲，而是指排除过分的欲望，即贪欲。至于对人的正常的需求，老子也是肯定的。因此，他讲"少私寡欲"而不讲绝私禁欲。老子认为，以少私寡欲为宗旨的道家道德是不会把人引向犯罪的。

在老子看来，"上德不德，是以有德；下德不失德，是以无德。上德无为而无以为；下德为之而有以为。上仁为之而无以为；上义为之而有以为。上礼为之而莫之应，则攘臂而扔之。故失道而后德，失德而后仁，失仁而后义，失义而后礼。夫礼者，忠信之薄，而乱之首。前识者，道之华，而愚之始。是以大丈夫处其厚，不居其薄；处其实，不居其华。故去彼取此。"由此可见，老子认为，儒墨两家所提倡的德、仁、义都属于功利主义道德，对道家的超功利道德起一种破坏作用（"失道而后德"之"德"指"下德"，即儒墨道德），尤其是儒家所提倡的"礼"，更是虚伪，是导致天下纷争并引发犯罪的根源。

40. 禁贪欲，去诈智，除恶政，废恶法

从以上的论述中我们可以看到，老子从各个方面对犯罪原因问题进行了多角度、多层次的考察，其中不乏真知灼见。从犯罪

学理论上讲，犯罪原因论是犯罪预防论的理论前提，只有认清犯罪原因，才能对症下药，提出预防犯罪的良策。老子也提出了其预防犯罪的策略，包括以下几个方面：

老子以其"罪莫大于可欲"的犯罪原因论为依据，提出了以"无欲"为手段的预防犯罪的主张。当然，此处的"无欲"是指无贪欲，老子并不否定人的正常的需求，故其主张中也有肯定有欲的言论。老子认为，贪欲是导致人犯罪的一个重要因素，要想预防犯罪，必须教人克除贪欲。那么，怎样才能克除人的贪欲呢？老子提出了"损"的方法。所谓"损"是减损的意思，即由内心的意志力努力抑制自己的各种不正当欲念。一个人只有彻底消除各种贪欲，才能成为一个真正道德高尚的人，这样的人当然也不会犯罪。由此可知，老子乃是把禁贪欲作为预防犯罪的重要手段之一。正如老子所言："祸莫大于不知足，咎莫大于欲得。"贪欲使人不知满足，贪得无厌，因而很容易引发犯罪，对己对人均带来祸患。正是在这个意义上，老子才语重心长地教人"知足常乐"的。此外，老子还特别强调，统治者禁绝贪欲对预防犯罪具有重要的意义，因为统治者的特殊地位具有示范和表率的效应，在很大程度上可以影响社会风气的转变。所谓"是以圣人欲不欲，而不贵难得之货。"圣人意欲"不欲"，自然不会贪求金银财宝了。不贪求金银财宝，就能引导社会风气不尚奢华，进而"使民不为盗"即杜绝了百姓的为盗之心。

关于去诈智的问题，老子也有不少言论。在他看来，诈智也是人们犯罪的人性原因之一，故去诈智的问题即是一个预防犯罪的关键。"古之善为道者，谓古之善以道治身及治国者。非以明民，将以愚之。将以道德教民使朴质不诈伪。民之难治，以其智多。故以智治国，国之贼；不以智治国，国之福。知此两者亦楷式。常知楷式，是谓玄德。玄德深矣，远矣，与物反矣。然后，乃至于大顺。"① 由此可知，去诈智是预防犯罪的重要手段之一。

《老子》云："朴散则为器，圣人用之，则为官长。故大制不割。"② 可见，有为之政是恶政，无为之政才是善政，才不会使民犯罪，引发动乱。另外，废除恶法，讲求"天网恢恢，疏而不失"的良法亦是预防犯罪的重要手段之一。

除上述两点外，"损有余而补不足"的富裕之方以及对战争的摒弃也是预防犯罪的良策。但关键在于须具有新道德——即"柔弱、寡欲、不争"，这才是问题的根本所在。

41. 庄子及其主要学说

庄子（约公元前369年—前286年），名周，战国时蒙（今河南、安徽交界处）人，是个亡国的小贵族。据《史记》记载：庄子在蒙这个地方做过"漆园吏"，即管理漆园的小官。楚威王曾经派人"使厚币迎之，许以为相"，庄子拒绝了，并认为这是对他的污辱，表示自己是"终身不仕，以快吾志焉"。所以，庄子的一生，过的是穷困的隐居生活。

研究庄子思想的资料，便是《庄子》一书。据《汉书·艺文志》记载，《庄子》总计52篇，现存的本子是33篇。历来许多学者认为，其中《内篇》7篇是庄子所作。至于《外篇》15篇和《杂篇》11篇，除了少数几篇归属有争议外，大部分为庄子或庄子后学所作，同样应当作为研究庄子学派的资料。③

庄子认为，作为宇宙万物根源的"道"是一种阴阳之气，所

①《老子》六十五章
②《老子》二十八章
③ 沈善洪、王凤贤：《中国伦理思想史》（上），人民出版社2005年版，第191页。

谓"通天下一气耳，圣人故贵一。"①世界上原来没有什么事物，后来由"道"派生出天地，生出帝王，生出一切事物，生出真伪和是非。庄子说："道恶乎隐而有真伪，言恶乎隐而有是非，道恶乎往而不存，言恶乎存而不可，道隐于小成，言隐于荣华。"就是说，真伪和是非等观念的产生，意味着"道"的完整性遭到破坏，只有持有局部见解的人，才看不见"道"而谈论真伪，只有喜好争辩的人，才不理解朴素之言而谈论是非。因此你有你的是非，他有他的是非，是非总是讲不清的，甚至连你、我、彼、此也是分辨不清的。"是亦彼也，彼亦是也，彼亦一是非，此亦一是非"，"是亦一无穷，非亦一无穷也。"在庄子看来，决定是非是不可能的，因为不存在一个客观的、共同的标准，他认为事物的性质都是相对的，例如一件东西的分散对于另一件东西来说是合成，一件东西的合成对另一件东西来说是毁损，无论合成和毁损，从"道"来看是一样的。同时，他认为认识者没有绝对的客观标准，无法取得正确的认识。例如对美丑的看法，是认识者观察事物时从主观出发的，毛嫱、李姬，人见了以为是美女，鱼见了避入水底，鸟见了吓得高飞，鹿见了赶快跑开，说明美丑没有客观标准。因此，"自我观之，仁义之端，是非之涂，樊然殽乱，吾恶能知其辩？"②这就是说，所谓仁义，不过是一种偏见，是非不过是一片混乱，人的认识是无法加以判断的。

　　其次，《庄子》中充斥着自由精神。庄子主张追求个人精神自由，认为一般人的精神不自由是由于"有己"，必须做到"无己"、"无名"、"无功"。不感到自己的存在，就不会追求名誉，更不会追求成功。他说："至人无己，神人无功，圣人无名。"对于"死

　　①《庄子·知北游》
　　②《庄子·齐物论》

生、存亡、穷达、贫富、贤与不肖、毁誉、饥渴、寒暑"，都应该看作"是事之变，命之行也"①。应该安于命运的安排，就不会苦恼。对于得失，要安于无所得，"藏天下于天下"，也就不会感到有所失了。对于贫贱，要感激造物者善意的安排，"天地岂私贫我哉"，就可以得到安慰。对于毁誉，"不如两相忘而化其道"，这样就不会发生干扰。他说："堕肢体，黜聪明，离形去知，同于大通，此谓坐忘。"②他认为做到"坐忘"即最彻底的忘记，不仅忘掉一切客观事物，而且不记得自己形体的存在，摒除聪明智慧，去掉任何认识活动，达到与天地万物浑然一体的精神境界，"天地与我并生，而万物与我为一"，从而获得绝对的精神自由。③

42. 圣人不死，大盗不止

　　庄子认为无拘无束、无知无欲的自然之情乃是人的本性，而社会的经济、政治、法律、道德等一切人为制度和关系都是人性的桎梏，他指出，只有取消心计，禁绝一切欲望，摆脱一切社会关系，使人保持纯自然状态，如日月、星辰、禽兽、树木一样，任其自然生活，让人彻底融化在自然之中，才是人性的实现。他指出："且夫待钩绳规矩而正者，是削其性者也。待绳约胶漆而固者，是侵其德也。屈折礼乐，呴俞仁义，以慰天下之心者，此失其常然也。天下有常然。常然者，曲者不以钩，直者不以绳，圆者不以规，方者不以矩，附离不以胶漆，约束不以纆索。故天下诱然皆生，而不知其所以生，同焉皆得，而不知其所以得。故古

　　①《庄子·德充符》
　　②《庄子·大宗师》
　　③ 杨宽：《战国史》，上海人民出版社1997年版，第484—485页。

今不二，不可亏也。则仁义又奚连连如胶漆纆索而游乎道德之间为哉？使天下惑也"①。用钩绳规矩来匡正物体，就是削伐了物体的本性；用绳索胶漆来固定物体，同样侵害了物体的本性。人类社会亦如此，那些圣人以礼乐作规范，以仁义为粉饰，无非是让人丧失自己的本性而已。庄子最痛恨的，就是社会对人的自然性的戕伐，在他看来，社会就像一个大牢笼、大屠场，无论被认为是美的东西，还是恶的东西，无不以破坏人性为目标，"美恶有间矣，其于失性，一也。"② 正是在对一切反人性的东西进行揭露和谴责的基础上，庄子提出了维护人的自然属性，追求个性解放的自由观。

在国家治理与法律思想方面，庄子全面继承了《老子》的自然之道，在肯定"道"的权威性、普遍性和主宰地位的基础上，更突出了道的神秘性和自主性，从而将《老子》的"无为"发展成了等同于"虚无"的绝对无为。庄子认为"有为"是引发犯罪的根源。庄子认为人类的原始状态是无心计、无知识、无伪巧的纯朴时代，自然平和、无忧无虑。自从出了黄帝、尧、舜这些"圣人"后，动乱也随之而起。因为他们挑起了人的利欲之心，驱使人们争名夺利，造成思想混乱，社会失去自然之序。人们斗智斗巧，尔虞我诈，犯罪便由之而起。"举贤则民相轧；任知则民相盗"③。归结到底，正是"圣人"的出现以及"圣人"手定的礼法制度、智识道德才是犯罪的本源所在。

所以，庄子说："圣人不死，大盗不止"④，甚至树立道德的准绳、聚货敛财，都必然诱发犯罪。他指出："荣辱立，然后睹所病；货财聚，然后睹所争。今立人之所病，聚人之所争。穷困人之身使

①《庄子·骈拇》
②《庄子·天地》
③《庄子·庚桑楚》
④《庄子·胠箧》

无休时，欲无至此，得乎？"① 那么，要想消除犯罪，就必须彻底否定"圣人"以及由之而形成的制度、智慧、财富及规范。"绝圣弃智，大盗乃止；擿玉毁珠，小盗不起；焚符破玺，而民朴鄙；掊斗折衡，而民不争。殚残天下之圣法，而民始可与论议。"② 不论是物质的，还是精神的，只要是人为的，统统要抛弃，这才能达到弭乱止争，使民无犯的目的。

庄子认为那些"圣人"和君主的行为是最大的犯罪，他们才是罪魁祸首。庄子说："大为难而罪不敢，重为任而罚不胜，远其途而诛不至，民知力竭则以伪继之，日出多伪士，民安取不伪。夫力不足则伪，知不足则欺，财不足则盗。盗窃之行，于谁责而可乎？"③ 盗窃盛行，责任在谁呢？庄子在这里没有直接给出答案，但其意即"当责上也"。庄子视帝王君主为仇敌，对他们大加鞭挞之辞，一意讨伐那些人们交口赞誉的圣王，诸如黄帝、尧、舜、禹、汤、文、武、周公等，在庄子笔下，都是伤天害理的罪魁，是真正的大盗大贼。"彼窃钩者诛，窃国者侯。诸侯之门，而仁义存焉。"窃国大盗为什么被人尊为圣王呢？那是因为他们连是非曲直的准则和规范都一起偷去了："为之斗斛以量之，则并与斗斛而窃之；为之权衡以称之，则并与权衡而窃之；为之符玺而信之，则并与符玺而窃之；为之仁义以矫之，则并与仁义而窃之。"

43. 道家犯罪学学说余论

以老庄为核心的道家学派，他们的犯罪学学说将犯罪的根本

---

① 《庄子·则阳》
② 《庄子·胠箧》
③ 《庄子·则阳》

原因集注在于人们不知节欲这一点上，认为欲望是造成人们造反的根源，欲望也是阻碍人们认识事物的原因。为"使民不乱"，为能观万物之奥妙，老子主张要让人们永远处于"无知无欲"的状态之中。而庄子不仅讲"无欲"，还讲"无情"，要求"人而无情"。并视情欲为"累德"、"病性"、损害人的"天机"的祸根。他还从"齐生死"的观点出发，认为情欲本身根本不值得注意。统而言之，老子提倡"少私"、"无身"；庄子主张"无己"、"无名"。而认为预防犯罪的根本便是摒弃仁义道德，顺从自然人性。认为仁德礼义的出现，并非是社会的进步，而是社会倒退的表现。所以他们主张"绝仁弃义"。认为圣人和天地一样，是无所谓仁慈的，鼓吹仁义都是人为的、虚假的。这就是说，仁义与人性是不相容的，"弃命于人性"，"以仁义易其性"，就是"乱人之性"，是天下祸乱的根子。当然，这种揭露具有相当的深刻性，后世的思想家就曾利用这些思想资料对封建道德进行批判。但当时他们怀着悲观绝望的心情，一味主张倒退到"无知无欲"的自然境界去，这是最典型的虚无主义的道德观。① 以老庄为核心的道家以他们所特有的冷峻视野，向我们阐释了犯罪原因和犯罪预防这些犯罪学说的基本问题。

---

① 沈善洪、王凤贤：《中国伦理思想史》，人民出版社 2005 年版，第 194-195 页，第 197-198 页。

第五章
先秦儒家思想中的犯罪学学说

　　儒家是春秋战国时期形成最早、影响最大的一个学派，其创始人是孔子。"儒"在当时是对专门从事教育和执掌礼仪之士的称谓，孔子早年曾经以"儒"为业，后来又设帐立教，广收门徒，是故以"儒家"称呼他创立的学派。

　　儒家思想具有如下几方面的显著特征：第一，伦理的核心是"仁"与"礼"。儒家视"爱人"为"仁"，"克己复礼为仁"。儒家将礼作为治国制度之一，即"为国以礼"，同时，又将礼定为行为规范，即"立于礼"，要求人们做到"非礼勿视，非礼勿听，非礼勿言，非礼勿动"。可以说，仁是立身治国的目的，礼是立身治国的手段。儒家的犯罪学学说思想就是以仁为基本范畴的儒家思想的组成部分。第二，世界观的核心是"天命"观。儒家传承殷周以来的天命观，认为上天主宰自然运行，也主宰人世祸福，即所谓"死生有命，富贵在天"，因此，孔子"与命与仁"，同时，还告诫人们应该"畏天命"。第三，讲君、臣、父、子之间的尊卑、长幼秩序，以三纲五常作为规范人们的行为准则。同时，儒家认为，仁的根本是"孝悌"，因此教育弟子要深明大义，要见义勇为。认为君子应当将义作为最高尚的品德，将义作为修身的根本；君子当官应当"行义"，通过行义贯彻自己的主张。第四，倡导"学而优则仕"，鄙视体力劳动。儒门中有人要求学农学圃，被孔子斥为小人。此外，儒家在教育领域多有创造：如教育思想主张"有教无类"、"因材施教"；教学方法倡导"学而时习"、"温故知新"，将学与思相结合。

儒家著作有《易》、《诗》、《书》、《礼》、《春秋》和《论语》等。儒家在孔丘以后，孟子传承并发扬了儒家思想，后来在荀子时又发生了变通和发展。此外，儒家在春秋末至战国时期，渐分许多支派，例如子张之儒、子思之儒、颜氏之儒等，也颇具有代表性。在本篇的阐述中，主要围绕孔子、孟子、荀子的犯罪学学说思想展开，对于具备一定特点的子思也进行了概括的论述。

中国古代犯罪学史上，先秦儒家和法家对犯罪有关问题的探讨，占据着至关重要地位。儒法学派的犯罪学说有很大不同，法家的重点和特点是讲惩罚犯罪，讲有罪必罚，且轻罪重罚，坚持重刑主义；儒家则重在事前对犯罪的预防、控制和消弭，强调明德慎罚，反对不教而杀，且相对轻视刑罚的特殊预防作用。应当说，在专制集权制度下，儒家的折中预防和控制犯罪的学说，在实施上的难度使其实现变得更为困难，因此，相较法家的预防犯罪理论，往往因不能取得立竿见影之效，而被弃置不用。但是，就儒家犯罪学学说的理论意义而言，却是充满着更多的人本性和系统性的深邃思想。

44. 孔子及其主要学说

孔子（公元前551—公元前449年），名丘，春秋时期鲁国陬邑昌平乡阙里（今山东曲阜）人。孔子的先祖是殷王室的后裔，殷商灭亡时，受封到宋国成为诸侯，成为公卿之家。至孔子的曾祖孔防叔时，为躲避宋国内部动乱，迁居到鲁国，但从此失去公卿地位，身份从贵族下降为士族。孔子生在鲁国陬邑，父叔梁纥，曾做过陬邑的大夫。孔子三岁时，父亲去世，家道中落，生活降至平民的境地。孔子年轻时，做过料理丧事、为人相礼的工作，也做过替人看管仓库的"委吏"及主管放牧的"乘田"，都是地位很低的小吏，故孔子说"吾少也贱，故能多鄙事"①。孔子"十五而至于学"，系统学习礼、乐、射、御、书、数"六艺"，且学而不厌，遍访老聃、苌弘、师襄等名师，被乡里人称"博学"。三十岁之后，孔子学业有成，开始独立参与政治生活，并秉持"有教无类"的思想，收徒讲学，打破了西周以来"学在官府"的传统，促进了教育的发展和文化的传播。五十岁后，孔子出仕，踏上从政的道路。五年内，他先后在鲁国担任中都宰（中都的长官）、司空（主管工程建筑）、大司寇（主管司法刑狱）、相事（以相礼资格参加当时的国君会议）等官职。五十五岁时，因与当时当政的季桓子政见不合，遂弃官出走，开始了长达十四年的周游列国的生涯。由于政治主张始终不能引起诸侯国的采纳，颠沛不得其志，孔子于六十八岁时重新回到鲁国，除从事教育外，关注夏、商、周三代的文化典籍整理工作。七十三岁时，孔子因病逝世，葬于鲁城北泗水之上。

孔子生活的社会，正处在新旧交替之间，动荡不安，没有秩序。对这种"天下无道"的状况，孔子决心加以改变，将天下无道变为天下有道。从目前的资料看，这个目标是他全部言行的出发点和落脚点，也是他对理想社会的基本构想。他将道德教化视为社会恢复安定的根本途径，倘使百姓能自觉遵守"礼"的规定，社会秩序将会变得井然有序。因此，他提出了"为政以德"的思想。为了实现这一点，他构建出以仁为核心的思想道德体系，倡导"克己复礼为仁"，认为"一日克己复礼，天下归仁焉"②。同时，还提倡孝悌，"其为人也孝悌，而好犯上者，鲜矣；不好犯上而好作乱者，未之有也"，

---

① 《论语·子罕》
② 《论语·颜渊》

也正是为了社会秩序的重构。他重视教育，视教育为实现政治主张的重要手段。《论语·为政》中说："或谓孔子曰：子奚不为政？子曰：《书》云：孝乎惟孝，友于兄弟，施于有政。是亦为政，奚其为为政？"可见，设教授徒，培养实行统治的人才，从而影响政治，也是实行他的政治主张的重要方式。这种政治、道德、教育的三位一体，构成了孔子整个思想体系的主干。

孔子礼治思想的核心部分是"仁"的思想。他继承西周的"礼治"、"明德慎罚"，以及"亲亲"、"尊尊"的宗法等级思想，提倡"德治"，强调"为政以德"，重视道德教化，而对法律及其强制作用则相对轻视。同时，为弥补以往礼治的不足，又纳仁入礼。这种"仁"的思想集中表现在反映孔子及其弟子言行的《论语》之中。孔子对"仁"的含义，阐释颇为宽泛，根据不同场合，面对不同的人，以及请教的不同问题，给出了不同的解答，但贯穿其中的总的精神是爱人，包括爱父母兄妹，爱亲戚朋友，爱国人路人，乃至爱普遍的人。爱的方式，出发点是承认自己和别人是同样的人，从主体的角度讲便是"已欲立而立人，己欲达而达人"①，而从客体方面看便是"己所不欲，勿施于人"②，用孔子的话概括，这就是"忠恕"之道。对于如何实现"仁"，孔子说"能近取譬，可谓仁之方也已"③，即推己及人、将心比心，并且强调主体自觉实践，而不能仅仅有动机和愿望，所谓"为仁由己，而由人乎哉"④，"有能一日用其力于仁矣乎？我未见力不足者"⑤。此外，情感和兴趣对于"仁"的实现亦非常重要，"知之者不如好之者，好之者不如乐

①《论语·雍也》
②《论语·卫灵公》
③《论语·雍也》
④《论语·颜渊》
⑤《论语·里仁》

之者"，自觉性恰以此作为心理基础。

45. 贫而无怨难

获得一定的物质财富，以保障个人的生存，这是出于人的生物本能而对社会提出的要求。当这种生存权受到威胁时，为了物质利益而产生的争夺便会导致犯罪的多发。孔子正是从民众的基本物质需求出发，揭示了犯罪产生的一个原因。"贫而无怨难"①，即是说在贫穷和饥寒交迫的生活状况之下，想要使民众没有怨恨是不太可能的。"好勇疾贫，乱也。"当民众对极端的贫困难以忍受时，为了生存而争夺社会资源，甚至实施群起为盗、以身试法行为的几率便会大大增加，社会则难免会因此而发生动乱。对于贫穷与犯罪的关系，孔子的言论中给出了进一步的说明：首先，贫困难以民安，容易导致犯罪。民富便重家安乡，重家安乡则敬上畏罪，敬上畏罪便不易生乱，不易生乱则社会稳定。相反，民贫则轻家危乡，轻家危乡则凌上犯禁，凌上犯禁则祸乱丛生，祸乱丛生则难以统治。其次，贫穷不仅加剧了民众对于统治者的怨恨，而且，为了求得生存保全性命，更易轻视礼义廉耻、仁义道德，甚至不得不以身试法，从事危害社会的违法犯罪行为。因此，孔子认为，要防止犯罪滋生，维持社会安定，首先需要关注民众的现实生存问题。孔子的这一观点揭示出物质基础对于民众遵守礼法的重要决定作用，为统治者的施政指明了方向，也为预防和惩治犯罪提供了重要的路径。贫穷致乱的思想为儒家学派所传承，对此，孟、荀等儒家传承者也多有论述。例如，孟子说："今也制民之产，仰不足以事父母，俯不足以畜妻子；乐岁终身苦，凶年不

---

① 《论语·泰伯》

免死亡，此惟救死而恐不瞻，奚暇治礼义哉"①，即是强调保障生存的重要性。荀子也说："欲多而物寡，寡则必争矣"②，则揭示出生存欲望与物质缺乏之间的紧张关系是导致争斗、动乱的原因。西汉时，董仲舒对此也有明确的阐释："孔子曰：'不患贫而患不均'，故有所积重则有所空虚矣。大富则骄，大贫则忧。忧则为盗，骄则为暴，此众人之情也。"③

46. 礼崩乐坏

孔子认为"礼崩乐坏"是罪产生的主要社会原因。春秋战国时期，礼崩乐坏，王室衰微，诸侯争霸，战火连绵。针对这种动荡的社会状况，孔子概括道："天下有道，则礼乐征伐自天子出；天下无道，则礼乐征伐自诸侯出。自诸侯出，盖十世希不失矣；自大夫出，五世希不失矣；陪臣执国命，三世希不失矣。天下有道，则政不在大夫；天下有道，则庶人不议。"④孔子追求是天子发号施令，统领全国，"君使臣以礼，臣事君以忠"，尊卑有序，各司其位的社会秩序。而当时诸侯争霸的社会环境，显然给这种曾经存在过的社会秩序造成了极大的破坏，不仅"君无礼"，而且"臣无忠"，是故，孔子认为，既然在这种社会环境下不能依"礼"建立划一的秩序，那么贼盗等祸患便更容易借此发生和发展，社会也会就此陷入混乱之中。正是在这种认识的支配下，孔子当时在看到季氏在庭奏八佾之乐、演八佾之舞时甚为不齿，发出"八佾舞

---

①《孟子·梁惠王上》

②《荀子·富国》

③（汉）董仲舒：《春秋繁露》卷八《度制第二十七》

④《论语·季氏》

于庭，是可忍也，孰不可忍也"的感慨。① 他认为，士大夫不仅僭越了诸侯的六佾之舞，而且敢与天子同用八佾之舞，实在是大逆不道，欺君犯上的大罪。由此，孔子推出礼崩乐坏的混乱社会中，犯罪的随意性和多发性。此外，孝也是礼的内容之一，其存在也使社会秩序得以维持，"其为人也孝悌，而好犯上作乱者，鲜矣；不好犯上而好作乱者，未之有也"，即人人以孝为先，就不会干不孝不友的勾当，就不会不顾及亲友而以身试法。总之，社会只有构建在以君、父为核心要素的"君君，臣臣，父父，子子"② 的统一秩序上，才能保持稳定，否则，则难免出现孟子所说的"世衰道微，邪说暴行有作，臣弑其君者有之，子弑其父者有之"③ 的混乱社会。因此，礼崩乐坏的社会环境，为犯罪的滋生提供了土壤。

47. 身之私欲

孔子说："性相近也，习相远也"。④ 作为中国儒学的创立者，早在春秋时期，他便在人性问题上提出了两个最基本的命题：第一，人性是存在的，而且人的本性基本相同；第二，人的先天本性并非不可改变，而是随着后天的"习"而有所变化。这种人性的观点初步奠定了中国传统人性论的范式，"以后各个时代的哲人差不多均是在'自然之性'与'后天之习'两极之间保持着合理的张力"⑤。"首先，人之生也直"⑥、"天生德于予"⑦，孔子认为直

① 《论语·八佾》
② 《论语·颜渊》
③ 《孟子·滕文公下》
④ 《论语·阳货》
⑤ 涂可国：《社会哲学》，山东人民出版社 2001 年版，第 82 页。
⑥ 《论语·雍也》
⑦ 《论语·述而》

率、正直等品性是人的本性之一。从这一点来看，不难发现孔子在人性本源方面是有"性本善"的成分的。其次，后天的"习"对人的思想和行为有重大的影响，孔子在"礼"学中强调"礼"、"法"等外在规范的运用，以引导人类自身的行为，维护社会秩序。"由于礼是适应人类社会共同生活而建立起来的，符合人类社会生存、发展需要的外在之'善'，因而孔子之'礼'在逻辑上蕴涵着可推导出人性恶的内涵，从而使得孔子的人性学说可以阐释为'性恶论'"①。就这一点而言，荀子对于孔子的继承实际上是更为直接的。

从个体层面上看，"礼"是个体理性行为之体现，是对人的情感、个性、行为的调整和约束。因此，为了实现个体的修养完善，孔子非常讲求"克己复礼"，一切行为以"礼"为标准，要求做到"非礼勿视，非礼勿听，非礼勿言，非礼勿动"②。宋儒朱熹曾对"克己复礼"作出了解释，他说："克，胜也。己，谓身之私欲也。复，反也。礼，天理之节文也"③。其中，"身之私欲"，即是指人的自私自利的行为，需要通过"礼"的规范、约束，从而引向正确的、善的方向。由此，在逻辑上似乎可推导出人性恶的内涵，即人在后天中，因为社会环境的不同，人本性中的动物性私欲便容易表现出来，进而出现懦弱、盲动、尖刻、劳倦等多种弊病。这些私欲正是导致犯罪的最基本的原因之一。孔子认为，统治者的贪"欲"，以及民众的无"义"，是犯罪发生在人性方面的原因。

孔子以仁释人，将仁视为人所追求的最高德性，但他并不反对人对于利的追求，只是强调不可过分，要有节制。在节制的前

---

① 王琦、李生龙："善乎？恶乎？——论孔子人性论所蕴涵的两极趋向"，载《湖南师范大学社会科学学报》2007年第3期，第121页。

②《论语·颜渊篇》

③（宋）朱熹：《四书集注》卷二《为政》。

提下，求利之欲望便是善的，反之，超越节制的界限，则会将本性中善的东西，引向恶的深渊。就此，孔子提出"见利思义"的主张，认为"义"的要求便是节制的具体表现，而"君子以义为质"、"君子义以为上"更是强调了高尚的人尤其要遵从"义"的约束。在孔子看来，"义"是人类在生存和发展中逐渐总结和概括出来的道德原则，是历史经验的总结，也是文化的积淀，对人类以及人类社会的发展具有积极地促进作用。因此，对于"义"所允许的正常求利行为，应当予以提倡。但是，如果是不符合"义"的蝇头小利，则应当虽有利而不取。孔子曾说，"不义而富且贵，于我如浮云"[1]，"富与贵，是人之所欲也，不以其道得之，不处也。贫与贱，是人之所恶也，不以其道得之，不去也"[2]。他并不鄙视和摒弃求利的天性，但强调高尚的人应当注重内在价值的实现，而不应该将获取财富作为最高的追求目标。无论是对于统治者，还是对于君子和平民，过分的求利将会泯灭人本身的善性，对国家和社会带来破坏。

孔子说："苟子之不欲，虽赏之不窃"。[3] 当时，鲁国的执政者季康子，因国内盗贼众多，无法应对，故问政于孔子。孔子劝告季康子说，如果他做到不贪得无厌、横征暴敛，就算是奖励人们去偷盗，人们都不会去。孔子认为，贼盗犯罪多发，就是统治者在贪欲的指导下逼迫民众的结果。只要统治者控制欲望，不去横征暴敛、压迫民众，民众便不会主动实施诸如贼盗一般的犯罪。"其身正，不令而行；其身不正，虽令不从"[4]，"政者，正也。子帅以正，

---

① 《论语·述而》
② 《论语·里仁》
③ 《论语·颜渊》
④ 《论语·季氏》

孰敢不正？"①只要统治者充分发挥自身的榜样作用，正洁修身，民众便都会欣然效仿，有谁还会去犯罪呢？统治者的清心寡欲，以身作则，就算是没有发布法令，臣下和民众也会跟着行动起来。而实施苛政，不顾民生，则就算是发布了非常严厉的法令，民众也不会甘心服从。孔子深刻地认识到"苛政猛于虎"②，统治者残暴压迫民众的结果将会使富者更富有，贫者更贫困，必然导致贫富差距进一步加大，进而造成更严重的两极分化和社会对立。当食不足以果腹，衣不足以蔽体之时，贫苦百姓便会为谋生计而变乱，轻则为盗，重则反叛。西汉董仲舒将此归责于统治者的多欲多取，"今世弃其度制，而各从其欲。欲无所穷，而欲得自恣，其势无极。大人病不足于上，而小民羸瘠于下。则富者愈贪利，而不肯为义，贫者日犯禁，而不可得止。是世之所以难治也。"③

　　民众的"义"的缺失，也是犯罪发生的本性原因之一。孔子的学生子路问孔子"君子尚勇乎？"孔子说："君子义以为上。君子有勇而无义为乱，小人有勇而无义为盗。"④孔子将"义"的缺失作为引起犯罪的本性方面的又一个原因，认为"君子喻于义，小人喻于利"，君子重义而小人重利，但如果君子和小人均时刻考虑自身利益的最大化，就会造成别人对自己的怨恨，"放于利而行，则多怨"⑤，这种怨恨越积越多，便会成为谋危社会的动因。孔子所谓的义，是舍弃小我、追逐大我的公正价值追求。孟子对于"义"解释道："仁，人心也；义，人路也。"⑥这种看法与孔子类似，均是

①《论语·子路》

②《礼记·檀弓下》

③（汉）董仲舒：《春秋繁露》卷八《度制第二十七》

④《论语·阳货》

⑤《论语·里仁》

⑥《孟子·告子上》

指怀有"爱人"之心，为公忘私，我为天下之大道，即所谓对"大道之行也，天下为公"①这一价值的追求。"苟治于仁者，无恶也"②，如果失去道义上的追求，孔孟认为便会使人本性中善的东西更容易受到外在社会环境的影响，将其引向罪恶，使得君子为贼，小人为盗。

48. 德礼并济，使民知耻

《论语·子路》中记载："子适卫，冉有仆。子曰：'庶矣哉！'冉有曰：'既庶矣，又何加焉？'曰：'富之'。曰：'既富之又何加焉？'曰：'教之'。"可见，首先，孔子发现了民众的物质基础匮乏与犯罪之间的关系，认为"治国常富，乱国常贫"，因此善治国者必须先使民富裕，然后达到国家的善治，即所谓"富民"。其次，孔子的仁学人性论认为"性相近也，习相远也"，即没有天生的圣人和罪犯，犯罪与人性之间并无必然的因果关系。所有人的"性"都大体相同，没有本质的差别，然而，后天的"习"性，则受到环境、家庭、教育、习俗、传统，以及个人的勤奋与否、努力程度等方面的影响，而具有较大的差异性。因此，后天各种因素的影响，是实施犯罪行为的习性产生的原因，而绝不是人的先天本性使然。因此，孔子认为，只要采取正确的引导，制定适宜的政策，犯罪便是完全可以预防的，故主张"教民"。

首先，德礼并济，使民知耻，主动革除犯罪心理。"道之以德，齐之以礼"是孔子"仁"治思想中的基本观点，所谓"道之以政，

①《礼记·礼运》
②（宋）朱熹：《四书集注》卷四《里仁》。

齐之以刑，民免而无耻；道之以德，齐之以礼，有耻且格”①。这里的“道之以政”即是“导之以政”，孔子反对独任政刑，注重用道德教化启发民众自觉性，以减少犯罪的发生。孔子认为，如果以强权治理国家，以刑罚威慑民众，则人民虽然表面上达到了安分守己，实际上，并不能根除他们想要犯罪的心，因此，虽然暂时不违法，但是由于他们不会意识到犯罪是耻辱的，犯罪的可能性并不能降低。相反，以仁政来感化民众，以礼义之法度引导人们产生礼仁之心，使人民意识到犯罪的可耻性，便会从根本上规范自己的行为，以致随时自觉格除不良的习惯和丑恶的心理。因此，孔子不但把德化、礼仪放在首位，认为是较政令、刑罚更为优越的统治方法。“道之以德”包括两方面的内容：一是统治者必须推行德政，以仁爱之举得到百姓的拥护，即所谓“为政以德，譬如北辰，居其所，而众星共之”。二是通过统治者的德政，树立道德榜样，启发民众的心理自觉。“齐之以礼”也包括两个方面：一是统治者先要模范遵守礼的规定，“上好礼，则民莫敢不敬；上好义，则民莫敢不服；上好信，则民莫敢不用情”。二是所有人均须以礼为标准，规范自身行为，“恭而无礼则劳，慎而无礼则葸，勇而无礼则乱，直而无礼则绞”②。这就要求统治者在治国理政时，首先做到以身作则，率先垂范，引导民众向善。其次，要贯彻德主刑辅的原则，优先适用德礼，以导民、放民、教民，启发人们的理性自觉，使其在克己、自律等过程中完善自身人格，达到自重、自爱、自敬的境界，获得心理的平衡，消弭犯罪的念头，其对犯罪的预防作用要远胜于单纯的刑罚惩戒。此外，为约束民众行为，还需要建立有效的道德戒令，以保证民众正洁修身，控制自身情

---

① 《论语·阳货》

② （宋）朱熹：《四书集注》卷八《泰伯》。

绪，从而远离犯罪。例如，要求民众首先孝顺父母，言行不能令父母担忧。孔子说，"一朝之忿，忘其身，以及其亲，非惑与？"①，即是要求民众控制自己的激愤，避免因冲动而给父母、家庭带来苦难。假使每个人都能够在家庭中尽孝道，就能够促进他们在国家中，对于处于国家"家长"地位的统治者尽忠，从而从根本上预防犯罪的发生。此外，道德戒令还有许多，诸如"三戒"——少戒色、壮戒斗、老戒得；"益者三友，损者三友"——前者为友直、友谅、友多闻，后者为便辟、善柔、便佞；"益折三乐，损者三乐"——前为乐节礼乐、乐道人之道、乐多贤友，后为乐骄乐、乐使游、乐宴乐等。这些戒令的实施，对于提高民众的认知和自觉性，预防犯罪起到了重要的阻遏作用。

除了重视德礼教化的措施之外，孔子并不否认刑罚对于犯罪预防的重要作用，而是将刑罚作为德礼的最后一道防线和保障，视为不听从道德教化行为、"出礼"行为，应当受到的惩罚。因此，刑罚也应当被看做是德礼之后，对于犯罪预防起到重要作用的措施。

49．子帅以正，孰敢不正

其次，扶贫助困，率先垂范，消除犯罪的社会诱因。谈到犯罪的诱发因素，孔子曾说"贫而无怨难，富而无骄易"②，"君子固穷，小人穷斯滥矣"③，即民众如果贫穷便难不生怨恨，而小人贫困便会道德低下，进而产生犯罪心理。由此可知，孔子将贫穷视为犯罪

---

① 《论语·颜渊》
② 《论语·为政》
③ 《论语·宪问》

产生的社会诱因之一，认为君子重义轻利，因此，在贫困之时仍能够独善其身，甚至乐在其中，而本来道德就不高尚的人，再受到贫困的侵扰，便容易走上犯罪的道路。此外，"上失其道"也是诱发民众犯罪的重要因素。孔子曾对鲁国执政的季康子说："子帅以正，孰敢不正"①，"其身正，不令而行；其身不正，虽令不从"。可见，孔子把民众的"不正"、"不从"乃至犯罪之因归咎于统治者的"不正"。因此，为了从社会方面消除犯罪的诱因，孔子提出了"政在使民富"的富民主张，认为"百姓足，君孰与不足？百姓不足，君孰与足"②，提醒统治者以民为本，不可竭泽而渔，民富方可消除犯罪的经济之源。此外，孔子认为"上好礼，则民莫敢不敬；上好义，则民莫敢不服；上好信，则民莫敢不用情"③，希望统治者遵守"惠而不费"、"劳而不怨"、"欲而不贪"、"泰而不骄"、"威而不猛"等美德之要求，率先垂范，为世作则。同时，他严厉斥责统治者的不教而杀行为，认为"不教而杀谓之虐"④，而告诫统治者为政应注重道德教化，"先教后诛"，就算是要上升到刑罚制裁，也要宽缓适中。

孔子的犯罪预防思想旨在从社会、道德、礼义、教育等多方面着手，建立一个全面和完善的犯罪事前预防机制，侧重从人的思想和心理方面构筑抑制犯罪的防线。但是，孔子对于预防犯罪的理想主义特点，把刑罚只是作为教化的辅助手段，作为德化失效后的最后防线，也造成了其对于法律以及刑罚的忽视，导致更侧重犯罪的一般预防，一定程度上窒息和压抑了刑罚的特殊预防功能。

---

①《论语·卫灵》
②《论语·颜渊》
③《论语·子路》
④《论语·颜渊》

50. 德主刑辅

德主刑辅是孔子法律和犯罪学思想的核心原则。在犯罪的惩治中，具体表现为教化和慎杀。从执政思路的角度看，"德"与"刑"确实是有显著区别的。但在实际执政过程中，二者的关系却并非"非此即彼"、"全有或全无"的，而是"既此又彼"、"同时适用"。因此，区别儒家和法家的关键，并非"德"与"刑"的对立，而是二者地位孰为主，孰为从。按照胡适的话说，就是："儒家的'礼'和后来法家的'法'同是社会国家的一种制裁力，其中却有一些分别。第一，礼偏重积极的规矩，法偏重消极的禁制，礼教人应该做什么，不应该做什么。法教人什么事是不允许做的，做了是要受罚的。第二，违法的有刑罚的处分，违礼的至多不过受'君子'的讥评，社会的笑骂，却不受刑罚的处分。第三，礼与法的施行区域不同'礼不下庶人，刑不上大夫'。礼是为上级社会设的，法是为下等社会设的。"[1] 从现代的研究成果来看，虽然胡适的话不能说完全正确，但至少说明了一点，即"礼"注重道德教化和犯罪预防，而"刑"注重犯罪的惩戒。统治者唯有将二者结合，才是执政的正确之道。

孔子作为儒家学派的代表人物，认为：专以刑罚治民，人民虽可以暂时免于罪罚，但很难产生廉耻之心，用道德教化则会从根本上去除为恶之心。同时，教化不仅可以改变一般民众的思想，引导他们走上正路，而且有助于教育罪犯，使其认识到行为的违法性，从而迷途知返。对于犯罪的惩治，当时存在着"道政齐刑"的政见和作法，具体表现为：统治者以刑杀立威，震慑民众，使其不敢犯法作乱，进而维持稳定的社会秩序。孔子对这种主张提出

---

[1] 胡适：《中国哲学史大纲》，河北教育出版社2001年版，第104页。

了明确的反对，认为"道政齐刑"的作法虽然暂时能够降低犯罪率，但是由于其过于强调刑罚的运用，忽略道德教化，因不能使民众意识到犯罪可耻，也就很难主动地消除犯罪的主观心理，反而不能够防止犯罪的再次发生。因此，孔子主张"道德齐礼"，重视道德教化，反对一味迷信政刑。当然，当教化的方法不能够达到消灭犯罪的目的时，刑罚就成为了预防犯罪所不得不采取的措施。但孔子认为，刑罚的实施要讲求特定的原则，进行谨慎的定罪和适当的量刑，做到"刑罚中"。

"刑中"即罚当其罪，作为一项刑罚原则，在我国出现的很早。《尚书·立政》中说"兹式有慎，以列用中罚"，其中的"中罚"即为不轻不重的惩罚。《吕刑》中也有"士制百姓于刑之中"、"明启刑书胥占，咸庶中正"等说法，其均体现的是公正中直、不偏不倚、不枉不纵等内涵。孔子说："礼乐不兴，则刑罚不中；刑罚不中，则民无所措手足。"[①] 这是对"刑中"思想的新的阐释，也是其中庸主张指导政刑得出的结论。其一方面是要求刑罚以德礼为指导，另一方面则反对严刑酷法，主张施行宽平公正之刑。在犯罪的惩治方面，由于当时社会刑罚严酷，所以孔子将"宽"誉为"五德"之一，告诫为上者"宽则得众"[②]、"公则说"[③]，提倡"宽惠公平"，反对滥施刑罚。在此原则下，孔子主张"赦小过"[④]，即对于小的过错和失误，"赦之，则刑不滥而人心悦矣"。然而，对于严重的犯罪，则认为"于事或有所害，不得不惩"[⑤]。在解决如何惩处问题时，孔子提出了"宽猛相济"的刑罚主张。他认为"治国以宽，久之则

①《论语·子路》

②《论语·阳货》

③《论语·尧曰》

④《论语·子路》

⑤（宋）朱熹：《四书集注》卷十三《子路》。

民生怠慢之心，故须以猛纠之；治国以猛，久之则民不胜其苦，故须以宽纠之"，"宽以济猛，猛以济宽，政是以和。"①值得注意的是，孔子虽然不否认"猛政"实施的必要性，但是，在道德教化作用远胜于刑罚的思想下，他仍然将主要目光投放于"宽"之上，而对待刑罚，则视"威而不猛"②为佳。

51. 伦理屈法

从孔子的言行可以看出，他在犯罪的认定和惩处上，注重对罪犯的主观心态和道德品质的考察，更多地以此作为是否有罪和承担刑罚的标准，具体表现为：以犯罪者的动机是否合乎伦理道德作为判断罪与非罪、是否处罚的标准。如果不符合伦理道德的要求则必须严惩，而如果符合，则虽犯法也可轻论。这一犯罪惩治原则从道德至上的立场出发，过分强调了犯罪者的主观动机，忽视犯罪客观事实及其社会危害性，具有明显的以伦理屈法的特征。

儒家的伦理以"五伦"为核心，重视"正名"；以家族主义为本位，强调"忠"、"孝"之道；以等差为基础，主张"贵贱有等，长幼有序"，"别贵贱"。不管是孔子的"仁"，还是孟子的"仁政"，抑或是荀子的"隆礼"，都是以血缘共同体为载体的宗法家族主义世俗伦理。他们的犯罪学说，也均是建构在这一伦理观的基础上，因此，对是否犯罪及如何处罚等法律问题的判断，也会自然以之为尺度，即一切违反伦理价值的举动，都是道德上的恶，从而成为法律上的罪。在孔子的犯罪惩治主张中，原心定罪主要表现在"父子相隐"不为罪，支持血亲复仇等方面。

---

①《左传》昭公二十年
②《论语·述而》

孔子主张"父子相隐"不为罪，即是以伦理道德作为是否违反了法律，构成犯罪的标准。孔子说："父为子隐，子为父隐。直在其中矣。"①孔子认为，父子相隐是孝，符合伦理道德，应当予以提倡，而不应当认定为犯罪。相反，如果父或子犯了罪，不相为隐的一方，不仅应当受到道德的谴责，而且应当用法律去惩罚。这种观点是典型的以礼率法、伦理屈法。值得注意的是，虽然孔子提倡"相隐"，但不是不分情况的对一切犯罪适用。例如，《左传》中记载叔向的异母弟叔鱼枉法裁判，叔向认为叔鱼的作法是"贪以败官"，应当处死。对此大义灭亲的举动，主张"相为隐"的孔子却表示了支持，赞扬了叔向这种"治国制刑，不隐于亲"的做法。②从表面上看，这种"不隐于亲"的态度似乎和"父子相隐"的理论相冲突，而实际上，二者恰恰互补，各司其职。"父子相隐"有一定的限度，仅可适用于侵犯小义的小罪过，相隐的结果不仅无害于统治秩序，而且有助于家庭的巩固。而对于危害国家、国法、君主等侵犯大义的犯罪，孔子认为其大逆不道，绝不可"相隐"，应当"大义灭亲"。这是站在国家整体秩序的角度，用道德伦理对犯罪行为的重新定位和评判。应当说，此时认定犯罪及作出处罚的标准仍然不是社会危害性，而是按照侵犯儒家伦理价值的高低而或重或轻。这种原伦理而治罪的思想深刻影响到了以后的历代王朝。在王朝的法典中，均适度继承了相隐的主张，而在确定"同居有罪相为隐"的同时，将"谋反"、"谋大逆"等严重犯罪排除在外。

对于复仇的看法是孔子以伦理屈法的另一代表性主张。《礼记·曲礼上》说："父之仇也，弗与共戴天。兄弟之仇，不反兵。

①《论语·子路》
②《左传》昭公十四年

交游之仇，不同国。"孔颖达疏云，"父是子之天，彼杀己之父，是杀己之天，故必报杀之，不可与共处于天下也"。《礼记》又载，"居父母仇"要"寝苫、枕干、不仕、弗与共天下也；遇诸市朝，不反兵而斗"①，即要辞职不做官，终日不忘复仇，誓不与仇人活在一个世上，身上经常带着武器，随时在任何场合杀死仇人。由此不难看出，孔子将孝放在头等重要的位置，作为判断罪与非罪的标准，即虽然属于故意杀人的行为，但只要是满足血亲复仇的条件，则被视为正当。

52. 孟子及其主要学说

孟子，名轲，东周邹国（现今山东邹县）人，大约生于公元前372年，卒于公元前289年，享年84岁。相传孟子为鲁国姬姓贵族孟孙氏的后裔。孟子之父名激，母亲为仉氏，在其父亲一代，已经家道中落。孟子早年丧父，成长得益于母亲的正确教导。孟子"受业子思之门人"，尊崇孔子的儒家思想，并以学习、继承和发扬孔子的学术思想、道德品格为己任，称"乃所愿，则学孔子也"②，立志做孔学的传人。孟子的思想与孔子、子思等一脉相承，历史上习惯将孔子、孟子思想合称为"孔孟之学"。

孟子生活在战国中期，这是中国社会形态的剧变时期，政治、经济、社会及文化各方面都发生了巨大的变化，诸侯之间征战不休，周天子名存实亡。刘向说，就是"道德大废，上下失序，至秦孝公捐礼让而贵战争，弃礼义而用诈谲，苟以取强而已矣。"③赵

---

① 《礼记·檀弓上》
② 《孟子·离娄下》
③ （汉）刘向：《战国策》序

岐在《孟子题辞》中说：周衰之末，战国纵横，用兵争强，以相侵夺，当世取士，务先权谋，以为上贤。先王大道，陵迟隳废，异端并起，若杨朱、墨翟放荡之言，以干时惑众者非一。对于连年的战争，孟子关心民众的疾苦，反对以穷兵黩武的方式称霸，竭力主张天下统一和安定。孟子对"霸道"的权术深恶痛绝，将其斥为"民贼"，"今之事君者皆曰：'我能为君辟土地，充府库。'今之所谓良臣，古之所谓民贼也"，"'我能为君约与国，战必克。'今之所谓良臣，古之所谓民贼也。"[①]孟子主张"王道"政治，建议统治者轻徭薄赋，约法省刑，藏富于民，养民教民，行"仁政"而统一天下。综观孟子一生所作，不外是昌明仁义学说和推行仁政王道两件事。他生于忧患之中，但却在此间成就了自己的学术和人格。

孟子继承了孔子的思想。在此之上，他加入了自己对儒的理解，对儒家思想有所发展，因此，被后世尊称为亚圣。孔子的思想主要有仁、礼、人三个方面，孟子实际上主要继承和发展了关于仁和人的思想，较少谈到礼。孟子将孔子的"仁学"发展为"仁政"学说，并把仁提高到人性的高度，用人性论来论证他的政治论、法律论。孟子提倡仁政，并十分重视贤人在治理国家中的作用，但在君、臣、民的关系上，却比孔子走得更远：首先，他赋予了臣子更多的独立的人格和独特的政治地位；其次，提出了当时堪称绝唱"民贵君轻"的民本思想。

孟子曾游历于齐、晋、宋、薛、滕、鲁等诸国，希望追随孔子推行自己的政治主张，前后历时二十多年，且曾一度成为齐宣王的客卿。但当时各诸侯国正忙于合纵连横的兼并战争，孟子的仁政学说被认为是"迂远而阔于事情"，故没有国君愿意采纳他的

---

①《孟子·告子下》

建议。最后孟子退而讲学著书，并和学生一起，"序《诗》、《书》，仲尼之意，作《孟子》七篇"。

53．无恒产

春秋战国时期，社会矛盾极其尖锐，人民生活悲惨，用孟子的话说，就是"庖有肥肉，厩有肥马，民有饥色，野有饿莩"。凶年饥岁，"老幼转乎沟壑，壮者散而之四方"①。剧烈的社会矛盾，导致了违法犯罪行为多发，严重破坏了社会的秩序稳定。面对此种局面，先秦各家学派纷纷提出了自己的治世良方。法家主张实施严刑峻罚，使民畏惧法律，不敢犯罪。这种策略虽然能够暂时抑制社会矛盾的爆发，但不具有长久性。当矛盾积累到一定程度，单纯的严刑峻罚反而会激发出具有更大毁灭性的灾难。道家提出无为而治，但在预防、惩治犯罪方面却显得过于消沉。墨家主张兼爱，在此情况下，则无异于空谈。孟子前的政治家管子提出"仓廪实而知礼节，衣食足而知荣辱"，提到了物质条件对维护社会秩序的重要性。孔子则进一步提出了"富民"、"教民"思想。孟子发挥了孔子的思想，认为欲预防犯罪，首先必须"养民"。

孟子看到民众对物质资料的依赖性，结合违法犯罪的性质来分析，认为民无恒产是引发犯罪的重要社会原因。孟子认为"有恒产者有恒心，无恒产者无恒心"②，一旦没有恒心，民众则会更多地激发自然本性，以利己为原则，实施不正当的行为。在当时的条件下，恒产主要是土地。春秋战国时期，正发生着社会关系的重大变革。井田制发生动摇，生产力和生产关系均在发生巨大的

①《孟子·梁惠王上》
②《孟子·滕文公上》

变化。在奴隶制生产关系下，奴隶是土地的附着物，是作为生产资料存在的，奴隶主在转让土地等生产资料时便同时转让了奴隶本身。在向封建制生产关系转变后，土地上劳作的主体由奴隶换成了农民。此时，土地的流转不再是人随地走，随即出现了土地和农民相分离的现象，失地农民的问题便由此产生。农民离开了土地，也就失去了生存最根本的依赖。这种情况下，再让这些农民遵守礼法的规定，是不可能实现的。衣食无着，也就无从顾上礼义廉耻，包括犯罪在内的邪辟之事便随之发生。

54. 上下交征利

孟子见梁惠王。梁惠王开口便问："叟不远千里而来，亦将有以利吾国也？"孟子对曰："王何必曰利？亦有仁义而已矣。王曰：'何以利吾国'，大夫曰：'何以利吾家'，士庶人曰：'何以利吾身'，上下交征利而国危矣。"[①] 从这段论述不难看出，孟子将以下犯上、以卑犯尊、以小乱大等行为发生的原因归于国家上下对利益的无限追逐。

孟子认为，"利"在人们之间制造嫉妒与仇恨，是将人分裂开来的力量，它让一些人"存在"而另一些人失去"存在"。如果上下民众追逐私利的欲望总是不能得到满足，则会导致相互争夺、陷害、杀戮，形成危害社会秩序的犯罪。经常发生这样的情况，国家、社会就必将走向分裂。所以孟子说："万乘之国弑其君者，必千乘之家；千乘之国弑其君者，必百乘之家。"[②] 就算是尚未形成实质的具有如上般重大损害的犯罪行为，如果财富、名利等欲望

---

① 《孟子·梁惠王上》
② 《孟子·梁惠王上》

充斥整个社会的价值取向，也会滋生犯罪，对社会秩序造成严重的破坏。

55.无礼义，则上下乱

孔子对于人性善恶的阐述并不清晰，而孟子却明确标举了人性本善论，成为了性善论的代表人物。"孟子道性善，言必称尧舜"①，他认为"人之所以异于禽兽者几希"②，人和禽兽的差别主要就在于人性本善，具体则表现为人有"四心"、"四端"。孟子说："恻隐之心，人皆有之；羞恶之心，人皆有之；恭敬之心，人皆有之；是非之心，人皆有之。恻隐之心，仁也；羞恶之心，义也；恭敬之心，礼也；是非之心，智也。"③孟子将恻隐、羞恶、恭敬、是非之心视为仁、义、礼、智"四端"，认为这是人性所固有，并非外界强加于人心，人们只要扩充这四端而及于他人，及于社会，就是实现了善。

在逻辑上，孟子据人之口、耳、目等生理器官的相同性，推导出天下人之心也具有相同的嗜好。"口之于味也，有同嗜焉；耳之于声也，有同听焉；目之于色也，有同美焉。至于心，独无所同然乎？心之所同然者何也？谓理也、义也。圣人先得我心之所同然耳。故理、义之悦我心，犹刍豢之悦我口。"④天下人心与口、耳、目一样，有相同的嗜好，均是以仁义礼智为核心的礼义为悦，而"人心好礼义"则恰表明其具有向善的本能，即人性本善。进而，孟子谈到了人与动物的差别，将所有没有"四心"的事物均视为

①《孟子·滕文公上》
②《孟子·离娄上》
③《孟子·告子上》
④《孟子·告子上》

"非人"，"无恻隐之心，非人也。无羞恶之心，非人也。无辞让之心，非人也。无是非之心，非人也。"① 在此，孟子将四体、形色等自然属性排除在了人性之外，着重关注人性的社会属性——仁义礼智。

孟子认为，口、耳、目的追求是属于欲望追求，对仁义礼智的追求则属于道德追求，前者更突出的表现为对外在事物的追求，后者则强调内在追求。孟子说："口之于味也，目之于色也，耳之于声也，鼻之于臭也，四肢之于安佚也，性也，有命焉，君子不谓性也。仁之于父子也，义之于君臣也，礼之于宾主也，知之于贤者也，圣人之于天道也，命也，有性焉，君子不谓命也。"② 欲望追求受外在必然性即命的制约，得到与得不到完全由外在力量决定，虽然也是人的属性，但由于受命的制约，不能称作人性。对仁、义、礼、智的追求，虽也受到命的制约，但得到与得不到却由自己决定，故不能称其为命，而应称其为性，而这些善的品德，只要自己自觉去追求，就可以得到，不自觉则会丢失。孟子又提到了良知、良能等善性，他说："人之所不学而能者，其良能也；所不虑而知者，其良知也。孩提之童无不知爱其亲者，及其长也，无不知敬其兄也。亲亲，仁也；敬长，义也；无他，达之天下也。"③此处的良知、良能，即是天赋的知和能，因为与生俱来，所以不虑而知，不学而能。孟子认为仁、义也是这样的良知良能，是人心所具有的天赋的善性。归根结底，所有的善性的基础在于人心，所以"仁义礼智根于心"④。

孟子由此推出，后天的社会影响，以及人的个人努力不同，仁义礼智等固有伦理原则便会出现"庶民去之，君子有之"的结果。

①《孟子·公孙丑上》
②《孟子·尽心下》
③《孟子·尽心上》
④《孟子·尽心上》

良知良能虽是人人天然而有，不由学得，但也容易为世俗恶习所染，以致变为不知不能，故须实施伦理教育，启发良知良能。为避免受到社会影响而变为"自贼者"和"贼君者"，实施不善之举，孟子认为"四心"必须面面俱到。为帮助民众达到这一要求，就必须靠实施教化。《孟子·滕文公》有言："人之有道也，饮食暖衣，逸居而无教，则近于禽兽。圣人有忧之，使契为司徒，教以人伦：父子有亲，君臣有义，夫妇有别，长幼有序，朋友有信。"孟子指出，人如果只知道衣食住行等欲望的满足，而不去教化民众，那么人则与禽兽类似。只有教人以人伦，才能使人们懂得遵循父子之道，君臣之道，夫妇之道，长幼之道，朋友之道，才能促进人心向善。相反，如果礼仪秩序得不到发扬、推崇和实施，人们将回归到原始的自然属性，造成社会无序，自相为恶，造成"仁义充塞，则率兽食人，人将相"①的恶果。

因此，孟子将礼义的缺失视作激发民众自然本性，进而为乱社会、实施犯罪的重要原因。仁义之心的缺失，将导致"遗其亲"、"后其君"。"未有仁而遗其亲者"，"未有义而后其君者"，而礼义的缺失却能够导致此类结果，"无礼义，则天下乱"②，一旦礼义不复存在，便必然导致社会陷入上下失位、尊卑无序、秩序混乱的窘迫境地。

56. 制民之产

战国时期，社会经济较前有了较大的发展，中国古代社会专制统治也基本确立。在这种社会条件下，孟子继承了孔子所推崇

---

①《孟子·滕文公下》
②《孟子·尽心下》

的尊礼仪、施仁政等一系列儒家思想，并有侧重地发展了仁学，将"仁"提高到人性的高度，形成了"仁政"的学说思想。孟子从其性善论角度出发，提出了"仁政"、"王道"政治学说，认为"仁政"源于先王的"不忍人之心"，"人皆有不忍人之心，先王有不忍人之心，斯有不忍人之政矣，以不忍人之心，行不忍人之政，治天下可运之掌上"①。仁政的具体表现则是"省刑罚，薄税敛，深耕易耨；壮者以暇日修其孝悌忠信，入以事其父兄，出以事其长上"②，"夫仁政，必自经界始"③，以及"制民之产"等。在犯罪的预防方面，孟子亦坚持"富"、"教"之原则。孟子说，"善政，民畏之；善教，民爱之。善政得民财，善教得民心。"④与孔子不同的是，对于富民、教民的实现方式，孟子在关注社会经济条件变化基础上，提出了更具体的主张。总体上看，孟子的犯罪预防和控制手段总体上可以概括为制民之产、德礼教化两个方面。

孟子敏锐地意识到物质生活条件、客观经济环境与犯罪之间的联系，认定"民无恒产"是社会矛盾尖锐、犯罪现象增多的主要原因之一。孟子认为，"民之为道也，有恒产者有恒心，无恒产者无恒心。苟无恒心，放辟邪侈，无不为已。"⑤由此可知，孟子将"恒心"，即仁义、孝悌等观念看作是维持社会正常秩序的核心，但"恒心"的形成，有赖于"恒产"的存在，如果民众衣食温饱等赖以生存的物质都没有保障，遵守礼义本分的仁爱之心便会缺乏，而包括犯罪在内的辟邪之事，便不可避免地大量发生。孟子说，"圣人治天下，使有菽粟如水火。菽粟如水火，而民焉有不仁

---

①《孟子·公孙丑上》
②《孟子·梁惠王上》
③《孟子·滕文公上》
④《孟子·离娄上》
⑤《孟子·滕文公上》

者乎"①，认为圣人治理天下，使百姓的粮食像水与火一样充足，民众才能变得仁慈，不至多生邪念。应当说，这种认识同管子的"仓廪实则知礼节，衣食足则知荣辱"②的观念是一致的。

制民之产的具体手段则是分配土地、轻徭薄赋。在自然经济为主的农业社会中，土地是农民赖以生存的根本条件，因此，在当时社会条件下，为保障民生，先要给予农民土地。孟子说："五亩之宅，树墙下以桑，匹妇蚕之，则老者足以衣帛矣。五母鸡，二母彘，无失其时，老者足以无失肉矣。百亩之田，匹夫耕之，八口之家足以无饥矣。"③可见，孟子"制民之产"是要使类似"八口之家"的农户，获得和保有诸如"五亩之宅"、"百亩之田"的"恒产"，从而在全国范围内，促成千万户相对稳定的自耕农，进而巩固古代专制社会的经济基础。"制民之产"的方法是"正经界"，即恢复井田制："方里而井，井九百亩，其中为公田。八家皆私百亩，同养公田。公事毕，然后敢治私事，所以别野人也。"孟子十分看重井田制，将百姓失去"恒产"的原因归为井田制被破坏，因而强调："夫仁政，必自经界始"，最终达到"死徙无出乡，乡田同井。出入相友，守望相助，疾病相扶持，则百姓亲睦"④。从犯罪学的角度看，通过这种土地的分配，民众可以据以获得衣食温饱，进而建立和谐的秩序，就避免了因物质资料的匮乏，而导致被迫犯罪，破坏社会和谐的行为发生。

仅靠分配土地，还不足以保证民众有"恒产"，因为君主制定的赋役政策，很可能使民众依靠土地获得的财产难以保有。孟子常常直言不讳地谴责统治者对百姓的掠夺行为。这种行为造成"庖

①《孟子·滕文公上》
②《管子·牧民》
③《孟子·尽心上》
④《孟子·滕文公上》

有肥肉，厩有肥马"，而"民有饥色，野有饿莩"，无异于"率兽而食人也"①。因此，除分配土地外，孟子告诫统治者，应当调整经济政策，实行轻徭薄赋。轻徭役，要求统治者取民有时，爱惜民力，不得随意征发力役。特别是"不违农时"，否则，错过了对农业生产至关重要的节气，可能会使民众颗粒无收，给农业生产带来巨大损害。同时，在灾难之时，应当给受灾户提供必要的救济，做到"春省耕而补不足，秋省敛而助不给"②。薄税敛，要求"取于民有制"③，反对滥征苛捐杂税。针对当时社会的布缕、粟米、力役三种税役，孟子指出，"君子用其一，缓其二。用其二而民有莩，用其三而父子离"④，坚决反对三税并行，主张只用其一，让民众得以维持生存。对于郊野和城市，孟子"请野九一而助，国中什一使自赋"⑤，即郊野施行井田制，用九取其一的助法，国中则用十取其一的税法。在较轻的税赋之下，民众才有可能达到"仰足以事父母，俯足以畜妻子，乐岁终身饱，凶岁不免于死"的生活质量，"黎民不饥不寒，然而不王者，未之有也"⑥，在这种情况下，君主才能够得到万民归附，统治天下。总之，民有恒产是有恒心的基础，也是预防犯罪的重要手段。

57. 德礼教化

制民之产能够使民众有"恒产"，为有"恒心"提供了前提条

---

① 《孟子·梁惠王上》
② 《孟子·梁惠王上》
③ 《孟子·滕文公上》
④ 《孟子·尽心下》
⑤ 《孟子·滕文公上》
⑥ 《孟子·梁惠王上》

件，而有"恒心"又是社会在礼治的轨道中正常前行的保证。但是，孟子在看到"贫年民有饥色"的同时，还发现"富岁，子弟多赖"的情况，因此，意识到"礼节"观念似乎并不能单凭"富"而自知，还必须进行道德教化，从而人们弃恶从善。因此，孟子在主张制民恒产以"富民"的同时，又提出"设为庠序学校以教之"①，"修其孝悌忠信"②，"申之以孝悌之义"③的"教民"思想。"教民"思想的目标是"明人伦"④，即通过"申之以孝悌之义"，达到"颁白者不负戴于道路矣"⑤，"小民亲于下"⑥等实际结果，从根本上改变人们的思想和行为，使之不至犯罪，一心向善。

孟子认为"天下之本在国，国之本在家，家之本在身"⑦，家庭是自然经济和伦理社会的基本单位，因此，德礼教化也应从"家"开始，达到的基本要求则是"孝悌"。家庭的稳定需要一个权威，这个权威就是家长。孟子提倡家庭内部"入以事其父兄"⑧。孝悌就是子弟对父兄的服从，孟子认为，孝乃人伦之首，事亲是一切社会规范的根本，不孝的人就与禽兽无异。孝悌解决"亲其亲"的问题，其教化作用是规范家庭内部秩序，实现长幼有序。然而，从家庭组成的国家角度来看，家庭内部关系与国家秩序密切相关，家庭的规范也与国家社会规范紧密相连，因此，孟子的教化学说，除了表现为"入以事其父兄"的"亲其亲"的目标，还包含"出以事其长上"的"长其长"的要求。"长其长"便是

①《孟子·滕文公上》

②《孟子·梁惠王上》

③《孟子·梁惠王上》

④《孟子·滕文公上》

⑤《孟子·梁惠王上》

⑥《孟子·滕文公上》

⑦《孟子·离娄上》

⑧《孟子·梁惠王上》

孟子所说的"仁义",体现为臣民对君主的服从,并遵守社会等级关系。孟子将社会等级大体分为天子、诸侯、卿大夫、士、庶人几个层次,上下层次之间是统领和臣属的关系,下对上的服从,就是"仁义"。"为人臣者怀仁义以事其君"[①],"人人亲其亲,长其长,则天下平"[②],孟子认为,"孝悌"、"仁义"的教化并行,将会由家到国建立起"父子有亲,君臣有义,夫妇有别,长幼有叙,朋友有信"[③]的稳固等级秩序,民众各有服从的人,其犯罪行为就可以避免或者减少发生。

58. 诛不仁

孔孟极其推崇道德教化的作用,认为德可以去刑,对于已经发生的犯罪,也主张德主刑辅。可见,道德教化虽然是重点,但不管怎样,孔孟并非将其作为惩治犯罪的唯一手段,而是作为刑罚的先行条件。这不仅体现在道德和刑罚的选择过程中,而且刑罚的运用过程也必须遵循先教后杀原则,做到明德慎刑,刑罚适中。孟子说:"徒善不足以为政,徒法不足以自行"[④]。他强调仁义治国,但也不否认法的作用,既反对"上无道揆",也反对"下无法守",主张在实施仁政的同时,必须"明其政刑"。在仁政为先的条件下,孟子的惩治犯罪学说也体现出明显的"德主刑辅"、"省刑慎罚"的特点,具体则表现为"诛不仁"、"不嗜杀人"、"教而后诛"、"生道杀民"等犯罪处罚的原则。

孟子以仁义作为最高的法律价值,作为区分罪与非罪的标

---

①《孟子·告子》
②《孟子·离娄上》
③《孟子·滕文公上》
④《孟子·离娄上》

准，因此，凡是与仁义相违背的行为，都是严重的犯罪行为。据此，孟子确立了一条"先王之法"——"诛不仁"。《孟子·万章上》记载孟子弟子万章的话说："舜流共工于幽州，放驩兜于崇山，杀三苗于三危，殛鲧于羽山，四罪而天下咸服，诛不仁也。"《孟子·告子下》也说："葵丘之会，诸侯束牲载书而不歃血。初命曰，诛不孝，无易树子，无以妾为妻。"这些记载表明，孟子认为诛杀必须以仁、孝等道德规范为原则，对于桀纣之类的，违背先王礼制、不仁不义的暴君，应当坚决以刑罚诛之。因此，商汤征伐暴君的行为，孟子认为，"诛其君而吊其民，若时雨降，民人悦"，是顺天应人的大好事。后来，"齐宣王问曰：'臣弑其君可乎？'曰：'贼仁者谓之贼，贼义者谓之残。残贼之人，谓之一夫。闻诛一夫纣矣，未闻弑君也。'"① 可见，孟子认为，不仁不义之君主实为残贼，人人得而诛之，这样做是不违反仁义的要求的。同时，对于辅助暴君的人，孟子说："善战者服上刑，连诸侯者次之，辟草莱、任土地者次之。"② 他认为，那些"争地以战"、"争城以战"的诸侯、大夫们是"率土地而食人肉"，应当"罪不容于死"③；那些"为君辟土地，充府库"，"为君约与国，战必克"的谋臣武将，正如"民贼"④，分别应当按其不仁不义程度受到相应刑罚处罚。对于社会上的一般民众，孟子则发挥了他的仁政思想，认为对待他们的犯罪行为，应当尽可能地用礼义去教化，绝不能轻言诛杀。《孟子》中提到了"上无礼，下无学，贼民兴，丧无日矣。"⑤ 虽然看到了贼民的危害性，但孟子将产生贼民的原因归责于"上无礼，下无学"，

---

① 《孟子·梁惠王下》
② 《孟子·离娄上》
③ 《孟子·离娄上》
④ 《孟子·告子下》
⑤ 《孟子·离娄上》

即为政者的不仁不义，暴戾恣睢，对民众实施的压迫。因此，从这个角度来看，孟子的"诛不仁"，包括对普通小民的犯罪行为，但主要还是针对为政者的不仁，因此，应当将预防和惩治统治集团、君主、政府、官吏的背弃仁义之举作为惩治犯罪的重点。而对于一般的下层犯罪者，则应进行处罚，处罚之时，还需要注意轻缓的原则。

59. 不嗜杀人

孟子主张"以不忍人之心，行不忍人之政"①，在犯罪的惩治上，要求统治者省刑慎罚，即对待犯罪民众，行不忍人之罚。孟子强调，滥杀无辜和沉重赋役是虐政的两种表现。其中，滥杀无辜不仅是违反仁义的行为，而且无益于控制犯罪。针对当时"今夫天下之人牧，未有不嗜杀人者也"的社会现实，孟子大声疾呼："杀一无罪，非仁也。"②同时，针对当时在秦国变法中实施的族刑、连坐等刑罚原则，他提出"罪人不孥"的主张，认为株连恰是一种滥杀和嗜杀的不仁不义的行为。如果一个国家的君主以之为刑罚原则，那么将失去士大夫的辅助以及民众的支持，即所谓"无罪而杀士，则大夫可以去；无罪而戮民，则士可以徙。"③因此，孟子认为，杀人必须谨慎，须经过仔细调查，并有必要征求国人的意见，才能符合仁政的要求。他说："左右皆曰可杀，勿听；诸侯大夫皆曰可杀，勿听；国人皆曰可杀，然后察之，见可杀焉，然后杀之。故曰：'国人杀之也'。如此，然后可以为民父母。"只有做到了"慎杀"，

①《孟子·公孙丑上》
②《孟子·尽心上》
③《孟子·离娄下》

才能定天下于一统，"如有不嗜杀人者，则天下之民皆引领而望之矣。诚如是也，民归之，犹水之就下，沛然谁能御之？！"①

60．教而后诛

虽然，孟子对贼仁害义的为政者进行斥责，诅咒他们"罪不容于死"，但是，即便真是如此，也不是主张立即将其除以极刑。与孔子一样，孟子主张慎刑，但强调明德这一优先原则，以教化为首选，反对不教而杀。孟子诘问学生万章："子以为有王者作，将比今之诸侯而诛之乎？其教之不改而后诛之乎？夫谓非其有而取之者，盗也。充类至义之尽也。"②孟子在这里阐明，将诸侯的不仁不义，夺民之财的行为斥之为盗，是将这种行为推衍到与盗贼为同类性质这一极恶的程度上来说的，而在实际的刑罚实施中，还是应当先行教化，把握"教之不改而后杀"的原则。也就是说，孟子认为不管是可以视为罪人的君主、诸侯、大夫，还是一般的平民犯罪，在刑事处罚政策中都应首先贯彻"教化为先"的原则。但是，孟子同时又认为并非所有的情况均使用"先教后诛"的原则，对于严重危害人身和财产安全的罪犯，应当立即镇压，否则将造成难以弥补的损害。他引用《尚书·康诰》中的原则加以论证，即"'杀越人于货，闵不畏死，凡民罔弗譈。'是不待教而诛也"③，认为这是"殷受夏，周受殷"，三代沿袭不变的律法，现在也不应该改变。孟子关于犯罪惩治的这一观点，与孔子的"不教而杀谓之虐"④的主张有所不同。从刑事处罚的政策方面来说，部分犯罪

---

① 《孟子·梁惠王下》
② 《孟子·万章下》
③ 《孟子·万章下》
④ 《论语·尧曰》

由于主观恶性极大，且造成了严重的社会恐慌，即便实施教化也很难奏效，考虑到这种特殊情况，孟子以"不教而杀"原则来补充"先教后诛"这一主张的不足，为统治者严惩盗贼提供了更符合实际的理论依据。

61．生道杀民

"生道杀民"也是从"省刑"、"慎刑"的角度出发提出的，是孟子犯罪惩治学说中非常重要的一条原则。孟子曾说，"以生道杀民，虽死不怨杀者"。[1] 他认为，每个未决的死刑犯都有"求生"的权利，如果不加审慎，刑罚一旦执行错误则难以弥补，因此，告诫办案官员杜绝不负责任，草菅人命甚至故入人罪的行为，从人性的角度切实考虑到死刑犯的生存权利。但是，孟子又同时强调，罪人的求生之道是有是无，最终以其行为对民众的生存之道的危害程度为转移，若危害巨大，则为了广大民众的求生，则不得不将罪人处死。此时，处死罪犯应是罪有应得，其本身也没有怨恨。孟子提出"生道杀民"，是因为当时社会存在着"无罪而杀士"、"无罪而戮民"的虐政，而提出这一主张的原因则在于提醒为政者保有一颗仁义之心，在死刑适用时注重保护罪人的生存权，谨慎小心，避免冤假错案。

此外，孟子还以孝悌为依据，对复仇和相隐等具体刑法适用原则予以了肯定。"国之本在家"，孟子突出了"孝"在惩治犯罪中的特定地位。孟子曾说，"吾今而后知杀人亲之重也：杀人之父，人亦杀其父；杀人之兄，人亦杀其兄。然则非自杀之也，一间耳。"[2]

---

①《孟子·尽心上》
②《孟子·尽心下》

他认为，杀害别人亲人具有严重的危害性，杀了人家的父亲，人家也会杀他父亲。杀了人家的哥哥，人家也会杀他哥哥。虽然不是他自己杀了父亲和哥哥，但也只差那么一点点了。在此，孟子虽然是在告诫人们，不要无端地杀人父兄，但从中显然可以看出他对复仇之合理性的认可。复仇的提倡，必然会冲击国家制度本身，其作为国法是难以容忍的，但是从宗法伦理的角度看，父子同体，兄弟手足，因此，子报父仇，弟报兄仇是孝悌的一种具体表现，其存在的价值也不言而喻。孟子对复仇的认可，因为他是以伦理为中心来考虑法律问题的。

对于相隐原则，在犯罪的惩治上，孟子比孔子的"父为子隐，子为父隐"① 原则走的更远。为主张父子相为隐，他甚至假设了一个舜背法匿父的故事。在孟子看来，实施了杀人的行为，就应当按照国法的规定予以严惩，即使舜是天子也不能阻止执法者逮捕自己犯了杀人罪的父亲。但是，按照孝悌的原则，子应当做到不惜一切代价，对父亲加以隐匿、包庇和保护，使其避免刑罚的惩治。为解决孝悌与法律的冲突，孟子为社会提供了一种解决原则：以孝率法，法屈于孝悌，孝成为天下最大的伦理标准。

62. 荀子及其主要学说

荀子名况，战国时赵国猗氏（今运城临猗）人，字卿，西汉时因避汉宣帝刘询讳，且"荀"与"孙"二字古音相通，故改称孙卿。荀子早年游学于齐，曾三次出任齐国"稷下学宫"祭酒（长官），又"最为老师"，对诸子百家的学问有较为全面的了解。约公元前264年，他作为儒家的传人，首先打破了"儒者不人秦"

---

① 《论语·子路》

的成例，应秦昭王聘，西游入秦，称秦国"百姓朴"、"百吏肃然"而近"治之至也"。在考察了秦国的政治、经济、社会之后，对如何治理国家作出了多角度的分析。后来，也曾返回赵国。后为春申君之用，为楚兰陵（今山东兰陵）令。晚年从事教学和著述。

荀子博学深思，思想学说以儒家为本，兼采道、法、墨诸家之长。"他以孔子、仲弓的继承者自居，维护儒家的传统，痛斥子张氏、子夏氏、子游氏之儒为'贱儒'，对子思、孟子一派批评甚烈。"[①] 荀子的政治思想中突出强调孔子的"礼学"，对孔子的思想有所损益，颇有向法家转变的趋势。荀子提出，"礼"是"先王"为调节人们的欲望、避免战乱而制定出来的"度量分界"。"礼"的内容虽然包含"事生"、"送死"、"祭祀"、"师旅"等，其实质不外乎"养"和"制"。他认为，"礼"是衡量一切的最高标准和治国的根本，同时也是至高无上、永恒存在的最高原则，"天地以和，日月以明，四时以序，星辰以行，江河以流，万物以昌，好恶以饰，喜怒以当，以为下则顺，以为上则明，万变而不乱，贰之则丧也，礼岂不至矣哉！"[②]

在谈论人性时，荀子主张"性恶"。这与孟子的"性善"论的观点截然不同。荀子认为，人性是与生俱来的、质朴的一种自然属性，"生而有好利焉"、"生而有疾恶焉"、"生而有耳目之欲、有好声色焉"[③]，即人性具有天然的趋恶倾向。人性的"善"是后天人为形成的，是环境和教化学习的结果。这种先天的"性"与后天的"伪"是一对矛盾，要解决就必须通过"化性起伪"，即学、事而改变"性"。"性"和"伪"又是对立统一的，"无性则伪无所加，

---

① 庞朴主编：《中国儒学》（第二卷），东方出版中心 1997 年版，第 28 页。

②《荀子·礼论》

③《荀子·性恶》

无伪则性不能自美",只有做到"性伪合,然后圣人之名一。"①可见,荀子也是积极主张通过"圣王之教"教育感化民众,从这一点来看,虽然"性恶论"与孟子的"性善论"有较大区别,但二者又是殊途同归的。

荀子晚年著书立说,著有《非十二子》,并不以门派界限拒绝接受别家的学问,而是广泛吸收诸子百家思想的精华。这样,一方面使他的思想与孔孟等儒家前辈有所不同,另一方面,其受之于儒家的思想体系,以及内容却因此而更加丰富。

63. 寡则必争矣

战国后期,"有国者益淫侈,不能尚德,若《大雅》整之于身,施及黎庶矣"②。荀子正是生活于这个时代,当时各诸侯国礼崩乐坏,统治者利欲熏心,开疆辟土,草菅人命,社会稳定每况愈下。当时,统治者倡导在上,无耻之徒效仿于下,人们"譬说譬谕,齐给便利,而不顺礼义","知而险,贼而神,为诈而巧,言无用而辩,辩不惠而察","行辟而坚,饰非而好,玩奸而泽,言辩而逆","知而无法,勇而无惮,察辩而操僻,淫大而用之,好奸而与从",③使得人们的道德日益堕落。在这种情况下,荀子提出了"人性恶"的学说,认为人的本性有趋恶倾向,如果不加外在节制,肆意放纵,必定会引起纷争,从而破坏社会的安定和秩序。

在分析了造成纷争的原因后,荀子果断地指出,欲望太多并不能直接引发纷争。"欲多"出于人性恶,但是"欲多"只有加上

---

①《荀子·礼论》
②《史记》卷十四《孟子列传》,中华书局,第2344页。
③《荀子·非十二子》

"物寡"的条件，才会有争斗，才会引起犯罪。荀子说："欲恶同物，欲多而物寡，寡则必争矣。"[①] 可见，荀子也开始研究犯罪的经济和物质方面的原因。与孔孟不同的是，孔子和孟子所分析的犯罪经济原因主要是指庶民的生活穷困，荀子则对主体的范围并未给予限定，"穷人'物寡'，富人何尝不能以为自己'物寡'。有个人的'物寡'，也有社会的'物寡'"。[②] 主观的认知成为犯罪为祸的内在动力。

荀子在指出了犯罪的经济原因后，并未停止对这个问题的探索，而是进一步考察了造成"物寡"的原因。他说："凡人之盗也，必以有为，不以备不足，则以重有余也。"[③] 人之所以盗窃财物，必定有所目的，不是为了补充自己不足，就是为了得到更多。实际上，在这里荀子将受剥夺者的"备不足"与剥夺者的"重有余"同样视为是欲望作出了"物寡"的判断后，支配行为进行的利益上的追逐。然而，对于物寡原因的进一步追问后，荀子却得出了"为上不正"是造成物寡进而导致犯罪的主要原因。荀子接着说："而圣王之生民也，皆使当厚优犹不知足，而不得以有余过度。故盗不窃，贼不刺，狗豕吐菽粟，而农贾皆能以货财让。风俗之美，男女自不取于涂，而百姓羞拾遗。故孔子曰：'天下有道，盗其先变乎！'"他指出，圣王养育民众，是要使他们都富足宽裕起来而又懂得满足，并通过道德教化使其不贪恋多余的财物。只有做到这些，才不会有贼偷东西，强盗谋财害命等犯罪行为，社会风气也会变得更好，以致农夫、商人等都能把财物主动让给别人。而如果君主不按照法制发布政令，臣民也就不会按照法度办事，则

---

① 《孟子·富国》

② 俞荣根：《儒家法思想通论》，广西人民出版社 1998 年版，第 453 页。

③ 《荀子·正论》

有才智的人不能参与谋划国事，有能力的人不能从事国家管理，有德行的人不能居于支配者的地位。"夫乱今然后反是：上以无法使，下以无度行，知者不得虑，能者不得治，贤者不得使。若是，则上失天性，下失地利，中失人和；故百事废，财物诎，而祸乱起。王公则病不足于上，庶人则冻奸赢瘠于下；于是焉桀、纣群居，而盗贼击夺以危上矣。"① 如果真的是达到了这样的局面的话，结果必然是失去天时、地利、人和，以致什么事都办不成，造成社会物资紧缺，人们相互争夺"而祸乱起"，天子诸侯仍不满足于自己享受的奢华，而老百姓在下面受冻挨饿疲弱消瘦，挣扎在水深火热之中。

64. 上以无法使，下以无度行

　　荀子的这些话，重点在于责备统治者不按"圣人"养民的办法制定政策法令，自己带头破坏法制，贪得无厌。虽然在表述上有所不同，但主张的观点与孔、孟没有二致。孔子曾经将鲁国多盗的责任归到季康子等执政者的"多欲"②，孟子批评君主"为政不因先王之道"时也提到："上无道揆也，下无法守也，朝不信道，工不信度，君子犯义，小人犯刑"③。荀子的"上以无法使，下以无度行"的言论与孔孟的观点如出一辙，均是将天下失道归责于统治者的"为上不正"。"多积财而羞无有，重民任而诛不能，此邪行之所以起，刑罚之所以多也。上好义，则民暗饰矣。上好富，则民死利矣。"④ 统治者看不起贫穷者，加重民众负担并惩罚不堪重

---

①《荀子·正论》

②《论语·颜渊》

③《孟子·离娄上》

④《荀子·大略》

负的人，在荀子看来，均是犯罪产生、刑罚增多的重要原因。"凡奸人之所以起者，以上之不贵义，不敬义也。夫义者，所以限禁人之为恶与奸者也。今上不贵义，不敬义，如是，则下之百姓皆有弃义之志而有趋奸之心矣，此奸人之所以起也。"① "相国舍是（礼义）而不为，案直为是世俗之所以为，则女主乱之宫，诈臣乱之朝，贪吏乱之官，众庶百姓皆以贪利争夺为俗，曷若是而可以持国乎？"② 如果为上者用礼义等准则端正自身行为，则民众也会自觉端正自身举止；如果为上者喜欢财富，民众就会不顾生命的去追逐私利。在《荀子·富国》中，荀子对这种观点表述的更为清晰和具体："今之世而不然。厚刀布之敛以夺之财，重田野之赋以夺之食，苛关市之征以难其事。不然而已矣，有掎挈伺诈，权谋倾覆，以相颠倒，以靡敝之，百姓晓然皆知其污漫暴乱而将大危亡也。是以臣或弑其君，下或杀其上，粥其城，倍其节，而不死其事者，无他故焉，人主自取之也。"荀子认为，统治者的厚敛、苛征、重税使民众"物寡"，生活极端贫苦，不但使得欺诈，玩弄阴谋颠覆国家，颠倒是非黑白等破坏世道的行为多发，还增加了弑君、杀上、卖城、背叛等严重犯罪行为的发生率。这一切都是人主"为上不正"所咎由自取。

总之，荀子在分析社会犯罪的原因时，更重视因中之因，不断探索犯罪发生更为深层次的因素，认为犯罪的发生不仅与君主的为上不正行为的错误引导有关，更是与其对财富的追逐以及为获得私利对民众的残暴行为直接相关。而这些因素的综合作用，才使得民众被逼无奈，不得不走上犯罪的道路。

---

① 《荀子·疆国》
② 《荀子·强国》

65. 人之性恶，其善者伪也

荀子认为，人性本恶，因天生具有好利、嫉恶、耳目之欲，如果放纵人的这些本性，就必然会引起纷争，使社会道德和稳定的秩序遭到不同程度的破坏。而在恶的驱使下的这种纷争，也是犯罪借以产生的重要因素。显然，荀子是把人的欲望，人的趋利避害的本性看成是破坏社会稳定，违背道德规范的根源。

荀子对人性的判断，与孟子有所不同。孟子在分析人性时，关注人的社会属性，而摒弃人的自然属性。他对人性的定义是："生之所以然者，谓之性。性之何所生，精合感应，不事而自然，谓之性。"[①] 荀子对"性"的定义，即是说明性是天赋、与生俱来、质朴的自然属性，它不待后天学习而成，是一种自然本能。与"性"相对的是"伪"。荀子说："凡性者，天之就也，不可学，不可事。礼义者，圣人之所生也，人之所学而能，所事而成者也。不可学，不可事，而在人者，谓之性；可学而能，可事而成之在人者，谓之伪。"[②] "伪"是人为的，经过后天加工而形成的，例如，仁、义、礼、智、信就均是"伪"，是人为教化的结果。"性者，本始材朴也；伪者，文理隆盛也。无性则伪之无所加，无伪则性不能自美。性伪合，然后成圣人之名，一天下之功于是就也。"[③] 在对人性的分析上，荀子明确把人性限定为人的自然属性："饥而欲食，寒而欲暖，劳而欲息，好利而恶害，是人之所生而有也，是无待而然者也，是禹、桀之所同也。"[④] 而把仁义礼智信归结为"伪"，是人的社会属性。

---

① 《荀子·正名》
② 《荀子·性恶》
③ 《荀子·礼论》
④ 《荀子·荣辱》

　　"千人万人之情，一人之情也"①，荀子将"情"、"欲"与"性"统一。他所论述的"性"，在自然属性上，首先表现为具体生命体的"情"和"欲"。"性者，天之就也；情者，性之质也；欲者，情之应也。以所欲为可得而求之，情之所必不免也。"②融情和欲于一体的性，既表征个体的客观生理需要，也体现着主观的心理之需。就前者而言，则表现为："饥而欲饱，寒而欲暖，劳而欲休，此人之情性也"，"生而有耳目之欲，有好声色焉。"③在心理方面，"好荣恶辱，好利恶害，是君子小人之所同也"④，"名声若日月，功绩如天地，天下人应之若景向，是又人情之所同欲也"⑤。这些对于饱暖、安逸、声色、荣誉、利益的追求，以及所有生理和心理需要的外在表现，均是对特定的"利"的追逐，这便是荀子对人性的基本理解。

　　从自然属性分析，人们具有对温饱、荣誉等价值的需求，但这种自热之性虽然很难被称为是善，但也不能称其为恶。既然如此，荀子的恶又是如何产生的呢？荀子说："今人之性，生而有好利焉，顺是，故争夺生而辞让亡焉；生而有疾恶焉，顺是，故残贼生而忠信亡焉；生而有耳目之欲，有好声色焉，顺是，故淫乱生而礼义文理亡焉。然则从人之性，顺人之情，必出于争夺，合于犯分乱理而归于暴。"荀子认为，如果人的欲望无法受到控制，就会如禽兽一般，丧失礼让、忠信、文理等基本伦理道德，恶便由此产生。由此可见，荀子是以人的"嗜"欲来断定人性"恶"的，即人们的这些本性至多只是潜在的"恶端"，这种自然之性具有导

---

①《荀子·不苟》
②《荀子·正名》
③《荀子·性恶》
④《荀子·荣辱》
⑤《荀子·王霸》

向恶的趋势。站在人性趋恶的角度，荀子才有"人之生固小人"的论断。荀子认为自然之"性"的对立面乃是人为之"伪"。"伪"是人出生后可以学到的、塑造的品格因素，即所谓"可学而能，可事而成之在人者谓之伪"。[①]"伪者，文理隆胜也"[②]，乃是"反于性而悖于情"，并且"离其质，离其朴"的礼义辞让。可以说，在荀子那里，"性"是"伪"的基础，没有朴质的"性"，便无改造的对象，也便不能化自然之"性"为礼让之"伪"。

由是观之，荀子视人的七情六欲等自然和生理属性当中表现出来的趋利性为恶，以之作为自己人性本恶的基础，并提出了"化性起伪"的学说。这种人性论观点与不仅与孟子的人性论内涵大相径庭，而且在犯罪原因方面的观点也截然不同。荀子肯定人的情欲是导致犯罪的原初的内在心理驱动力，如果没有良师益友以及礼法在人性转化过程中的作用，"则唯利之见耳"[③]。而如果放任自然属性的自由发展，人们就会产生相互争夺、相互残杀的恶行，进而违背伦理规范、破坏社会秩序。总之，因为人性本恶，故人人都有犯罪的可能。

66.　"富之"、"教之"

孔子提出了以"富之"、"教之"原则为主的犯罪预防思想，孟子又对"富"、"教"的具体内容和实施的政策、方法等进行了充实和发展。荀子的预防犯罪思想相较孔孟，则既有传承，又有创新，在先秦儒家犯罪学说中具有集大成的地位。

①《荀子·性恶》
②《荀子·礼论》
③《荀子·荣辱》

荀子说：“不富不足以养民情，不教无以理民性”①。这说明荀子仍承继了孔孟的“富民”、“教民”的犯罪预防思想，认为富是给以起码的物质生活条件，保证民众得以继续生活下去，而具体的富民措施，则主要包括给予田产和轻徭薄赋两个方面。荀子认为“故家五亩宅，百亩田，务其业而勿夺其时”②，便可以使小农家庭逐渐富裕起来，而“轻田野之税，平关市之征，省商贾之数，罕兴力役，无夺农时”③，则不仅可以富民，而且可以富国。“教民”的原则与孔孟更加一致，都是意在运用德、礼教化民众，使其恪守名分，服从统治。不管是富民还是教民，均是延续了儒家德主刑辅的犯罪预防和控制理论，但荀子的学说除发展了孔孟的学说之外，又因受到战国末期社会形势的影响，而发生了系列的变化。首先，荀子持“人性本恶”的观点，认为这是犯罪的内在根源，因而以治性为本，将“化性起伪”视为预防犯罪的最终目标。这使荀子对法律和刑罚的犯罪预防作用更加关注，与孔子和孟子的德礼教化为主的观点有了根本的区别。其次，孔、孟的富、教原则及具体措施具有犯罪预防和控制的意义，但从犯罪学的角度看，尚不能成为完善的犯罪预防学说，说它是一种社会治理思想，也许更恰当些。荀子的思想则不同，他不但继续阐释了富和教的原则，而且继续深入讨论了真正具有犯罪学意义的具体问题。第三，相比孔孟的犯罪预防思想，荀子的思想更具有综合性，为儒家的犯罪的社会综合治理思想奠定了初步的理论框架。

---

①《荀子·大略》

②《荀子·大略》

③《荀子·富国》

67. 立君上之势以临之

对于犯罪的社会综合治理，荀子有一段著名的论述："故古者圣人以人之性恶，以为偏险而不正，悖乱而不治，故为之立君上之执以临之，明礼义以化之，起法正以治之，重刑罚以禁之，使天下皆出于治、合于善也。是圣王之治而礼义之化也。"①荀子认为，由于人性恶，使得人的思想和行为"偏险不正"，出现许多犯罪行为，造成了社会的"悖乱不治"，社会秩序被破坏。而要预防犯罪，恢复良好的社会秩序，须通过系列措施的综合运用。其中，化性起伪，矫正人性应当是解决问题的根本出发点，只有人性得到了矫治，才能遏制犯罪的源头，使社会由"悖乱不治"到"皆出于治"成为可能。此外，综合运用君上之势、礼仪之化、法正之治、刑罚之禁的手段，才能真正控制住犯罪，达到社会的大治，实现"圣人之治"的目标。

在综合治理措施中，君上之势统领四者，而礼仪之化、法正之治、刑罚之禁三者之间也有本末、轻重、缓急之分。首先，荀子强调"立君上之势以临之"，意在运用君主的人格和道德威势稳定社会和民众。荀子要求君主是"圣王"，其人格的表率作用，以及施政的良好品格，都会给民众造成信仰依赖和心理寄托，而这恰恰能够减少或者遏止犯罪心理和动机，促进社会的安稳和秩序。君上之势的首要作用在于"明分"。荀子说过，"救患除祸，则莫若明分使群矣"②。按照荀子的观点，"明分"是君子"达治而保万世"③的社会控制方式，要求建立有序的社会组织结构，使社会群

①《荀子·性恶》

②《荀子·富国》

③《荀子·富国》

体各司其职，形成明确的分工和职业结构，做到"农分田而耕，贾分货而贩，百工分事而劝，士大夫分职而听，建国诸侯之君分土而守"①。达到明分，需要统治者以建立等级分明的国家管理和伦理结构为目标，提高"明分"的能力和素质，做到"善生养人"、"善班治人"、"善显设人"、"善藩饰人"②。如果无君上之势，"明分"就不太可能，更谈不上"救患除祸"了。

"制臣"是"君上之势"作用的另一方面。"无君以制臣，无上以制下，天下害生纵欲"③。在这里，荀子将立君上之势——明分——制臣——社会安定——无盗贼之罪，组成一个有机的因果链，而圣王则处在最关键的地位，是实现无盗贼之罪之果的因中之因。④荀子看到，"上以无法使"，导致"下以无度行"⑤，民众犯罪也有为上不正，吏治不清的原因，因此，主张以"君上之势"制臣，以减少民众犯罪的诱因。在"制臣"的具体方式上，荀子并未形成以法治吏的系统化思想，只好将其寄托于理想的"圣王"，认为"圣王在上，分义行乎下，则士大夫无流淫之行，百吏官人无怠慢之事，众庶百姓无奸怪之俗，无盗贼之罪，莫敢犯上之禁"⑥。

68. 正身、定伦、治国

其次，与孔孟一样，荀子重视礼义之化，认为道德教化是使人明耻敬己，提高自觉性的治本之计，是预防犯罪和控制社会最

---

①《荀子·王霸》

②《荀子·君道》

③《荀子·富国》

④ 俞荣根：《道统与法统》，法律出版社 1999 年版，第 344 页。

⑤《荀子·正论》

⑥《荀子·君子》

为根本的方法。人性本恶，因此需要用礼来调节人的欲望，以及其与社会财物有限之间的矛盾，荀子看到，"人生而有欲，欲而不得，则不能无求，求而无度量分界，则不能不争。争则乱，乱则穷。先王恶其乱也，故制礼义以分之，以养人之欲，给人之求。使欲必不穷乎物，物必不屈于欲，两者相持而长，是礼之所起也"①，认为"人无礼则不生，事无礼则不成，国家无礼则不宁"②。礼在犯罪预防和控制上体现出来的功能和广泛的辐射面，使荀子明确了礼义之化对预防犯罪的有效性和可行性，并将其纳入到犯罪综合防控学说体系之中。

　　荀子礼义之化的思想，主要从正身、定伦、治国三个方面阐释。正身，是说以礼义之化强化个人修为。荀子曾经反复论述礼在培养君子人格过程中的重要性，称"礼者，所以正身也"③，倡导从君主到普通民众都应遵守忠孝信义的道德规范。其中，君主修身，可树道德之威，为民之表率；百姓修身则可"治达"、"和节"、举止优雅，不易产生犯罪邪念。定伦，是说以礼义之化确定秩序，以及人与人的关系。荀子将道德教化的具体方式概括为："立大学，设庠序，修六礼，明七教。"④"七教"是关于正确处理君臣、父子、兄弟、夫妇、长幼、朋友、宾客七种人际关系的礼的教育。这实际上意在以礼义确定人伦关系，即所谓"礼定人伦"⑤。"六礼"具体指冠、婚、丧、祭、乡、相见六类礼的仪式规定，即是说，除了确定人伦关系外，社会生活中也需要修身、处事的各种规则，否则便容易失去秩序。例如，在养生方面，荀子便认为

---

①《荀子·礼论》
②《荀子·修身》
③《荀子·修身》
④《荀子·大略》
⑤《荀子·致士》

应该遵循"量食而食之，量要而带之"① 的规则，否则身体内部秩序就会紊乱。治国，是说以礼义之化保证国祚长久。荀子说："国无礼则不正，礼之所以正国也，譬之犹衡之于轻重也，犹绳墨之于曲直也，犹规矩之于方圆也"②，"礼者，政之辂也，为政不以礼，政不行矣"，③ "人之命在天，国之命在礼"④，实际上都是在说礼义对国家治理的促进作用。荀子的礼义之化思想，内涵更为丰富，但从儒家德礼教化的传承来看，其实际上是将孔子"为国以礼"，强调君臣父子等级秩序思想进一步深入细致地阐释。

69. 礼义生而制法度

再次，实施法政之治，弥补礼治之不足。荀子认为，法的起源后于礼，只能作为礼的补充，作用于礼所不能的范围。"伪起而生礼义，礼义生而制法度"⑤，人类最先是用道德教化的方式调节自身行为，法律政令是私有制、阶级和国家出现后才被制定出来的，因此，毫无疑问，在犯罪的预防上，先用德礼，"厚德音以申之，时其事，轻其任以调齐之，如保赤子，政令以定风俗如一"，如果不能奏效，则需要动用国家法制，强迫不顺从者服从，"有离俗不顺其上者，则百姓莫不敦恶，莫不毒孽，若祓不祥，然后刑于是起矣"⑥。这一点与孔孟重视德礼，忽视刑罚的态度大不相同，尽管荀子仍然坚持以德礼教化为首要原则，但"起法正之治"表明

---

① 《荀子·大略》
② 《荀子·王霸》
③ 《荀子·大略》
④ 《荀子·强国》
⑤ 《荀子·性恶》
⑥ 《荀子·议兵》

他已经意识到运用法律手段控制犯罪。要实施"法政之治"，首先必须制定明确的律令，规定行为的条件、模式及违法的后果，发挥法律的指引、评价等作用，从而引导人们遵从法令，避免犯罪。其中，荀子分别谈到了对贵族、官吏和对庶民的"法正之治"。"制度以陈，政令以挟；官人失要则死，公侯失礼则幽，四方之国有侈离之德则必灭"①，官吏违反法令应当处死，公侯贵族如果违反礼法，则应当囚禁四方，诸侯阴谋分裂的，则剿灭其国。对待平民，荀子说，"雕雕焉县贵爵重赏于其前，县明刑大辱于其后，虽欲无化，能乎哉"②，前面以悬赏为诱导，后面悬刑而驱赶，国家将赏罚均明确规定，老百姓怎么敢不听教化呢。荀子此处的阐释，颇有明刑弼教的意味。

虽然荀子论证了法律对于犯罪预防的作用，但是，认为法律的作用并非是第一位的，而是更多地具有补充意义。荀子认为，法律并非万能，其功能发挥仍依赖于人的具体实施。"有治人，无治法"③，人是能动的治国主体，法是被动的治国工具，工具必须由人来使用。并且，"君子者，法之源"④，为充分发挥法的作用，还必须有善于使用这种工具的君子来施行。君子施行则法之源清，无君子则法之源浊，即所谓"源清则流清，源浊则流浊"⑤。如果没有这样的人，法律也难以发挥作用，即"无君子则法虽具，失先后之施，不能应事之变，足以乱矣"⑥。同时，荀子得出"法也有好坏"的结论，认为"无国而不有治法，无国而不有乱法"⑦，每个国

①《荀子·王霸》
②《荀子·议兵》
③《荀子·君道》
④《荀子·君道》
⑤《荀子·君道》
⑥《荀子·君道》
⑦《荀子·王霸》

家既有使国家得以顺治的法令，也有是国家动乱的法规，可见法律并非完美无缺。

最后，刑罚的威慑，是犯罪预防的最后一道防线。荀子将"法正"与"刑罚"分作两处阐述，定是意识到了法与刑在性质上的不同。这一点也可以从荀子把"刑罚之禁"作为实现"圣人之治"的最后一项措施看出来。荀子与孔孟一样，视刑罚为治标不治本的举措，故明德慎罚始终是他处理礼、刑关系的主张，认为"明德慎罚，国家既治四海平"[①]，在"隆礼尊贤"的王道和"重法爱民"的霸道之间，选择了王道。这与法家的商鞅、韩非的刑罚观完全不同。商鞅和韩非认为，只有轻罪重刑才能实现犯罪的特殊预防作用，使犯罪者不敢重新犯罪，也给民众带来震慑和威吓，是他们不敢犯罪，达到一般预防的目的。荀子对这种"以刑去刑"的主张断然反对，他说，对民众必须"明道而钧分之，时使而诚爱之"，"有不由令者，然后诛之以刑"。只有这样，才能收到"刑一人而天下服，罪人不尤其上，知罪之在己也"的功效，从而"刑罚省而威行如流"[②]。

总之，孔子的"富"、"教"的犯罪预防思想，经过荀子的总结和阐释，结构和内容都进一步完善，初步形成了政治、经济、法律、道德等各种手段综合运用的犯罪预防和社会控制理论模式，对中国古代政治和法制发生了深刻的影响。

70. 先教后诛

荀子学出儒室，深受孔孟及其它儒家学派人物的影响，在

①《荀子·成相》
②《荀子·议兵》

犯罪的惩治学说当中，有厚重德礼的因素。但是，战国中后期诸侯兼并，战乱频起的环境，以及商鞅等在秦国开展的重刑主义的刑法实践，使荀子更深刻地认识到了律令和刑罚的重要作用。因此，荀子在承继儒家犯罪学思想的基础上，又增加了自身对法家重刑主张的批判，最终初步融合儒法，形成以"明德慎罚"为核心，礼法并重的刑罚思想。在这一思想下，对于犯罪的惩治，荀子认为礼义教化非常重要，但不是全能全善的，特别是对于"嵬琐"一类的人，必须对其惩处以刑罚，只是需要注意慎其刑而用之。

孔孟强调德礼教化先行的论说居多，与之相比，荀子的犯罪学说中较多地对刑罚进行正面的阐述。因此，儒家的很多重要刑罚原则和司法原则应当是经过荀子而得以明确和传扬的。归纳荀子的犯罪惩治思想，主要可以概括为先教后诛、罪行相适、不徇私情、宁僭勿滥、"治世重，乱世轻"等几个方面的内容。

提倡"先教后诛"，反对"不教而杀"是儒家刑事政策上的一贯主张。荀子基于"化性起伪"学说，更为重视教的作用，坚持教而后诛的理论立场。在荀子的著述及其与弟子的言论中，不乏有对孔孟"先教后诛"观念赞同的言论。例如，《荀子·宥坐》中，荀子便以对孔子在审理案件时对于教化先行的论述，阐明了自己赞同孔子"不教而杀谓之虐"的观点。"孔子慨然叹曰：'呜呼！上失之，下杀之，其可乎！不教其民而听其狱，杀不辜也。三军大败，不可斩也；狱犴不治，不可刑也。罪不在民故也。嫚令谨诛，贼也；今生也有时，敛也无时，暴也；不教而责成功，虐也。已此三者，然后刑可即也。'"此为记录孔子事迹，以供自己和弟子借鉴的篇章，因此，从荀子的这段转述，应当认定他对孔子的教化为先是极为赞同的。

同时，对于教化和惩罚的关系，荀子除了反对不教而诛外，

对这一主张又有所发展，即同时反对教而不诛，认为"不教而
诛则刑繁而邪不胜，教而不诛则奸民不惩"①。荀子认为人性本
恶，德礼教化又是自外而内的，这对于一个本性极恶的奸民而
言，是收效甚微的。既然如此，教化还有什么意义呢。如果经
过教化，就可以使犯罪之人逃脱法律制裁，这些不思悔改的奸
诈之徒就可能造成更大危害，那么用教化来遏制犯罪的目的便
会落空。他曾以尧舜教化子弟的例子，说明教化的外因必须通
过奸民悔过的内因才能起作用，善于教化的人不一定就能够达
到教化的最终目的。另外，荀子还说到"何世而无鬼，何时而
无琐"②，指出奸诈、卑鄙之徒什么时候都有，是不可能靠教化
就能使之悬崖勒马、回心转意、弃恶从善的。因此，对于这类
人不应再坚持"教而后诛"的原则，特别是对其中的首恶之犯、
罪魁祸首，应当"不待教而诛"③，甚至立诛不赦。由此，不难
看出荀子思想深处已经存在了对教化无所不能的怀疑意识，而
反对教而不诛学说本身，已经表明了在荀子的犯罪惩治学说中，
教化的优先性和主导地位已经开始发生变化。进而，不难发现
荀子关于教与刑关系理论的三个层次：反对不教而诛——不可教
而不诛——首恶不必待教而诛。将这个逻辑层次，与荀子其他
犯罪处罚原则联系起来考察，便不难发现其中的鲜明特点，既
保持儒家重教育、重预防的刑法理论的基本特点，又大大提升
了刑罚的地位，正面肯定和重视刑罚的作用，与孔、孟的刑法
论有所不同。

---

①《荀子·富国》
②《荀子·正论》
③《荀子·王制》

71. 刑当罪则威，不当罪则侮

荀子主张"刑当罪"，即罪刑相适，罚当其罪，反映了犯罪处罚方面的求实精神。荀子所处的时代，商鞅的"重刑"主张在秦国施行，不仅对重罪处以极刑，而且轻微的违法行为都以重刑处之，法外用刑也比比皆是。对法家的这种严刑峻罚，荀子并不赞成，认为重刑轻罪不足为训。他说："故刑当罪则威，不当罪则侮；爵当贤则贵，不当贤则贱。古者刑不过罪，爵不逾德，故杀其父而臣其子，杀其兄而臣其弟。刑罚不怒罪，爵赏不逾德，分然各以其诚道"，当然，当社会处于乱世的时候，则可以突破这一原则，"乱世则不然，刑罚怒罪，爵赏逾德，以族论罪，以世举贤。故一人有罪而三族皆夷，德虽如舜，不免刑均，是以族论罪也"。荀子敏锐地指出，"爵赏逾德"将导致民众皆以好利为目的，抛弃伦理道德，以求利之心纷争不止。"以族论罪"则扩大了刑法的严酷性。"一人有罪而三族皆夷"，惩罚面广，滥杀无辜。在对比了两种不同政策下的社会状况后，荀子认为：在犯罪处罚上，只有既不过苛，又不放松，刑罚得中，才能达到"为善者劝，为不善者沮；刑法綦省而威行如流，政令致名而化易如神"①的犯罪控制目的。

荀子的这段言论，在正面提倡罪刑相当的同时，也对当时社会中破坏"刑当其罪"原则的主张表示了反对，并进行了批判。第一，反对族刑连坐。荀子认为"一人有罪而三族皆夷"的刑罚不仅原始野蛮，而且容易滥杀无辜，假使推行开来，就算是尧舜般高尚的人，也不免要因为株连而性命不保。这样惩治犯罪，不仅不利于犯罪的预防，而且也不符合罪责自负的自然正义，其初衷"虽欲无乱"，实际上目标很难达到。因此，荀子认为，正确的

---

① 《荀子·君子》

方式应当是只惩治犯罪者本人，对于其他人，则应当"杀其父而臣其子，杀其兄而臣其弟"，只有这样才能称得上公正、人道。株连、族刑是法家学派基于家族主义，在重刑主义原则之下的构建一种犯罪惩处制度，其残酷性和不合理性是显而易见的。荀子作为儒家学派的传承者，虽然其法理观念也以家族本位为基础，但更侧重对于直接犯罪人的教化和惩罚，将家族主义原则引向了善的方面。

　　第二，反对不加区分，一律重刑处之。犯罪的危害性有大小，情节有轻重，荀子认为，应当分别情况，施以相应刑罚。并且，除非特别严重的犯罪，用刑都要轻缓，并注重教化。荀子说："夫是之谓奸人之雄，圣王起，所以先诛也。然后盗贼次之。盗贼得变，此不得变也。"[1] 即是说，盗贼等实施的犯罪就已经非常严重，但是在教化之下，也有翻然悔悟，迷途知返的可能，因此，尚可网开三面，留的性命。而"奸人之雄"，好犯上作乱，罪大恶极，死无悔改，故"元恶不待教而诛"，须动用严刑诛之以除后患。而对于其他程度相对较轻的犯罪，也需要礼法并用，依据主观恶性和行为危害程度而区别对待，"故奸言，奸说，奸事，奸能，遁逃反侧之民，职而教之，须而待之，勉之以庆赏，惩之以刑罚。安职则畜，不安职则弃"[2]。总之，荀子区别对待的学说可以归纳如下：犯上作乱等首恶重犯，可以不经教化直接诛之；危害社会的盗贼犯罪，视其严重程度和认罪态度而适当减轻；对于胡作非为，四处流窜犯罪的不逞之徒，进行教化，视其悔罪和改过程度，决定惩罚，或留之或诛之。如此，犯罪的惩治便显得层次清楚，等级明确，德礼教化和刑罚惩治的效果也更容易发挥出来。

---

①《荀子·非相》

②《荀子·王制》

为实现罪刑相当，在听讼断狱时，就需要谨慎、细致，厘清案件的前因后果，包括证据所反映的客观情况，以及案犯的主观状态、犯罪目的和犯罪动机等方面的情态。荀子说："听之经，明其请，参伍明谨施赏刑。显者必得，隐者复显民反诚。"① 做到这一点，不仅可以使犯罪之人受到刑法适当的否定性评价，而且可以促进犯罪的一般预防，达到教育一般的目的。

72. 公义胜私欲

公义胜私欲，这是荀子对于犯罪司法审判过程的要求，即不以私情害法，不徇私情，所谓"君子之能以公义胜私欲也"②。荀子将圣王制定的礼法放在了私情之上，要求司法者应始终以王法为价值标准，不以一己之私损害法律，甚至出入人罪。他特别提出"怒不过夺，喜不过予"，注意到了心理和伦理所生之情对法律实施的影响作用，明确指出了暂时的、个人的利益应服从统治阶级的整体利益，这样才有助于国家的整体稳定。类似的主张还有"进退有律，莫得贵贱，孰私王""下不私请，各以所宜舍巧拙""下不得用私轻门"等等，不一而足。③ 意在告诫司法者不可"自上坏法"。当然，徇私情不仅包括凭主观好恶处置犯罪，而且也包括"刑及子弟"的精神，即亲属中有人犯罪，也不可徇私枉法，有意偏袒，否则便是违反"法胜私"的"坏法"行为。荀子的"法不徇情"与法家"不别亲疏，不殊贵贱，一断于法"④ 的"刑无等级"思想有相通之处，但又与法家法律适用中更多注重事实判断不同，这一

① 《荀子·王制》
② 《荀子·修身》
③ 《荀子·成相》
④ 《史记》卷一三〇《太史公自序》，中华书局，第 3291 页。

理论也包容了法律取舍的价值判断过程，即如果这种"私情"恰恰代表的是公义，依据法家的判断，仍然是徇私枉法，但依据荀子的理论，则仍需要做价值判断和权衡，来决定法律适用上的取舍。然而，不管二者的侧重如何，都不妨碍它们成为犯罪惩治方面的重要原则。

73．赏不欲僭，刑不欲滥

　　荀子说："赏不欲僭，刑不欲滥。赏僭则利及小人，刑滥则害及君子。若不幸而过，宁僭无滥；与其害善，不若利淫。"[1] 即是说，在对有攻者进行奖励过程中，奖赏不能过分，在对犯罪者进行惩处过程中，刑罚不要滥用。如果奖赏过分，那么好处就会施加到道德不良的小人，如果刑罚滥用，那么就会危及道德高尚的君子。这同样是儒家在轻刑、慎刑思想指导下，由罪行相适应的基本原则引申出来的一个具体原则。这一原则强调"疑罪从轻"，这与经书中"罪疑惟轻，功疑为重"[2] 的思想一致。荀子的这种思想，相比于法家的"重刑轻罪"、"深督轻罪"以及由其引起的疑罪从重、轻罪重判的后果，具有较大的历史进步性，有助于实现"刑当其罪"。

　　值得注意的是，荀子反对轻罪重刑，但同时也不赞成无原则的适用轻刑，突出表现为他对"象刑"的批判。"象刑"即模仿肉刑、死刑的一种以侮辱刑为主的刑罚。受到"象刑"惩罚的人一般佩戴某些象征刑罚的痕迹、物件，如墨画、麻鞋、赭色衣服等，来代替实际行刑。对于这种象征性刑罚，荀子进行了尖锐的批判。他说："以为治耶？则人固莫触罪，非独不用肉刑，亦不得用象刑

---

　　①《荀子·致士》
　　②《尚书·大禹谟》

矣。以为轻刑邪？人或触罪矣，而直轻其刑，然则是杀人者不死，伤人者不刑也。罪至重而刑至轻，庸人不知恶矣，乱莫大焉。"[1] 荀子认为，如果"象刑"的意义是表明社会治理的好，那么对于没有犯罪的人，不但不应以肉刑处罚，而且也不应该适用"象刑"；如果"象刑"是作为轻刑存在的，不论轻罪重罪，均可如免于重刑。一律减轻，则会使犯罪的成本近乎于无，将引发社会的大乱。荀子主张"杀人者死，伤人者刑"，认为"禁暴恶恶，且征其未也"是刑罚的目的，而"杀人者不死，而伤人者不刑，是谓惠暴而宽贼也，非恶恶也"，这是在惩治犯罪时必须时刻注意的。因此，运用"象刑"将犯罪随意轻判，甚至使犯罪之人逃脱惩处，即是对犯罪行为的放纵，对"刑当罪"的违反，毫无可取之处。

74. 治世重，乱世轻

《尚书》中说："刑罚世轻世重，惟齐非齐，有伦有要。"[2] 其大意是说，惩治犯罪之刑罚适用，在不同社会状况之下，轻重程度应当各不相同，根据不同时期犯罪的不同情况，以及客观形势的需要，制定轻重不同的刑罚，以符合惩治犯罪的需要。只有正确执行轻重不同的刑罚，才能更有效地安定社会秩序。

《吕刑》中虽然规定了刑罚变化的原则，但并未对变化的具体时空条件，以及如何轻重变化进行详细说明。《周礼·秋官·大司寇》中的看法是："刑新国用轻典"、"刑平国用中典"、"刑乱国用重典"。对此，郑玄解释为：新国乃新辟地立君之国，民众未习惯于礼教，故用轻典；平国是承平守成之国，应行常行之法，故用中

---

① 《荀子·正论》
② 《尚书·吕刑》

典；乱国系篡弑叛逆之国，故为惩罚罪恶，须用重典。[①]然而，荀子不但没有承袭这种言论，反而提出了相反的意见。他说，"刑称罪则治，不称罪则乱。故治则刑重，乱则刑轻。犯治之罪固重，犯乱之罪固轻也"[②]，将刑罚的轻重与社会的治、乱状态相结合，提出"治世则重，乱世则轻"的主张。

　　分析"世轻世重"原则的内涵，确实可以得出"乱世用轻典"、"治世用重典"的结论，但似乎忽略了折中的一种含义，即有时乱世、治世均可能用到重典。因此，二者皆非不刊之论，都只是反映了理解者本人的思想主张。从刑罚的社会功能角度来看，荀子的思想是可以自圆其说的。荀子认为，在治世犯罪的人不多，但也因为这样，犯罪的主观恶性显得较大，此时适用重典惩罚，惩处的犯人不会很多，刑罚的威慑力则显得很大，其惩治犯罪的一般预防功能可以较好地发挥；在乱世之中，民心本来就是散乱的，犯罪的人也众多，相对而言犯罪的主观恶性就不是很大，因此可以适用轻典，宽宥犯罪不是很严重的行为。相比"刑乱国用重典"的主张，荀子的思想中贯穿了慎刑、罚当其罪的思想。并且，在荀子的论述中，注意到了犯罪人的社会危害性和人身危险性的结合，强调主观恶性在不同社会情态中的危害程度不同，故刑罚处罚也不能同质化。但是，从上述分析我们不难看出，这种"世轻世重"的刑罚思想并不全面，并且大多数情况下只注重刑罚预防功能单一方面的发挥，不能同时发挥刑罚的一般和特殊预防作用。同时，由于欠缺应对同一社会情况下不同行为主观恶性程度不同的灵活性，在惩治犯罪的刑罚适用方面也容易失去等级和适用标准，造成了放纵犯罪或是罚不当罪的结果。

---

①（汉）孔安国传，（唐）孔颖达等疏：《尚书正义》卷十九《吕刑》
②《荀子·正论》

75．子思及其主要学说

子思（前483年—前402年）姓孔，名伋，是孔子之孙。《史记》中说："孔子生鲤，字伯鱼。伯鱼生伋，字子思"，"尝困于宋，子思作《中庸》。"①子思是战国初期鲁国人，亦是儒家的主要代表人物之一。子思的生平事迹已经很难详细考证，"据说他曾师事曾参，又据《孟子》中记载，子思曾被鲁缪公、费惠公尊为贤者，以师礼相待，但终未被起用。"②《汉书·艺文志》中著录《子思》二十三篇，但后来失传。郭店楚简的发现，给研究子思学派提供了较为充足的资料补充。但是，由于郭店楚简的年代久远，其中的文献归属尚存在不小的争论。根据目前学者的观点，基本可以判断，郭店简中的《五行》、《缁衣》、《鲁穆公问子思》三篇文献出自《子思子》，而《尊德义》篇也有极大可能是子思之作。

"明乎民伦"的重民观是子思思想的第一个重要方面。周取商而代之，社会发生了由尊神重鬼向人文理性的转换，民本观念逐渐显现。到孔子时，"敬天保民"的思想已经较为普遍。之后的孟子更是提出了"民贵君轻"的言论，将民众的地位列于君主之上。子思处在孔孟之间，也是这一思想传承的重要阶段。在大部分由儒家学派完成的郭店楚简中，《尊德义》篇极有可能为子思所作。其开篇有云："尊德义，明乎民伦，可以为君。去忿戾，改惎胜，为人上者之务也。"此言开宗明义，视民为邦本，明乎民众之义乃为君之前提，维护民众利益是为政要务。"故为政者，或论之，或议之，或由中出，或设之外，论列其类。凡动民必顺民心，民心有恒，求其永。"这体现了孔子之后，古代重民思想的发展。这种

---

①《史记》卷一七《孔子世家》，中华书局，第1946页。

② 庞朴主编：《中国儒学》（第二卷），东方出版中心1997年版，第23页。

重民思想，在其他竹简篇章中也多有体现。例如，《缁衣》篇中记载：“子曰：‘民以君为心，君以民为体。心好则体安之，君好则民欲之。故心以体废，君以民亡。’”该文指出，在治国理政中，保持“以民为本”才能获得民众的支持，而只有如此，国君才能保持国家政权的巩固，社会秩序的安定。与孔孟思想的主旨相类，在犯罪预防和控制上，这种民本思想也具有重要意义，形成了具有特点的司法主张和犯罪预防理论。

“为父绝君”的家庭伦理观念也为子思进一步传承。在以家庭为基本单位的中国古代社会，血缘是家庭和社会稳定和发展的重要纽带。建立在血缘基础之上的孝的观念，也被历代统治者重视。在国家治理过程中，“孝”是逻辑体系的根本，也是“君臣之义”的基础。“天登大常，以理人伦，制为君臣之义，著为父子之亲，分为夫妇之辨。是故小人乱天常以逆大道，君子制人伦以顺天德。”[1]在统治者的积极倡导下，“孝”成为了维系家庭、家族、国家、社会稳定的重要基础因素。为了维护孝道，统治者还制定了严厉的刑罚制度，以保障孝的地位。子思将“孝为先”的伦理观念加以承继，并予以充实。《六德》篇言：“为父绝君，不为君绝父。为昆弟绝妻，不为妻绝昆弟。为宗族疾朋友，不为朋友疾宗族。”[2]其中，“为父绝君”的主张，在以君臣为原则的“忠”和以家庭为核心的“孝”之间选择了后者，认为孝在行为上是父子相亲，这种家庭伦理优于君臣之义的忠，体现出子思对血缘伦理的重视。《六德》篇中说：“男女之别、父子之亲、君臣之义”是“君子所生与治立，死与之敝也。”子思“为父绝君”的主张，目的在于保护家庭伦理秩序，巩固血缘家庭关系，以此达到社会稳定的目的。而

---

　① 李零：《郭店楚简校读记》（增订本），中国人民大学出版社 2009 年版，第 158 页。
　② 李零：《郭店楚简校读记》（增订本），中国人民大学出版社 2009 年版，第 171 页。

对于家庭伦理的重视，体现在犯罪的预防和惩治方面，则形成了与孔子一致的"亲亲相隐"的观点。

76．子思的犯罪原因论

子思认为，人的好利之心是导致犯罪的主观方面原因。《性自命出》载："好恶，性也。所好所恶，物也。""好恶"是人的本性，隐藏于人的内心，在外部事物的激发下才会显露。"性自命出，命自天降，道始于情，情生于性。"① 人之性源自于天，乃天赋的特质。不善之人在好利的本性之下，受到财富、名位等诱惑的刺激，容易作出不善之举，甚至为一己私利实施违法犯罪行为。

此外，制度的缺失和为政者的失德，也是导致犯罪多发的原因。专制政权中，统治者对国家的治乱具有决定性的作用。《缁衣》中引用《吕刑》的记载，说："一人有庆，万民赖之。"② "是故威服刑罚之履行也，由上之弗身也。昔者君子有言曰：'战与刑，人君之坠德也。'"③ 子思认为，如果统治者无视自身的道德修养，不能按照礼的要求控制自身的行为，那么民众的行为同样会失控、无章。行为无章可循，则会竞相作乱，进而实施危害国家社会的犯罪行为。这说明了为上不正对民众行为的消极负面影响作用。是故《缁衣》中说："下之事上也，不从其所以命，而从其所行。上好此事也，下必有甚焉者矣。故上之好恶，不可不慎也，民之表也。"④ 因此，要想让民众知耻，放弃为逐利而以身试法的冒险行为，统治者必须首先成为遵守道德的楷模。

---

① 李零：《郭店楚简校读记》（增订本），中国人民大学出版社 2009 年版，第 136 页。
② 李零：《郭店楚简校读记》（增订本），中国人民大学出版社 2009 年版，第 78 页。
③ 李零：《郭店楚简校读记》（增订本），中国人民大学出版社 2009 年版，第 157 页。
④ 李零：《郭店楚简校读记》（增订本），中国人民大学出版社 2009 年版，第 78 页。

《尊德义》中说"自古率民向方者，唯德可。"①子思延续了孔子对于人性的观点，认为人性本善，但同时又存在趋利避害的自然本能因素，因此，为了使人们获得控制自身自然之性的能力，淳化民心，就必须实施教化。《性自命出》言道："四海之内，其性一也。其用心各异，教使然也"，"凡动性者，物也；逆性者，悦也；交性者，故也；厉性者，义也；绌性者，势也；养性者，习也。"②子思认为，只有依靠道德的教化，才能保持人的本性之向善。影响人教化的因素有很多，诸如"物、悦、故、义、势、习"等。其中，"习"最为重要，不仅包括对知识的学习，也包括人生观、道德观等人生规划和正常发展的内容。而教化民众的方式，子思认为，统治者唯有"以德服人"才能达到国家治理的目的。同时，在教化的过程中，要有耐心和恒心。五次不行，就教化十次，十次不行，就教化百次，"轨民爱，则慈也；弗爱，则仇也。民五之方格，十之方争，百之而后服"，百次教化之后，民众便会逐渐形成一种良好的道德意识，明确的行为规范。孔子曾说过："少成若天性，习惯之为常"③，也是在说这个意思。即通过统治者的表率作用，以及恰当运用仁义道德的教化，人的本性会得到调节，并被引导向善的方向，民众的觉悟也会逐渐提高，最终避免因好利而争斗或犯罪行为的发生。

针对"上失其道"导致的犯罪，子思对统治者提出了**修身**和**治民**的建议。《尊德义》中说："禹以人道治其民，桀以人道乱其民。桀不易禹民而后乱之，汤不易桀民而后治之。"④这里所说的"人道"，就是引导民众向善的手段，即是子思所谓的统治者以身作则，率先垂范，为政以德的行为方式。"故君子之莅民也，身服善以先

---

① 李零:《郭店楚简校读记》(增订本)，中国人民大学出版社2009年版，第181页。
② 李零:《郭店楚简校读记》(增订本)，中国人民大学出版社2009年版，第136页。
③《礼记·保傅》
④ 李零:《郭店楚简校读记》(增订本)，中国人民大学出版社2009年版，第182页。

之，敬慎以守之，其所在者入矣，民孰弗从？"①《缁衣》也说："子曰：'上好仁，则下之为仁也争先。故长民者，章志以昭百姓，则民致行己以悦上。'"②子思认为，作为统治者珍视仁义，必然会得到其属下臣民的学习和效仿，这是一个为政者应当具备的基本素质，也是维持国家稳定，达到治世的重要基础和前提。

子思从人性和统治者两个方面，揭示出民众犯罪的自然和社会方面的原因。社会安定，民众有序是子思所追求的理想社会，为此，他告诫统治者要"为政以德"，并以此积极引导民众，不断加强道德教化，帮助民众形成正确的道德伦理观念和行为准则，从而约束自身，不去实施违法犯罪行为。应当说，子思的犯罪原因及预防的理论，既是对孔子等儒家人物思想的继承，又是根据当时实际形势，并结合自身经验形成的思想主张。

77. 德礼为主，刑罚为辅

相对于法家的"以刑去刑"、"重刑罚罪"，主张入世的儒家学者，对于维护社会秩序，保持宗法制的稳定，更强调道德教化的重要作用。子思是儒家学派的传承人，又在政治实践当中积极地贯彻着德主刑辅的理念。在《缁衣》中，子思说："夫民，教之以德，齐之以礼，则民有格心；教之以政，齐之以刑，则民有遁心。故君民者，子以爱之，则民有亲；信以结之，则民不倍；恭以莅之，则民有逊心。《甫刑》曰：'苗民匪用命，制以刑，惟作五虐之刑曰法。'是以民有恶德，遂绝其世也。"③子思生活的时代是春秋战国的转型

---

① 李零：《郭店楚简校读记》（增订本），中国人民大学出版社 2009 年版，第 159 页。

② 李零：《郭店楚简校读记》（增订本），中国人民大学出版社 2009 年版，第 78 页。

③（清）孙希旦：《礼记集解》，中华书局 1989 年版，第 1323 页。

时期，统治者已逐渐不再重视传统的礼乐制度，因此，相较孔子的"德主刑辅"思想，他对德、礼的呼唤更为强烈。子思清楚的看到了专任刑罚带来的消极社会效果，因此，在文章中以不容置疑的肯定语气，向统治者表明"为政以德"的正确性。接着，子思对"子以爱之"、"信以结之"、"恭以莅之"的积极做法予以阐释，并特加肯定，劝导执政者以身作则，践行德礼教化。当然，对于刑罚的实施，子思并非予以否定，只是认为不可专以刑罚处理犯罪问题。他举出了《吕刑》中的例子，苗民尚刑，最终导致严重后果，告诫统治者要慎用刑罚，规劝其及时将执政思路调整到"以德为主"的轨道上来。他认为，刑罚手段的滥用，只会增加民众的反感，对自觉约束自身行为作用不是太大，因此，强制性的制裁应当始终作为次要的辅助，绝不可作为降低犯罪的主要措施。另外，子思认为，"上之弗身"的失德，便是失去立国之根本。《成之闻之》中说："君子之于教也，其导民也不浸，则其淳也弗深矣。是故亡乎其身而存乎其辞，虽厚其命，民弗从之矣。是故威服刑罚之屡行也，由上之弗身也。昔者君子有言曰：战与刑，人君之坠德也。"[1] 上失其德，导致犯上作乱行为增加，违法乱纪丛生。而为上者并未约束自身，反而诉诸战与刑来治民。这就形成了一种恶性循环，以刑去刑的模式只能导致犯罪更多。子思的论断，实际上是对儒家"德礼为主，刑罚为辅"思想的继承，而对"德礼教化"的重视，则体现了其思想的时代特点。

78. 赏与刑，必由其道

在重视道德的同时，子思也关注法家"赏刑并举"的执政手

---

[1] 李零：《郭店楚简校读记》（增订本），中国人民大学出版社 2009 年版，第 158 页。

段。《尊德义》中说道："赏与刑，祸福之基也，或前之者矣。爵位，所以信其然也。征侵，所以攻□（也）。刑（罚），所以□与举也。杀戮，所以除害也。不由其道，不行。"① 首先，子思肯定了赏、罚在治国理政中的重要作用，但同时注意到赏罚的不同标准、原则和尺度，也会带来诸多的不安定因素。因此，他认为，在道德教化不能奏效时，就需要适用刑罚来惩治犯罪行为，但这种刑罚的适用必须要符合一定的标准。假使"不由其道"，则"虽尧求之弗得也"。那么，子思所谓的"道"指的是什么尺度呢？从他的著述中，我们不难看出，在犯罪的惩治方面，子思是坚持"刑罚得中"的中庸主张的。《中庸》这一儒家传承之作，对子思的这种态度有较为明确的概括。《中庸》云："喜怒哀乐之未发，谓之中；发而皆中节，谓之和。中也者，天下之大本也；和也者，天下之达道也。致中和，天地位焉，万物育焉。"② 对于先秦儒家而言，"中"是行事、修身的途径和方法，而"和"是要达到的理想状态。这一点反映在子思的犯罪惩治观念上，就是"大罪诛之，小罪赦之"。

《五行》中谈道："有大罪而大诛之，简也。有小罪而赦之，匿也。有大罪而弗大诛也，不行也。有小罪而弗教也，不辨于道也。"③ 子思认为"不以小道害大道"④，个人的生命相对于社会秩序安定的"大道"而言，始终是"小道"，因此，当出现严重危害社会的大罪时，为了稳定社会秩序，以及民众的生命安全和利益，就必须予以严厉制裁。并且，对犯了大罪的人，以诛杀的方式严厉惩处，是对"简"的实现，也是为"义"的最终实现扫清道路。因为按

---

① 李零：《郭店楚简校读记》（增订本），中国人民大学出版社 2009 年版，第 181 页。
② （宋）朱熹：《四书章句集注》，中华书局 1983 年版，第 18 页。
③ 李零：《郭店楚简校读记》（增订本），中国人民大学出版社 2009 年版，第 103 页。
④ 李零：《郭店楚简校读记》（增订本），中国人民大学出版社 2009 年版，第 101 页。

照子思"不直不肆，不肆不果，不果不简，不简不行，不行不义"①的逻辑顺序，"简"正是由"直"通往"义"的必经之路。对于小罪，子思则主张"赦"之，认为隐匿民众小的过错，是"仁"的表现之一。这种主张与孔子的"赦小过"的主张比较相近。南宋大儒朱熹曾指出："过，失误也。大者于事或有所害，不得不惩。小者赦之，则刑不滥而人心悦矣。"②这番解释应当正是准确表达了子思要表达的内容。子思所谓的"小罪赦之"，意在通过对犯罪惩处方式的变通，使民众摆脱繁刑的困扰，获取民心，最终实现"仁"治。总之，"大罪诛之，小罪赦之"的犯罪惩治主张，一方面可以保持刑罚的威严，通过打击严重的犯罪，惩戒罪犯，教化广大民众；另一方面，也可以避免刑罚的泛滥和轻易实施，避免因此给民众带来的严重伤害。尽管标准如此，但要把握适度着实不易，甚至一般人连一个月都不能坚守。"人皆曰予知，择乎中庸，而不能期月守也"③。因此，子思将其视为统治者执政时必须遵循的最高原则，尽量做到"执其两端，用中于民"。这一价值理念与孟子的"生道杀民"是一致的。总之，不因一人生死而害天下众人，是儒家思想传承的一贯理念。

79. 刑不逮于君子，礼不逮于小人

礼与刑在适用方面讲求等级差别，是儒家的一个具有代表性的观点，是所谓"礼不下庶人，刑不上大夫"④。在犯罪的惩治上，子思也坚持这种主张。郭店楚简中，《尊德义》篇有云："刑不逮于

---

① 李零：《郭店楚简校读记》（增订本），中国人民大学出版社 2009 年版，第 102 页。
② （宋）朱熹：《四书章句集注》，中华书局 1983 年版，第 141 页。
③ （宋）朱熹：《四书章句集注》，中华书局 1983 年版，第 19 页。
④ 《礼记·曲礼上》

君子，礼不逮于小人"，便是对礼、刑适用原则的类似论断。其中，"礼不逮于小人"并非指一般民众行事不以礼为标准，而是说制礼自士以上，不为庶人制礼。"刑不逮于君子"，最初是出于对贤人君子的尊重而确立。《礼记集解》中引用了孔子的话说："五刑三千之科条，不设大夫犯罪之目。所以然者，大夫必用有德，若逆设刑，则是君不知贤也。""是以係、缚、榜、笞、髡、刖、黥、劓之罪，不及士大夫，以其离主上不远也。"① 正是因为春秋之前的时代，统治者以德治国，士大夫之类的贤人以德修身，所以从对贤人尊重的角度，不以刑罚毁其身。但是，子思所生存的战国时代距离这一时期已经十分遥远，并且社会情况也发生了剧烈的变化。春秋之后，在官员的任命和升迁上存在"爵赏逾德"的现象，是故士大夫逐利从之。君子如不能保持较高的道德，先前的说法也就说不通了。但是，并不妨碍思想者结合新的社会形势对这一论断进行新的解释。因此，经过了不断地适应环境的过程，"礼不下庶人，刑不上大夫"演变成了维护少数人特权的工具。从子思所处的时代，以及儒家理论发展及传承的角度看，子思在犯罪惩治方面"刑不逮于君子，礼不逮于小人"的观点，确实是有维护等级秩序，保护士大夫及上层统治者的倾向。

　　总之，子思在犯罪的预防和惩治方面的观点，是以儒家为主体，在孔子的学说思想基础上，结合社会实际情况的适当发展。在其为官的政治实践中，子思时刻注意总结执政理念和方法的不同。对于国家和社会治理结果的因果关系，既有内心的求索，又有外向的探寻，依然紧扣了儒家"内圣而外王"的总原则。

---

① （汉）贾谊:《新书》卷二《阶级》

80. 儒家的犯罪原因论

夏、商、周三代时期，"奉天伐罪"的神罚思想，是指导犯罪惩处的主要理论。春秋战国时期，社会形态发生了巨大的变化，继承自三代的"以德配天，明德慎罚"思想逐渐发生了动摇。在这种情况下，先秦的儒家提出"德主刑辅"的刑罚观，"富民"、"教民"的犯罪预防思想。这些都是在继承三代刑罚思想的基础上，根据新的社会形势进行的发展。从整体上看，与处理政治问题的观点类似，儒家对犯罪问题的研究也是从世俗的角度出发的。儒家各位代表性人物，无暇过问天道等遥不可及的问题，其思想也逐渐摆脱神权的束缚，而更多地注重"以人为本"，形成了具有深远影响的世俗犯罪学理论学说。

性之善恶与犯罪。先秦儒家的代表人物中，孔子对于人性与犯罪的关系问题，除了"性相近也，习相远也"之外，并无更加具体的论述。而孟子则"道性善"，肯定人性本善，进而推出人性大体相同，不存在本质的区别，在理论上否定了天生圣人或者天生罪犯的说法。对于犯罪，孟子认为其不可能出于人的固有本性，而是由于丧失了仁义礼智四大伦理原则，导致本性丧失而造成的结果。荀子反对孟子的性善论，认为人性具有趋利避害的倾向。但是，可以通过礼法加以矫正。在犯罪预防和惩治方面，荀子坚持人性改造论，认为人的"恶"欲是犯罪的原初驱动力，若任由其发展，则必然产生争夺、残杀之恶行。先秦儒家关于人性与犯罪的论断不尽相同，但在犯罪的预防和惩治上，均重视道德教化的作用，希望借此从根本上影响一个人的认识，自觉放弃实施或者避免再次实施犯罪行为，从而达到犯罪的一般和特殊的双重预防功效。

犯罪心理与犯罪。从当今的研究划分看，先秦儒家的言论中，多有关于犯罪心理学的观点，认为犯罪心理是犯罪发生的直接原因。孔子就认为，通过影响个人，改变其犯罪心理，是为政者预防犯罪行为的最好方法。他认为，"道之以德，齐之以礼"能够使民"知耻"，进而从内心中排斥犯罪行为，顺服地接受统治者的安排。孟子提出"无恒产，无恒心"，将特定的物质资料视为民众安分守己之"恒心"的先决条件。失去了土地等基本的依赖，犯上作乱之心便易于形成，进而犯罪行为多发。荀子将人的思想认识的片面性视为人的犯罪心理产生的原因。他说："欲恶取舍之权：见其可欲也，则必前后虑其可恶也者；见其可利也，则必前后虑其可害也者；而兼权之，熟计之，然后定其欲恶取舍，如是则常不失陷矣。"①

　　贫穷与犯罪。先秦儒家都论述了贫穷与犯罪的关系。孔子说的"贫而无怨难"和"小人穷斯滥"，有重视乱心之意，实际上也是注意到了贫穷与犯罪之间的关系。孟子的"制恒产"实际上也是在洞悉这一关系的基础上，提出了相应的解决措施。荀子在谈到这一点时，曾说："凡人之盗也，必以有为，不以备不足，足则以重有余也"。②实际上也是对经济贫困与犯罪的关系的深刻洞察。

81. 儒家的犯罪防治论

　　先秦儒家，无论是孔子、孟子，还是子思、荀子，对于犯罪原因方面的论述，均奠定了犯罪预防理论的基础。"他们关于犯罪预防和控制的思想，是要求从社会、家庭、物质、教化、伦理和为政者的表率作用等各个方面建立一套预防和控制机制，并着重

---

①《荀子·不苟》

②《荀子·正论》

从人的心理层次和道德人格高度根除犯罪意识。"①这种相互关联、相互配合的综合治理理论，在当时具有一定的积极作用，也值得当今批判地继承。

富民——遏制犯罪之源。在对社会动荡和犯罪多发的原因进行探索时，孔子敏锐地洞察到了"贫穷"这一根本性的原因。他认为，德礼教化能够使民众增加向善的自觉性，然而，假使民众基本生活都得不到保障，教化的作用便难以发挥。因此，孔子在遏制犯罪层面上，提出了"先富后教"的主张。在此基础上，孟子提出了"制民之产"的具体措施，主张"民有恒产"，并试图恢复井田制，要求统治者施行轻徭薄赋的惠民政策。"无富无以养民情，不教无以理民性"，荀子同样遵循富民的原则，对具体措施的主张也与孟子极其相似："故家五亩宅，百亩田，务其业而勿夺其时，所以富之也"②。

教民——消除犯罪动机。孔子对"礼不下庶人"的礼制原则进行了适当的变通，将礼的适用范围扩大到了民间。他主张"有教无类"，重视伦理道德在消除犯罪动机、巩固政权和统治方面的作用，提倡以伦理道德之戒律达到"禁奸于未萌"的社会效果。孟子吸收了这种观点，认为政刑只能使民众被迫就范而已，却不能赢得民心，令其心悦诚服。是故，他仍然将道德教化视为消除犯罪的重要方式之一，认为"善政不如善教之德民也"③，而"教以人伦"则是具体的教化方式，通过"父子有亲，君臣有义，夫妇有别，长幼有序，朋友有信"的实现，达到理顺社会秩序，消除犯罪的目标。荀子以"人性恶"为出发点，似乎与孔孟的"性善论"

---

① 李广辉、余小满："试论先秦儒家的犯罪学思想"，载《河南大学学报》2002 年第 2 期。

②《荀子·大略》

③《孟子·尽心上》

大相径庭，而实际上，却是殊途同归的。在消除犯罪方面，荀子强调"化性起伪"，将"礼义"视为正身的重要标准和原则。

在教民过程中，由于适用更多的是伦理道德，因此，伦理观念与法律规定的冲突难免发生。儒家的伦理以"君臣、父子、夫妻、兄弟、朋友"的五伦为中心，重视"正名"；以家族主义为本位，强调"忠孝"；认为"贵贱有等"，不可"一断于法"。儒家思想中，违反伦理价值的举动，均为道德上的"恶"，进而成为法律上的罪，因此，以伦理屈法的情况多有发生。孔子主张"父子相隐"是典型的例证。因为父子相隐体现的是孝的价值，在以伦理为核心的儒家思想看来，孝是符合道德和礼制的"直"，因此，对于父子相隐，不仅不能认定为是犯罪，反而应当予以提倡。对于不孝的行为，就算是不违背法律，但由于违背了伦理纲常，也会以法律手段惩处。孔子对复仇的见解便体现了这一点。"夫孝，天之经也，地之义也，民之行也。"①孔子认为，父仇不报，为大不孝，必不容于社会，而为父报仇，即便违法，但是尽孝道，不应予以惩处。

孟子也将仁义视为最高价值，作为判断罪与非罪的基本标准。凡是背信弃义之举，不管当事人的身份地位如何，均为严重的犯罪行为，必须受到严惩。因此，孟子提出"诛不仁"，即用诛杀的刑罚措施惩罚"不仁"的犯罪行为。对于君主和诸侯，孟子则提出了"易位"和"变置"的替代手段，正所谓："君有大过则谏之，反复之而不听，而易位"②，"民为贵，社稷次之，君为轻。是故得乎丘民而为天子，得乎天子为诸侯，得乎诸侯为大夫。诸侯危社稷，则变置。牺牲既成，粢盛既洁，祭祖以时，然而旱干水溢，则变

---

①《孝经·三才》
②《孟子·告子上》

置社稷"①。荀子说："伤良曰谗，害良曰贼。是谓是、非谓非曰直。窃货曰盗，匿行曰诈，易言曰诞，趣舍无定谓之无常，保利弃义谓之至贼。"②其中，"谗"、"贼"、"至贼"的说法也都是以伦理来诠释犯罪："伤良曰谗"是以言语伤害贤良或亵渎仁义道德的言论和行为；"害良曰贼"即杀害贤良；"保利弃义"即贼仁害义，是危害性最大的、最为严重的犯罪。

礼刑并用——预防和惩治结合。在犯罪的预防方面，孔子认为道德教化虽然需要较长时间的坚持方能奏效，但却能达到根除犯罪的目的。正是出于对"大道之行，天下为公"、"刑措而不用"的大同世界的向往，才使得孔子的言论中充斥了倡导道德教化作用的倾向。孔孟虽然极力主张德礼为"本"，极度强调道德教化的重要作用，但并未对刑罚视而不见，听而不闻。孔子的"导政"、"齐刑"观点也肯定了政刑的作用，虽然不如"导德"、"齐礼"，但也能够使"民免于罪"，不敢轻易以身试法。孔子强调，刑罚可用，但不得滥用，故提出了刑罚实施方面的"刑罚中"、"宽猛相济"等原则。与孔子一样，孟子虽相对轻视刑罚，但不否认其作用。他主张"明其政刑"，反对不分情况的"重刑滥杀"，强调刑罚的"约省"和"慎用"。但是，对于特殊情况又进行区别对待，在惩处危害社会的严重犯罪时，甚至主张不适用"先教后诛"原则，要求适用死刑，立诛之。荀子基于"性恶论"，既隆礼又重法，与孔孟的刑罚观念相区别。荀子否定象刑，认为"刑措而不用"的理想社会状态是不存在的，人性中就存在着趋向犯罪的恶，因此，单纯教化不能够完全遏制犯罪的发生。结合当时社会情况，荀子对刑罚的功能和方式多为正面的阐释，提出了"立法严密"、"罚当

---

①《孟子·尽心下》
②《荀子·修身》

其罪"、"信赏必罚"、"禁行株连"等极具积极意义的刑罚原则。

"礼禁于未然之前，刑施于已然之后"①，重教化而不废刑罚，是儒家犯罪防治理论的重要概括。礼为积极的、防患于未然的道德规范，旨在劝民向善，通过潜移默化的训导，使百姓心甘情愿地顺服，因而，礼成为预防犯罪的第一道防线。刑为严厉而消极的惩罚手段，作用在于禁民为恶，使百姓畏惧牢狱之灾，不敢实施犯罪。礼、刑关系在儒家这里，更准确的表述为"出礼而入刑"。

82. 儒法犯罪观之比较

礼与法——行为规范的区分。儒家以礼作为维持社会秩序的最高行为规范，以之指导国家立法和司法的全过程，强调用道德的力量劝人向善，达到知耻而无奸邪之心。法家以法作为社会秩序得以规范的手段，认为法的功能在于禁奸止暴，而非劝人为善，主张以强制力量治理国家。

贫穷与自私——犯罪原因的区分。儒家以贫穷作为犯罪的首要原因，在此基础上，提出了"富民"、"教民"的治理措施，对刑法的适用相对偏视，除荀子并重外，其他代表人物均视之为不可偏废的有益补充手段。就算实施刑罚制裁，儒家也只是希望达到以儆效尤的社会效果，注重犯罪的一般预防。法家则认为，人性本恶，在自私的天性之下不可能主动向善。因此，法律只有设定好对各种行为的评价标准，并通过强制性的刑罚来保障实施，才能够达到安定社会秩序的目的。从犯罪预防的角度来看，法家似乎过于重视犯罪的特殊预防作用，强调惩罚，以之威慑社会成员不敢犯法。

---

①《礼记·礼察》

中与重——刑罚程度区分。儒家认为刑罚适中，能够使人信服，刑罚本身才能得到重视。否则，将产生逼良为盗的不利局面。法家为了体现刑罚的威严，以重刑主张为基本原则。法家的代表人物商鞅将重刑主张的适用概括为三种主要的表现形式：轻罪重罚，以此遏制轻罪出现，进而消灭重罪；族刑连坐，扩大株连范围，清除犯罪根源；用刑于将过，甚至不分具体情况，一律严惩。韩非全盘继承了商鞅的"以刑去刑"的重刑学说，认为只有重刑才能止奸。

当然，儒法之间存在以上的区别，但它们也并非水火不容，截然对立。儒家主张德礼，注重教化，不是要摒弃或者忽视了刑罚的作用，而是将其视为必不可少的治国理政工具。法家在强调刑罚的同时，也并不完全否定仁义、尊卑、贵贱等道德标准，甚至是为了达到这样的社会秩序。认真剖析儒法两家的犯罪学学说和思想就会发现，二者有着同样的道德理想和政治目的，尽管手段和方法各有侧重，但是异曲同工，殊途同归。这也是汉代以后儒法合流的前提和基础。

第六章

先秦法家思想中的犯罪学学说

　　春秋战国时期的思想家们产生了多家学派，形成了"百家争鸣"的局面，其中法家是以提倡"以法治国"的一个学派。但实际上"法家"这种说法的形成则始于汉代，《史记》中载司马谈《论六家要旨》中提到："夫阴阳、儒、墨、名、法、道德，此务为治者也，直所从言之异路，有省不省耳。""法家严而少恩，然其正君臣上下之分，不可改矣。""法家不别亲疏，不殊贵贱，一断于法"，从而将这些主张"变法"、要求"以法治国"、"一断于法"的人士统称为"法家"。

　　春秋战国时期轰轰烈烈的成文法运动，造就了法家学派，同时法家学派的思想也进一步促进了先秦时期成文法运动的发展。因此在春秋战国时期即已经出现了许多法家的代表性人物。从不同的角度上，对法家又有不同的划分。

　　首先从时间上，可以分为春秋时期的法家，主要有子产、邓析、管仲等；战国初期中期的法家，主要代表人物有李悝、吴起、商鞅、慎到、申不害；战国后期的法家，主要代表人物有李斯和韩非。

　　其次从地域上，可以分为晋法家和齐法家。晋法家或晋秦法家是以三晋文化和秦文化为基础而产生的法家派系，齐法家则是以齐国文化为基础产生的法家派系。

83. 管仲及《管子》中的犯罪原因学说

管仲（？—公元前645）名夷吾，字仲，颖上人。年青时他曾与鲍叔牙交往，鲍叔知其贤，因此很看重他，在很多事情上都帮助过他。管仲家境贫困，多次受到鲍叔的帮助。后来鲍叔服事齐国的公子小白，管仲服事公子纠。后来公子小白得立，公子纠被杀死，管仲也被囚禁，由于得到鲍叔推荐，管仲相齐桓公四十多年，"九合诸侯，一匡天下"，成为春秋时期第一位霸主。

战国时期，有些学者把管仲的言论和主张整理成书，以记载管子的思想。《韩非子·五蠹》言："今境内之民皆言治，藏管、商之法者，家有之。"这说明在当时管子的书已经出现，并收藏于百姓之家，有一定影响。现存的《管子》一书共86篇，但据学者研究，并非管仲本人所作，而是后人假托管仲之名而作。《汉书·艺文志》将《管子》列入道家，但实际上难掩其作为法家初期代表人物的痕迹。《管子》一书出自多人之手，虽不是管仲本人所作，但其中的一些篇目仍然对于研究管子的犯罪学思想有一定帮助。

管子认为，贫穷是导致人民不知礼节和荣辱，引起犯罪的根源。管仲说："仓廪实则知礼节，衣食足而知荣辱。"因此他对统治者说："善为政者，仓廪实而囹圄虚；不善为政者，囹圄实而仓廪虚。"[①] 衣与食实际上是人类的两大基本需求，只有基本需求满足之后，才有可能考虑其他的发展，用管子的话即是"知礼节"、"知荣辱"，因此"仓廪实"、"衣食足"便是其重要基础。如果人们的基本生存需求无法满足，衣食无着，饥肠辘辘，当然也不可能有更高一层次的社会欲求，当然也就无法"知礼节、知荣辱"。不知礼节、荣辱，自然也就不可能考虑所谓的法律、道德等社会规

---

①《管子·牧民》

则，如此一来，违反道德和法律的行为也就必然会发生。因此《管子·正世》还说："财竭则不能毋侵夺，力罢则不能毋惰倪"。《管子·版法解》又说："用财啬则不当人心，不当人心则怨起，用财而生怨……众劳而不得息，则必有崩咃堵坏之心。故曰：民不足，令乃辱；民苦殃，令不行。"

管子认为引起犯罪的另一个重要原因是人的欲望得不到满足。人都有欲望，除了基本的生存需求之外，还会产生其他各种需求，而这种需求的满足程度与方式也使人产生犯罪的心理。因此管子写道："凡人之情，得所欲则乐，逢所恶则忧，此贵贱之所同有也。近之不能勿欲，远之不能勿忘。"① 也就是说，当人们的需求得到满足，便会感到快乐；但如果需求得不到满足，就会感到沮丧，这种情绪的积累会使人忘记或者抛法律于不顾，铤而走险，甚至产生犯罪。

管子认为人们的乡土观念与犯罪之间也有一定的联系，对于乡土社会的重视，能够约束百姓安定守法，反之则容易走上犯罪的道路。《管子·治国》说："民富则安乡重家，安乡重家则敬上畏罪，敬上畏罪则易治也；民贫则危乡轻家，危乡轻家则敢凌上犯禁，凌上犯禁则难治也。"管子逻辑是当人们贫穷无助，那对于家乡也就没什么眷恋，随时可能逃亡的心态使他们不害怕所管官吏和法律的规定，因此也就难以治理。在中国古代以宗法家族制为基础的社会之中，宗族是维持基层社会秩序的重要组织，对宗族的依赖及重视也促使人们进一步对宗族、家乡有着极深的感情，在此情形下所形成的熟人社会对每个成员的行为都有较强的约束作用。而当一个人由于贫困潦倒以致被宗族、社会抛弃之后，自然也就产生了报复社会，不顾宗族之情的情绪，犯罪的产生自然也就难

---

① 《管子·禁藏》

以避免。因此作为统治者来讲，既要立法，又要发展经济，使百姓富足。《管子·治国》言："凡治国之道，必先富民。"这样才能使百姓真的可以安居乐业，否则在食不果腹、衣不蔽体的情况下，一味采取重刑并不会取得良好的效果，反而可能会引起更剧烈的反抗。《管子·牧民》说："刑罚不足以畏其意，杀戮不足以服其心"，《管子·正世》也说："民已侵夺惰倪，因以法随而诛之，则是诛罚重而乱愈起。"

除了人的因素之外，管子认为客观生活环境也是犯罪可能产生的重要条件和原因。当处于一定环境之中时，奸邪即会产生，相反如果犯罪的环境消除了，犯罪的情况也会大量减少。《管子·八观》中说："大城不可以不完，郭周不可以外通，里域不可以横通，闾闬不可以毋阖，宫垣关闭不可以不修。故大城不完，则乱贼之人谋；郭周外通，则奸遁逾越者作；里域横通，则攘夺窃盗者不止；闾闬无阖，外内交通，则男女无别；宫垣不备，关闭不固，虽有良货，不能守也。"其意思即是说，内城的城墙不可不坚固完整，外城的四周不可有外通的空隙，里的边界不可以左右横通，闾门不可不注意关闭，院墙与门户不可不注意整修。因为，内城不完整，作乱为害的人就会图谋不轨；外城有空隙，奸遁越境的人就可以行事；里的边界随意横通，抢夺盗窃的就不会停止；闾门不关，内外随意交往，男女之间就没有界限；院墙不备，门禁不牢，虽有宝贵的财货也是无法保管的。因此，这些犯罪的产生与环境及客观的形势密不可分，如能及时弥补这些不足，就能使犯罪消灭在萌芽状态。"故形势不得力非，则奸邪之人憝愿；禁罚威严，则简慢之人整齐；宪令著明，则蛮夷之人不敢犯"。[1]

---

①《管子·八观》

84. 仓禀实而知礼节，衣食足而知荣辱

产生犯罪的原因有很多，对应的也应该从多方面来预防犯罪的产生。因此管仲在经济上、政治上、教育上及法律方面均提出犯罪预防的方式并进行积极实践。《管子·正世》中说："古之欲正世调天下者，必先观国政，料事务，察民俗，本治乱之所生，知得失之所在，然后从事。"在这样的主导思想下，他提出了多种预防犯罪的途径。其一是在经济方面，要发展经济，使民众富足，遏止犯罪产生的根源。基于其对"仓禀实而知礼节，衣食足而知荣辱"的认识，管仲认为使民众富裕，安居乐业是极其重要的。《管子·治国》说："凡治国之道，必先富民，民富则易治也，民贫则难治也。"经济发展了，老百姓日子过得好了，自然会珍惜现在的生活，畏惧刑罚，也就不会走上犯罪的道路。当然管子也认识到老百姓穷困的重要原因是统治者的奢侈浪费，"国侈则用费，用费则民贫，民贫则奸智生，奸智生则邪巧作"①，由此视之，奸邪产生的最终根源可以归结到统治者的奢侈靡费上，因此，管仲多次告诫统治者要厉行节约，不能浪费，以此来给百姓做出表率。"故曰，审度量，节衣服，俭财用，禁侈泰，为国之急也。"②除了统治者约束自己之外，管子还主张大力发展经济，重农而不抑商，以此获得更多的收入，使民众富足，因此十分重视民力的作用。《管子》认为："一农不耕，民或为之饥，一女不织，民或为之寒"③，"彼民非谷不食，谷非地不生，地非民不动，民非作力毋以致财"④，因此民众应该积极参与劳动创造财富。同时，管仲也十分重视商业的繁荣，"士农

①《管子·八观》
②《管子·八观》
③《管子·轻重甲》
④《管子·八观》

工商，四民者，国之石民也"①，也即是说从事工业、商业的民众与
士、农一样，也是国家经济发展中的重要成员，不可或缺。为了
繁荣商业，管子提出了很多具体的措施，如《管子·小匡》云："夫
商群萃而州处……旦暮从事于此，以教其子弟，相语以利，相陈
以知粜。少而习焉，其心安焉，不见异物而迁焉，是故其父兄之
教不肃而成，其子弟之学不劳而能。夫是故商之子恒为商"，使商
人们集中在一起居住生活，既繁荣了商品交易，也使得子承父业，
从事商业的人更多，为获得更多社会财富奠定基础。

85. 赏薄则民不利，禁轻则邪人不畏

管子认为预防犯罪，在政治方面要制定合乎国情民意的政策，
使老百姓能够有安身立命的基础和环境，自然会使社会和谐，否
则就难免有犯罪的产生。《管子·正世》说："今使人君行逆不修道，
诛杀不以理，重赋敛，竭民财，急使令，罢民力，财竭则不能毋
侵夺，力罢则不能毋堕倪。"其意即是说国君如果不讲原则而倒行
逆施，横征暴敛，随意杀伐，其结果将是造成人民困穷，财产减少，
犯罪难以避免。要想使犯罪减少，使社会稳定就必须制定较为合
理的政策，赏罚严明，"赏薄则民不利，禁轻则邪人不畏"②，过轻
或过重都不适合，而必须达到"适中"的程度，"制民急则民迫，
民迫则窘，窘则民失其所葆；缓则纵，纵则淫，淫则行私，行私则
离公，离公则难用"。③其意即是说，对于民众的管理与刑赏一样，
要适中，不能太紧亦不能太松。过紧会导致生活困窘，进而会无

---

① 《管子·轻重乙》
② 《管子·正世》
③ 《管子·正世》

视法律，产生犯罪；过松，则民众则会放纵自己，同样会破坏社会
秩序。

86. 礼义廉耻

管子认为要预防犯罪不能忽视礼的作用，即要通过"礼义廉耻"
方面的教化使人民群众远离犯罪。《管子·权修》言："凡牧民者，
使士无邪行，女无淫事。士无邪行，教也；女无淫事，训也。教训
成俗，而刑罚省，数也。"管子认为治理民众的目标就是使"士无
邪行，女无淫事"，而要想达到这样的效果，必须依赖于"教""训"，
使其知礼懂法。管子认为教化的内容概括起来就是"礼义廉耻"四
维，"国有四维，一维绝则倾，二维绝则危，三维绝则覆，四维绝
则灭。倾可正也，危可安也，覆可起也，灭不可复错也。何谓四维?
一曰礼，二曰义，三曰廉，四曰耻。礼不逾节，义不自进，廉不蔽
恶，耻不从枉。故不逾节，则上位安；不自进，则民无巧诈；不蔽恶，
则行自全；不从枉，则邪事不生。"①其意即是说，国有四维，缺了
一维，国家就倾斜；缺了两维，国家就危险；缺了三维，国家就颠
覆；缺了四维，国家就会灭亡。倾斜可以扶正，危险可以挽救，倾
覆可以再起，只有灭亡了，那就不可收拾了。所谓是维，一是礼，
二是义，三是廉，四是耻。礼就是要求人们遵守一定的生活规范和
等级制度，明礼就不会逾越规矩和等级；义就是道义，就是思想行
为要符合正义的原则，守义则不会唯利是图，妄自求进；廉就是行
为端正，廉洁自杀，有廉就不会掩饰过错，自然也就会守法；耻就
是羞耻之心，就是要求人们对所犯之过错有羞愧之心，悔改之意。
人们不越出应守的规范，为君者的地位就安定；不妄自求进，人们

---

① 《管子·牧民》

就不巧谋欺诈；不掩饰过错，行为就自然端正；不趋从坏人，邪乱的事情也就不会发生了。管子认为应该加强以"礼义廉耻"为基本内容的教化，使老百姓都能恪守优良的品质，形成良好的社会风俗和习惯，如此一来，犯罪自然也就会得到控制。

87. 重法令

管子认为，预防犯罪要依靠制定完备的法律，规定明确的刑罚。只有对犯罪的奸邪之徒施以刑罚，使其犯罪行为得到应有的惩治，才能对其心理起到一定的威慑作用。在进行刑罚的时候必须要做到严明，并且要有罪必罚。《管子·七法》说："有罪而不能诛，若是而能治民者，未之有也"，即是说有罪不罚，当然也就难以治民。当犯罪行为得不到惩罚的时候，奸邪会越来越多，更进一步影响百姓的生活，因此《管子·正世》说："夫盗贼不胜则良民危，法禁不立则奸邪繁"。

管子十分重视法律的制定对于犯罪预防的作用，他认为法律是定分止争的重要工具，"法者，所以兴功惧暴也；律者，所以定分止争也；令者，所以令人知事也。法律政令者，吏民规矩绳墨也"①，有了法律、政令就可以使人们避免纷争而带来的犯罪行为。再进一步，则可以禁奸止暴，"治国使众莫如法，禁淫止暴莫如刑；故贫者非不欲夺富者财也，然而不敢者，法不使也。强者非不能暴弱也，然而不敢者，畏法诛也。故百官之事，案之以法，则奸不生，暴慢之人，诛之以刑，则祸不起"，②其意即是治理国家、治事人民莫如使用法律，禁止淫乱、抑制暴刑莫如使用刑罚。贫穷

①《管子·七臣七主》
②《管子·明法解》

之人并非不想夺取富者的财物，他之所以不敢这么做，是因为惧怕法律的威严；强势者并非不能施加暴行于弱者，然而他之所以不敢这么做，同样也是畏惧法律的惩处。所以说，治理国家有很多要务，但核心之处就在于依法律行事，严格执行相应的法律，奸邪自然不会产生，祸乱也就起不来。所以《管子·正世》篇也说："法治不行，则盗贼不胜，邪乱不止，强劫弱，众暴寡，此天下之所忧，万民之所患也。忧患不除，则民不安其居，民不安其居，则民绝望于上矣。"

管子认为法律制定完备之后，作为最高统治者的国君及贵族必须率先垂范，百姓自然会受到影响，对于预防犯罪的作用是极大的。"上身服以先之，审度量以闲之，乡置师以说通之。然后申之以宪令，劝之以庆赏，振之以刑罚。故百姓皆说为善，则暴乱之行无由至矣"①，统治者以身作则的示范作用会引导百姓向善，自然暴乱之行也就减少了。管子认为法律要起到预防作用必须具备三个条件：其一是向公众公布全国统一的法律。《管子·法禁》说："君一置其仪，则百官守其法；上明陈其制，则下皆会其度矣。君之置其仪也不一，则下之倍法而立私理者必多矣"，其意即认为如果国君统一立法，百官就能守法，并按照具体的规定办事，但如果法令不一，则各地对同样的事情就会做出不一样的处理，此重彼轻或者同罪异罚，将为一些司法官吏随意出入人罪提供借口。"凡将举事，令必先出。曰事将为，其赏罚之数，必先明之"②，在确定赏罚之前先将律令公布于众，这样老百姓自然也就知道什么该做，什么不该做，也就知道了法律允许什么，禁止什么，自然也就可以依法律办事了。其二是要持法公正，刑赏并用，维护法律权威。

①《管子·权修》
②《管子·立政》

公正是社会的基本诉求，也是法律权威得以树立的基本保障。"天主正，地主平"①，"天公平而无私，故美恶莫不覆；地公平而无私，故小大莫不载。无弃之言，公平而无私，故贤不贤莫不用"②，因此无论民众贫富贵贱，身份等级，男女老幼，在法律面前都应该是一样的，平等的，这对建立和维护法律权威意义重大。反之，如果同样的罪行却因人而异，贵贱不同，亲疏有别，那法律的公正性自然也就会受到人们的质疑，自然难以服众。刑赏是治理民众的重要手段，必须做到刑必赏信，宽严适度。《管子·八观》说："置法出令，临众用民，计其威严宽惠，行于其民与不行于其民可知也。法虚立而害疏远，令一布而不听者存，贱爵禄而毋功者富，然则众必轻令而上位危"，因此必须使犯罪者受到惩处，维护法律的权威。基于这样的认识，管子反对刑罚的赦免，"民毋重罪，过不大也，民毋大过，上毋赦也。上赦小过，则民多重罪，积之所生也。故曰：赦出则民不敬，惠行则过日益。惠赦加于民，而囹圄虽实，杀戮虽繁，奸不胜矣。故曰：邪莫若早禁之，凡赦者，小利而大害者也，故久而不胜其祸。毋赦者，小害而大利者也，故久而不胜其福。故赦者，奔马之委辔；毋赦者，痤疽之砭石也。文有三侑，武毋一赦。惠者，多赦者也，先易而后难，久而不胜其祸；法者，先难而后易，久而不胜其福。故惠者，民之仇雠也；法者，民之父母也"。由此视之，赦过甚至仅仅是赦小过都有可能使民众对于刑罚有所轻视，因此可以说是"小利而大害"，"久而不胜其祸"，反之如果不赦，及时的给予惩罚，则属于"小害而大利"，"久而不胜其福"，随意进行赦免是不可取的行为。

①《管子·业内》
②《管子·形势解》

88．有功必赏，有罪必诛

　　法律制定出来，必须得到严格的遵守，否则法律则成为具文，时间久了，百姓自然也就不再信法。管子认为，要想使法律的规定得到严格的遵守，必须惩罚及时得当，这样才能保证民治民用，实现国富兵强。《管子·重令》说："有功不必赏，有罪不必诛，令焉不必行，禁焉不必止，在上位无以使下，而求民之必用，不可得也。"因此有功必赏，有罪必诛，方能取法治的良好效果。同时《管子》还强调："见其可也，喜之无征；见其不可也，恶之无弄，赏罚不信于其所见，而求其所不见之为之化，不可得也。"①又说："无遗善，无隐奸，则刑赏信必。则赏信必，则善劝而奸止。"②对于犯罪的恶行要全部查处，不隐藏任何奸情，做到刑赏有据，言之必行，又必然会起到禁奸止恶的目的。

　　管子十分重视刑罚及奖赏的重要性，他认为刑赏得当也能使法律的权威性得到进一步树立，因此对于赦免罪过是极其反对的。《管子·法法》说："上赦小过则民多重罪，积之所生也。故曰：赦出则民不敬，惠行则过日益。惠赦加于民，而图圄虽实，杀戮虽繁，奸不胜矣。故曰：邪莫如蚤禁之。赦过遗善，则民不励。有过不赦，有善不积，励民之道。于此乎用之矣。"又说："凡赦者，小利而大害者也，故久而不胜其祸。毋赦者，小害而大利者也，故久而不胜其福。故赦者，奔马之委辔；毋赦者，痤睢之矿石也。"

　　《管子·立政》说："凡将举事，令必先出。曰事将为，其赏罚之数必先明之，立事者谨守令以行赏罚。计事致令，复赏罚之所加。有不合于令之所谓者，虽有功利，则谓之专制，罪死不赦。首事

①《管子·权修》
②《管子·法解》

既布，然后可以举事。"也即是说，欲施刑赏必须首先公布刑赏的规则。管子主张有罪必罚，但并不主张滥罚滥刑，要做到罚当其罪，不能滥罚无辜，否则便可能使民众产生怨怒，不愿意效命于国家。《管子·法法》说："故善用民者，轩冕不下儳，而斧钺不上因。如是则贤者劝而暴人止。贤者劝而暴人止，则功名立其后矣。蹈白刃，受矢石，入水火，以听上令。上令尽行，禁尽止。引而使之，民不敢转其力；推而战之，民不敢爱其死。不敢转其力，然后有功；不敢爱其死，然后无故。"所谓的"轩冕不下儳"就是指赏赐不打折扣，"斧钺不上因"就是指刑罚不得随意增加。唯有如此，才能使民众信服，需要保卫国家的时候才能甘心情愿为国家出生入死。管仲认为刑罚的实施必然依赖于法律的规定，在确定的惩罚的时候也应该慎重，才能保证民众信服，进而也使人主得以安全。《管子·法法》说："令未布而民或为之，而赏从之，则是上妄予也。上妄予则功臣怨，功臣怨而愚民操事于妄作，愚民操事于妄作，则大乱之本也。令未布而罚及之，则是上妄诛也。上妄诛则民轻生，民轻生则暴人兴，曹党起而乱贼作矣。令已布而赏不从，则是使民不劝勉，不行制，不死节。民不劝勉，不行制，不死节，则战不胜而守不固，战不胜而守不固，则国不安矣。令已布而罚不及，则是教民不听。民不听则强者立，强者立则主位危矣。"管子的逻辑是没有公布法律而赏赐，则是君主私自赐与，由此则可能导致功臣怨，也使老百姓随意而为，此为大乱之本。同样的，没有公布法律而滥罚，则使人民群众不怕死，最终会引起乱臣贼子趁机作乱。要想使君王地位稳固，国家安全，必须公布法律，并且赏罚严明，严格按法律办事，既不滥赏，也不滥罚。

虽然管子重视刑赏的手段，但并不认为刑赏是万能的，刑赏仅是治国理政的方式之一，要想使国家稳固，还必须借助其他一些辅政的手段。这与后来的商鞅、韩非等后期的法家是有区别的。

89.《管子》中的犯罪学学说余论

管仲相助齐桓公称霸，治理齐政前后达 40 年。在其任政期间，推行各项改革，励精图治，富国强兵，选贤任能，提出"匹夫有善，可得而举"的政策，在法律、政治、经济方面均提出独特的政策，取得了极大成功，"以区区之齐在海滨，通货积财，富国强兵"①，进而"九合诸侯，一匡天下"，也使管仲自己获得了华夏第一贤相的美誉。

管子在其治国理政思想上，既重视法律，也重视德礼教化，可以说是礼法并用、刑德并重的早期践行者。《管子·心术上》曰："登降揖让，贵贱有等，亲疏之体，谓之礼"，其实这本身就是后来儒家依据周礼而提出的"尊尊、亲亲"的体现，"饰八经以导之礼。所谓八经者何：曰上下有义、贵贱有分、长幼有序、贫富有度。凡此八者，礼之经也。故上下无义则乱，贵贱无分则争，长幼无等则倍，贫富无度则失。上下乱，贵贱争，长幼倍，贫富失，而国不乱者，未之尝闻也。是故圣王饬此八礼以导其民。"②由是见之，管子除了有丰富的论述法律与刑罚重要的思想之外，也非常重视道德教化。既包括直接对民众进行教育，也包括统治者及权贵阶层的人要遵纪守法，做道德的模范。"圣王之身，治世之时，德性必有所是"③，"是故道德出于君"，"主身者，正德之本也"，"治官化民，其要在上"④，都是在强调统治者自身要有较高的道德修养，以身作则，正所谓"道德定于上，则百姓化于下矣"⑤。

---

① 《史记》卷六二《管晏列传》，中华书局，第 2132 页。

② 《管子·五辅》

③ 《管子·枢言》

④ 《管子·君臣上》

⑤ 《管子·君臣下》

管子认为贫穷是犯罪的根源，因此，使百姓富裕则是使百姓能够安居乐业的最重要途径。具体到统治者的职责上，就是要发展经济以实现"仓廪实"、"衣食足"，因此管子从不讳言利，反而鼓励商业的发展。这与儒家所说的"君子喻于义，小人喻于利"的重义轻利观明显不同。管子认为趋利避害乃人之本性，"夫凡人之情，见利莫能勿就，见害莫能勿避。其商人通贾，倍道兼行，夜以续日，千里而不远者，利在前也。渔人之入海，海深万仞，就波逆流，乘危百里，宿夜不出者，利在水也。故利之所在，虽千仞之山，无所不上，深源之下，无所不入焉"[1]，可见商人不辞劳苦，远行千里；渔民不畏深海，宿夜不息，都是因为"利"字。基于这样本性的认识，当然应该利用这样的本性而不是遏杀这样的本性，那就是要鼓励农业生产，给商人经商创造良好的环境，使其在创造并拥有更多财富的过程中，适用刑赏的手段，加强管理，取得国富民强的结果。

管子既看到了客观制定的法律对于治理社会的重要性，也懂得好利恶害的人之本性及其可教化和可控制的特性，忽视任何一个方面都是不可取的，适当的加以利用才能够更好的指导和制裁人们的行为。《管子》说："人臣之所以畏恐而谨事主者，以欲生而恶死也，使人不欲生，不恶死，则不可得而制也。夫生杀之柄，专在大臣，而主不危者，未尝有也。故治乱不以法断而决于重臣，生杀之柄不制于主而在群下，此寄生之主也。故人主专以其威势予人，则必有劫杀之患；专以其法制予人，则必有乱亡之祸。如此者，亡者之道也"，这就是说专靠法制而忽视人情，不把握人情之爱生恶死，好利避恶的本性，祸乱自然会产生。

管仲的犯罪学思想内容庞大复杂：他一方面总结了前代政治家

---

[1]《管子·禁藏》

进行社会改革的成功经验和教训，取其精华弃其糟粕地完善了"法治"思想；另一方面，他也吸收、借鉴，并改造了儒家、道家等学派的思想内容，重法而不忽视礼治，重刑亦不轻教化。管仲清晰的认知了法的特性：即其居有定分止争，禁奸止暴的基本功能；依赖于国家强制力作为其后盾；对于违法行为坚决打击，不容徇私；并主张在刑赏之前一定要公布相应的法律，使老百姓有所遵守。

90. 商鞅与《商君书》

商鞅（约公元前 390 年——前 338 年），号商君，又名公孙鞅，卫国人，因之，人又称之卫鞅。其相秦有功，封于商地，故又称商鞅。《史记》说他是卫国诸庶孽公子，"孽"者，犹树之孽生，非主干之意，即商鞅是"妾所生之子"，因此虽然商鞅出身于贵族之家，但实际上在家族中的地位并不是很高。

商鞅生活在一个动荡的年代里，诸侯纷争，新兴的地主阶级势力不断通过一些斗争维护自己的利益，夺取国家政权。各诸侯国之间又互相争伐，争夺霸权。在这样的情势下，商鞅的才能也得到了发挥。商鞅年轻的时候就喜欢刑名之学，后来离开卫国到魏国谋求发展，起先在魏相公孙座府上作中庶子。公孙座十分看好这个年轻人，但尚未来得及向国君进一步推荐商鞅就病倒了。魏惠王亲自到公孙座府上去看望他，并向公孙座询问："如果将来有一天丞相病倒了，国家将依赖于谁呢？"公孙说："我府中有个人叫公孙鞅的人，现在做中庶子，虽然年轻，但十分有才华，我死之后希望国君能重用他治理天下。"魏惠王默然不作声，将要离去的时候，公孙座又屏退左右说："国君若不能用商鞅，一定要杀了他，不要让他活着离开魏国，否则以后将成为祸患。"国君答应而去。公孙座又把商鞅叫到跟前说："今天国君问我谁可以为相，我把你推荐了上去，但国君没有答应。后来我说如果不能用你，必须杀了你才能绝后患。国君答应了下来。依我看来，你死在旦夕，赶紧逃命去吧，晚了就要被捉了。"商鞅听了之后反而临危不惧，淡然说："既然国君不听君之言而用我，又岂会用君之言而杀我？"最终也没有离去。魏惠王后来也果然也没有对商鞅下手，反而觉得公孙座病得不轻，脑子都有些糊涂了。

公孙痤死了之后，商鞅得不到重用，于是离开了魏国。他听说秦孝公下令求贤能之人，以使国家富强，于是就西行进入了秦国，在秦孝公的宠臣景监的推荐下求见孝公。秦孝公会见商鞅并与之商谈，虽然时间不短但秦孝公基本处于昏昏欲睡的状态，对商鞅十分不满意，甚至埋怨景监怎么能推荐这样的人到身边来呢。景监于是又埋怨商鞅。商鞅回答说，我给国君讲帝道，而国君却志不在此。过了五天，孝公复见商鞅，仍然是昏昏欲睡，不感兴趣。于是孝公又埋怨景监，景监又埋怨商鞅。商鞅回答说，我这次给国君讲王道之术，国君仍然不感兴趣，请再替我引荐一次。后来，商鞅与孝公谈霸道之术，孝公听后十分欢喜。跟景监说："你这个朋友不错，讲的东西很有道理。"后来秦孝公每与之谈，都十分高兴，数日而不厌。景监感到奇怪，问其原故？商鞅回答说："初始的时候我跟国君谈帝、王之道，向三代的先王看齐，但国君认为这需要费的时间太长了，等不及。于是我就跟国君谈霸强之术，国君果然十分喜欢，也就认为我讲的有用了。"

秦孝公决定任用商鞅并欲实行变法，但又担心受到士大夫及百姓的非议，犹豫不决，这在朝堂上引起了大臣们的争论。商鞅说："行动有疑虑就不能成功，做事有疑虑就不会有效果。况且真正比他人高明的人，必然也有着与世俗不同的见解。有独到见解的智慧之人，必然不会受到俗民见解的困扰。无知的人不懂得，办成事情的道理，而聪明的人却能够在事成之前就能预见。因此，对于一般人不可与其谋事之开始，只可与其乐享于事成之后。因此，成大德者往往不合于俗，有自己的原则而不随波逐流；而成大业者也不会与多数人商榷，徒增口舌之辩。因此说圣人只要可以强盛其国家，就不按常规办事；只要有利于人民，就不会受到礼法的约束。"但甘龙、杜挚等人都提出了不同意见。甘龙说："真正有能力的人不管面对什么样的人民都可以教导，真正有智慧的人即使不改变过去的做法照样也可以治理得好。"杜挚则认为："利不百，不变法；功不十，不易器。"商鞅对于他们二人提出的看法提出了反驳和批评，他认为二人所言都是世俗之言，不足为凭。商鞅说："普通人安于现状，而学究们则沉溺于书本。这两种人居官守法可也，除此之外，则无用处。夏商周三代的礼制不同，但却都能治天下臻于治道，春秋时期先后称霸的齐桓公、晋文公、秦穆公、宋襄公、楚庄王也分别适用不同的法治都能显赫一时。由此可见，聪明的人制定法律，而愚昧的人则受制于法律；贤能的人变更礼制，而不肖之人则拘泥于旧框架之中不可自拔。事易时移，治理国家的方式也应该发生改变，要有开创精神而不必死守古代旧制。商汤和周武王不循旧制而赢得了天下，夏桀和殷纣王因不改变旧法而失去天下。因此反对因循守旧的人不应该遭到非议。"于是秦孝公听从了商鞅的建议，以商鞅为左庶长，开始变法。

商鞅公布了很多具体的法律，如令民为什五，而相牧司连坐；相互告奸；禁止私斗等内容。又恐民众不相信其变法的决心和诚意，于是在国都市南门立三丈之木，并告示说，凡能将木从南门移至北门者，赏十金。民众对此感到十分怪异，但没有人行动。又说，凡能将木从南门移至北门者，赏五十金。果然有一人移了木头，商鞅立即兑现其承诺，给了他五十金，以示其说话算数。自此，百姓亦相信其变法了。但在法令颁布的头几年里，秦国民众对于新法很不适应，有很多人聚集在一起说新法的坏话。恰逢太子犯法，商鞅说："法之所以没有效果，是因为在上位者不遵法而致的。"于是要对太子用刑。但因为太子是储君，不能随意施刑，最后对其师傅公子虔用了刑，并在公孙贾脸上刺字。自此以后，秦人再也不敢犯法，而主动的服从法律规定了。法律运行十年之后，秦民大悦，道不拾遗，夜不闭户，山无盗贼，家给人足。变法的效果开始体现出来。

商鞅在秦孝公的支持之下进行了两次变法，使得秦国国力富强，秩序安定。但也因此为刑公子虔、黥公孙贾等人而获罪于秦国的一些贵族。因此秦孝公死了之后，太子立，即秦惠文王，公子虔等人诬告商鞅欲谋反，于是发兵要逮捕商鞅。商鞅逃到关下这个地方，想要住宿。但店家说："商君之法，舍人无验者坐之。"也即是住店是可以的，但必须有一定的凭证，否则连舍人一起连坐。商鞅无奈之后，又接着逃到魏国，但因魏国人恨商鞅曾欺骗魏国的将军公子卬，因此拒绝接收他，反而将他赶回了秦国。最终商鞅未能逃脱而被抓，秦惠王将商鞅车裂而死，并灭了其全族。

后世的史家对商鞅的变法及其个人悲剧进行了很多反思，司马迁评价商鞅"天资刻薄人也"，且从其刑公子虔、欺魏将卬、不师赵良之言，也说明其"少恩"，因此最后"卒受恶名于秦，有以也夫"。可以看出司马迁认为他这是咎由自取。西汉时的刘歆在《新序论》中对商鞅也有一些评价："秦孝公保崤函之固，以广雍州之地，东并河南，北收上郡，国富兵强，长雄诸侯，周室归籍，四方来贺，为战国霸君，秦遂以强，六世而并诸侯，亦皆商君之谋也。夫商君极身无二虑，尽公不顾私，使民内急耕织之业以富国，外重战伐之赏以劝戎士。法令必行，内不私贵宠，外不偏疏远。是以令行而禁止，法出而奸息。……今卫鞅内刻刀锯之刑，外深铁钺之诛，步过六尺者有罚，弃灰于道者被刑。一日临渭，而论囚七百馀人。渭水尽赤，号哭之声，动于天地，畜怨积仇，比于丘山。所逃莫之隐，所归莫之容。身死车裂，灭族无姓，其去霸王之佐亦远矣。然惠王杀之亦非也，可辅而用也。使卫鞅施宽平之法，加之以恩，申之以信，庶几霸者之佐哉。"由此可见，刘歆既对商鞅舍私为公之精神做了肯定，同时也对其施用重刑，滥施刑罚进行了激烈的批评，认为如果商鞅稍施宽平之法，其自身及秦国的结局都会更好。

商鞅虽被车裂而死，但其变法成果却都保存了下来，得到广泛的推行，"秦妇人婴儿皆言商君之法"①，所以一直到秦一统天下之后，在政治上都基本还按照商鞅确定的以农战为中心，以法制作为基本手段，进而达到富国强兵、一统天下并实现中央集权的。

商鞅变法为秦国一统天下，建立统一王朝奠定了基础，而以其思想为指导建立的政治体制甚至更延续了两千多年，所以，毛泽东说"百代皆行秦政制"，此言非虚。而这种政治体制的思想基础正是法家学说，商鞅是法家学派的重要代表人物。《商君书》是法家的重要著作，代表了商鞅及其学派的主要思想，因此，对中央集权制度和君主专制统治的建立起过非常重要的作用。从古至今，千百年来，对于商鞅及其思想的研究和反思绵延不断，代有精品，同时也争论不已。及至今日，仍然对《商君书》及其与商鞅的关系众说纷纭，意见不一。

一般认为，《商君书》成书于战国后期，并已开始广泛流传。《韩非子·五蠹》中说："今境内之民皆言治，藏商、管之法者家有之"②，可见在韩非所处的时代，商鞅的著作已广泛流传。司马迁也说："余尝读商君开塞耕战书，与其人行事相类"③，可见司马迁是见

---

① 《战国策·秦策一》
② 《韩非子·五蠹》
③ 《史记》卷六八《商君列传》，中华书局，第2237页。

过商鞅的著作的，至于其所读是不是现在的《商君书》则不得而知。

《汉书·艺文志》记载："《商君》二十九篇"。宋代学者黄震在《黄氏日抄》中提出了《商君书》的真伪问题，"《商子》者，公孙鞅之书也。始于垦草，督民耕战。其文繁碎，不可以句。至今千载之下，犹为心目紊乱，况当时身被其祸者乎！……或疑鞅亦法吏之有才者，其书不应繁乱至此，真伪殆未可知。"① 黄震没有提出确切的证据，只是根据其读书时感觉到《商君书》"其文繁碎"，于是提出了质疑。清人在编《四库全书》时，更进一步指出了其可能为伪的证据，"今考《史记》，称秦孝公卒，太子立，公子虔之徒告鞅欲反，惠王车裂鞅以徇。则孝公卒后，鞅即逃死不暇，安得著书？如为平日所著，则必在孝公之世，又安得在开卷第一篇即称孝公之谥？殆法家者流，掇鞅馀论，以成是篇，犹管子卒于齐桓前，而书中称桓公耳"②，可见其主要逻辑是商鞅无暇著书，其例证为第一篇中所暴露的破绽。但以此即来否定全书似有偏颇。近代学者如胡适、钱穆、郭沫若等也通过阅读发现了书中其他的破绽，以至于对该书的真实性进行了怀疑，傅斯年甚至则直接说："商君决不会著书，此书当是三晋人士因商君之令而为之论。"③ 对于这种意见，有的学者也提出了不同意见，如陈启天说："凡认定《商君书》是假书之人，多以一二篇的疑点作为证据，而忽视了其他尚未发见疑点的各篇，致有以偏概全的流弊，未能使人满意。反之，凡认定《商君书》非假书的人又多未能加以详细的分析，举出有力的证据，足使怀疑他的人心服。其实，《商君书》中有大部分是可视为真的，还有一小部分是假的；不能笼统的说是

---

① （宋）黄震：《黄氏日抄》卷五十五

② 四库全书研究所整理本《钦定四库全书总目》卷101，子部法家类，中华书局1997年版。

③ 傅斯年：《战国子家叙论》，见《民族与古代中国史》，河北教育出版社2002年版。

全真，也不能含浑的说是全假。"① 这种观点辩证的来看《商君书》的真伪问题，不因书中有一部分伪作而全盘否定全书的问题，我们认为这种观点是可取的。因此有必要弄清楚或采取一定的标准，来确定哪些是属于商鞅的作品，哪些不是。此外，还有必要说明的是即使不是商鞅本人的作品的部分，但实际上也多是商鞅及其学派的其他人依据商鞅的著作而形成的，因此并不能完全否定其本身存在的意义，对于考察其犯罪学思想仍然不可忽视。

91. 商鞅犯罪原因论

在探求犯罪原因的时候，商鞅也从对人最本性的认识出发，他认为："民之性，饥而求食，劳而求逸，苦则索乐，辱则求荣，此民之情也。民之求利，失礼之法。求名，失性之常。奚以论其然也？今夫盗贼上犯君之所禁，而下失臣民之礼，故名辱而身危。犹不止者，利也"②。在商鞅的认识中，人追求名利是其本性，正如饿了需要食物，累了需要休息等基本要求一样，是不可更改的。但人在追求名利的过程中也往往会出现一些不规矩的现象，如求利中违背礼的要求，求名中违背人之常性，以至于为名利导致了无休无止的争夺甚至互相残害，引发了多种犯罪。

商鞅认为人追求名利的欲望仅靠道德约束是难以避免的，人为了利益甚至多方算计，设法多取，"民之生，度而取长，称而取重，权而索利"③，这就本性就像水向下流淌一样，没有节制，当其需求无法得到满足的时候，只好与其他人进行争夺，因此所谓的

---

① 陈启天：《商鞅评传》，商务印书馆 1945 年版，第 91 页。

②《商君书·算地》

③《商君书·算地》

纷争并非是偶然的现象，而是一种社会发展的必然。而这种争名夺利之心终其一生，甚至延及至死亡之后都难以摆脱。商鞅说："故民生则计利，死则虑名"①，可见人在活着的时候一直不忘记利益的追求，即使是行将就木也在考虑怎样在死去之后留下一个好名声，这种心态一直持续，"民之欲富贵也，共阖棺而后止"，一直到真的进了棺材才停止。这种本性决定了只要是有名和利的地方，人们就会不顾一切地追求，即使是违法犯罪也毫不畏惧。

商鞅重视耕战，因为耕战与富国强兵是并行不悖的两件事，同时不重视战争的结果也会导致犯罪的产生。商鞅认识到，当时社会现实是诸侯兼并、弱肉强食、重诈力而轻仁义，在这样的背景下，战争既是本国政治的延续，更是转移国内矛盾的重要手段，形成以战立国、喜武乐战的社会风尚，即使是那些不易管理的人也专注于杀敌，自然也就没有违法犯罪的心思了。反过来，如果国家对待战争比较消极，人民同样也会贪生怕死，人心涣散，进而诱发各种犯罪的潜在因素。如果国内产生苟且偷生的社会风气，游手好闲的人也会增多，自然也就难以约束。但尽管战争非常残酷，但却消耗了人民群众剩余的精力，自然也就不会违法犯罪。

商鞅认为法制是治国理政的根本，破坏法制自然会引起犯罪，而通常情况下来说，统治者自身对法治的破坏才是最重要的、影响最大的，因此商鞅说："法之不行，自上犯之"②，因此国君对于法律的态度就显得十分重要。君主掌握生杀大权，因此群臣对于君主的喜好非常关注，以此来讨好国君，"凡人臣之侍君也，多以主所好侍君"，③国君若因此而对臣下有所偏好，以致在适用法律或

---

① 《商君书·算地》
② 《史记》卷六八《商君列传》，中华书局，第 2231 页。
③ 《商君书·修权》

赏罚的时候不是出于公心，而是出于私心，随心所欲，赏罚无度，自然会使得法制遭到破坏。相反，如果君主以身作则，率先垂范，那么自然会上行而下效，臣民百姓也不敢循私枉法，以权谋私，进而实现国家大治。所以商鞅告诫君主："言不中法者，不听也；行不中法者，不高也；身不中法者，不为也"，以此来重视法律制度的作用，不可轻易毁之。

92. 商鞅的犯罪预防论

第一，商鞅认为违法犯罪或者纠纷四起的重要原因是名分不定，因此要想定纷止争，首要先做是的正名，即是要求把私有制和等级制用法律的形式正式固定下来，这样权利义务得以明确，人们也就不会互相争夺，从而进一步避免了犯罪。商鞅举例说："一兔走，百人逐之，非以兔可以分为百也，由名分之未定也。夫卖兔者满市，而盗不敢取，由名分已定也。"① 即是说在野外的兔子和市场上的兔子之所以面临不同的状况，其原因就在于名分的不同，因此商鞅认为只有用法律来确认私有制，才能制止争夺，才能防止犯罪。

第二，在定名立法之后，即要用法律的手段来预防犯罪的产生。商鞅认为法是"制民之本"，统治者必须"塞民以法"，商鞅论述说："昔之能制天下者，必先制其民者也；能制强敌者，必先制其民者也。故胜民之本在制民，若冶于金，陶于土也。本不坚，则民如飞鸟走兽，其孰能制之？ 民本，法也。故善治者，塞民以法，而名地作矣。"② 可见商鞅十分清楚地表达了法律的作用就在于治理

①《商君书·定分》
②《商君书·画策》

人民，使其听从法律的规定，不敢为非作恶，从而维护政权的稳定和社会秩序的和谐。

第三，法律的运用最重要莫过于重刑。商鞅认为："古之民朴以厚，今之民巧以伪"[①]，正是因为如此，所以在管理这些民众的时候就要用重刑。重刑是禁奸止过的最根本最重要的措施，"重刑，连其罪，则民不敢试。民不敢试，故无刑也。夫先王之禁刺杀，断人之足，黥人之面，非求伤民也，以禁奸止过也。故禁奸止过，莫若重刑，刑重而必得，则民不敢试，故国无刑民。"[②]商鞅认为重刑的作用就在于其具有极强的威慑作用，适用重刑并且使其连坐，则民众不敢以身试法，最终当然也就没有犯罪可言。他还论述说先王之所以制定了刖刑、黥刑其目的并不是为了伤人支体，反而是为了"禁奸止过"，这就是重刑的最重要目的。重刑的方式即使"重轻罪"，也即是说即使只犯了轻罪，但也要处以较重的刑罚，"行罚重其轻者，轻者不至，重者不来，此谓以刑去刑，刑去事成；罪重刑轻，刑至事生，此谓以刑致刑，其国必削"[③]，这就是说对轻罪施以重刑，那么老百姓不敢犯罪，连轻罪都不敢触犯，自然也就不会有重罪的发生，这就是"以刑去刑"。反之则为"以刑致刑"，以至于"其国必削"了。

犯罪之后当然是要惩罚的，但商鞅也十分重视对实施犯罪行为之前的预防，即防患于未然。商鞅认为，犯罪之后适用刑罚，是对其行为的惩罚，但对于阻止这次犯罪已经没有意义了；但如果能对即将要犯罪的人施以刑罚，大的罪恶自然也就不会产生，所以商鞅鼓励告奸，以此来预防犯罪的产生。商鞅认为："刑加于罪

---

①《商君书·赏刑》
②《商君书·赏刑》
③《商君书·赏刑》

所终，则奸不去；赏施于民所义，则过不止。刑不能去奸而赏不能止过者，必乱。故王者刑用于将过，则大邪不生；赏施于告奸，则细过不失"①。所以商鞅在进行变法的时候就规定了必须告奸，否则要处罚的极重。"令民为什伍，而相牧司连坐。不告奸者腰斩，告奸者与斩敌首同赏，匿奸者与降敌同罚。"②但实际上，在人们还没有犯罪行为之前，即对其进行一定的惩罚，实际上是一种滥刑滥罚，甚至缺乏处罚的法理上的依据，这在实际上增强了民众对法律的恐惧，同时也为统治者法外用刑提供了口实。

第四，为了预防犯罪，商鞅还确定了连坐之法。《史记·商鞅列传》记载："令民为什伍，而相牧司连坐"。③即是将所有的民众按户籍偏制，五家为伍，十户为什，相联相保。所谓牧司，即是指互相监督举发。司马贞说："牧司，谓相纠发也。一家有罪而九家连举发，若不纠举，则十家连坐。"④《汉书·刑法志》也载："秦用商鞅，连相坐之法，造三夷之诛。"⑤连坐就是一人犯罪，其他与其相关的人也要受到株连而受到惩罚。商鞅通过制定连坐之法，使得每个人违法犯罪的成本大大增加，以致其一旦违法犯罪，其本人可能受到惩罚，同时被编为一伍的人也要受到牵连，故而能够引发所有的居民之间互相监视，互相揭发，从而使犯罪消弥。

但实际上，连坐是一种使无辜者受刑事责任的处罚方式，其发挥作用的原因是作为一种刑罚威胁，成倍的增加了犯罪成本，"重刑而连其罪，则褊急之民不斗，很刚之民不诉，怠惰之民不游，

①《商君书·算地》
②《史记》卷六八《商君列传》，中华书局，第 2230 页。
③《史记》卷六八《商君列传》，中华书局，第 2230 页
④（唐）司马贞：《史记索引》
⑤《汉书》卷二三《刑法志》，中华书局，第 1096 页。

费资之民不作，巧谀恶心之民无变也"①，使民不敢犯法。因此除了家族连坐、什伍连坐之外，商鞅还在军队中推行连坐制度，"一人逃而剄其四人，大将战及死事而剄其短兵"，其目的是要"行间无所逃，迁徙无所入"的相互监督，这样一来就在家庭中、邻居中、军队中等各个生活空间里建立了广泛并且十分强大的监督体系，使所有人都在所有人的监视之中，对于犯罪的发觉自然也就容易了，对于犯罪的预防也就起作用了。

第五，施行刑罚及时，对于犯罪的打击更为有利。商鞅认为刑罚与犯罪之间不能间隔的太长，否则刑罚的效果将大打折扣。商鞅认为"为奸邪、盗贼者死刑，而奸邪、盗贼不止者，不必得"②，其意即是实施奸邪和盗贼行为将被处以死刑，但实际上奸邪、盗贼之事仍然是屡禁不止，其根本原因是犯罪分子有侥幸心理，即认为即使犯了罪也不一定能够抓住，如此反复，自然也使更多的人心理上不重视法律。并且当犯罪分子在实施了犯罪之后很长一段时间里未受到处罚或者最终根本上也没有受到处罚，那么他本人及其周围的人从其行为中获得的信息将会出现偏差。即可能使其本人对惩罚的手段和痛苦程度都有所减轻，周围的人也难以受到教育；相反，犯罪之后很快受到刑罚，则使犯罪分子本人及周围的人都感受到国家公权力的威力，使其心理上不敢轻易以身试法。因此，必须及时的抓住犯罪分子并实施刑罚，斩断其存在的侥幸心理，使任何人不至于漏网，这给犯罪分子也有一定的威慑力，久之，自然也就起到了预防犯罪的作用。

第六，犯罪预防不应该忽视教育和教化的作用。商鞅所提倡的教育或者教化与儒家所提倡的教化有所不同，先秦儒家认为单

①《商君书·垦令》
②《商君书·画策》

靠法律和刑罚是不行的，必须通过道德的教化作用才能使人们产生羞耻之心，才能避免犯罪的产生。故而孔子说："道之以政，齐之以刑，民免而无止；道之以德，齐之以礼，有耻且格。"[①] 可见，儒家提倡教化的内容主要是以德和礼为主体，其目的是要使百姓懂得礼义廉耻，从修身做起，进而维护社会安定和谐。但商鞅却认为："仁者能仁于人，而不能使人仁；义者能爱于人，而不能使人爱"[②]，也即是说仁者或义者对于独善其身是有用的，但对于感化他人，作用却极为有限，自然也就难以推广并使之起作用。而想要使老百姓更清楚什么该做什么不该做，则应该教其知晓法律，如此一来，教育的重点则是在法律规定上，使"万民皆知所避就，避祸就福"[③]，从而使人们的行为按照法律的规定来进行，克制人性中的恶的倾向，根本不需要对人性之道德等进行教育。

商鞅对于教化的内容与儒家有所不同，商鞅说："所谓壹教者，博闻辩慧，信廉礼乐，修行群党，任誉清浊，不可以富贵，不可以评刑，不可独立私议以陈其上。"也即是说儒家所提倡的是"博闻辩慧、信廉礼乐、修行群党、任誉清浊"等德行，不足以获得财富和尊贵的身份，不可以根据这些内容品评刑罚，也不许自搞一套谬说对君王进行游说。对那些顽固的要坚决镇压，气焰嚣张的严厉打击。商鞅又说："虽曰圣知、巧佞、厚仆，则不能以非功罔上利。然富贵之门，要存战而已矣。"其意是指即使具有超人的智慧，巧言善辩，忠厚朴实的人，也不能让他们无功而受禄。获得富贵的主要途径，就在于战功，这才是教化的重中之重。

---

①《论语·为政》

②《商君书·画策》

③《商君书·定分》

93. 刑无等级

商鞅提出了"刑无等级"的思想，即其所谓的"壹刑"。商鞅认为，"圣人之为国也：壹赏，壹刑，壹教。""所谓壹刑者，刑无等级。自卿相将军以至于大夫人，有不从王令，犯国禁，乱上制者，罪死不赦。"[1]其意即是无论论人的身体形状、身份地位、财产多寡，只要犯罪都要处以同样的刑罚，不能因为其特殊而给予不同的刑罚，否则将会给法律的执行带来混乱。所以商鞅又说："有功于前，有败于后，不为损刑。有善于前，有过于后，不为亏法。"商鞅既是这么说的，也是这么做的。所以，商鞅变法时，太子犯了法，也没有被免除刑罚，而是由其师傅公子虔代为受刑，可见其壹刑思想的影响。麦梦华对此评论说："此专破刑不上大夫之说，及《周官》议亲、议故、议贤、议能、议功、议贵之制也。故法一定，则举国之贤愚贵贱，莫不受制于其下。"[2]陆建华也评论说，商鞅的刑无等级，"依法量刑，按罪处罚，摆脱官阶爵位等在法律理论和司法实践中的干扰；也在法律上确立法律本身的平等性，或者说是使法律的平等性自身有着法律依据、法律保证。"[3]但实际上，从当时的司法实践中也可以看出，商鞅所提出的刑无等级并非是一种彻底的平等观，太子犯罪由其师傅受刑，可见还是可以超越于法律之上了，更何况国君。况且在《境内》一篇中还说："其狱法：高爵者訾下爵级。高爵能，无给有爵人隶仆。爵自二级以上，有刑罪则贬。爵自一级以下，有刑罪则已"[4]，可见，实际上有官爵的人是可以以官爵抵罪的。所谓的刑无等级也主要是针对一些等

---

① 《商君书·赏刑》
② 麦梦华：《商君评传》，见《诸子集成》（第五册），世界书局1935年版。
③ 陆建化："商鞅礼学思想研究"，载《孔子研究》2004年第4期。
④ 《商君书·境内》

级较低的普通官吏和没有等级的普通百姓而已。

94. 重刑止罪

商鞅极强调对于犯罪要处以重刑，他十分重视刑罚的作用，认为"夫刑者，所以禁邪也"，为了达到"以刑去刑"的目的，商鞅主张"禁奸止过，莫若重刑"，"重刑连其罪，则民不敢试，民不敢试，故无刑也。"① 其重刑思想的具体方面是：一是"行刑，重其轻者"，商鞅说："行刑，重其轻者；轻者不生，则重者无从至矣。此谓治之于其治也。行刑，重其重者，轻其轻者；轻者不止，则重者无从止矣。此谓治之于其乱也。故重轻，则刑去事成，国强；重重而轻轻，则刑至而事生，国削"② 。在商鞅看来，重罪轻罚看似比较仁慈，是为了老百姓好，但实际上却纵容了犯罪，其结果是犯罪反而越来越多，而重刑则起到了威慑作用，从而有效地遏制了犯罪行的产生。商鞅还用晋文公时期的事情来证明重刑的合理性，"晋文公将欲明刑以亲百姓，于是合诸侯大夫于侍千宫。颠颉后至，请其罪。君曰：'用事焉。'吏遂断颠之脊以殉。晋国之士，稽焉皆惧，曰：'颠颉之有宠也，断以殉，况于我乎？'举兵伐曹五鹿，及反郑之埤，东徵之亩，胜荆人于城濮。三军之士，止之如斩足，行之如流水。三军之士，无敢犯禁者。故一假道重轻于颠颉之脊，而晋国治。"③ 颠颉本是晋文公的宠臣，但颠颉犯小错之后，晋文公丝毫不留情面，以至断以殉，这件事使得其他一些本不受宠的普通士卒感到恐惧，从

---

① 《商君书·赏刑》
② 《商君书·说民》
③ 《商君书·赏刑》

而无不听令，晋国大治。可见重刑的作用在于给老百姓及普通人树立了威权，行重刑使人不敢以身试法，最终自然也就不用重刑了。

95．重刑而连罪

商鞅清晰的认识到，尽管法律完备，但也不一定能使犯罪行为得到应有惩处，因为"国皆有禁邪、刑盗贼之法，而无使奸邪、盗贼必得之法"①，以至于有的人犯了罪却没被发现或捕获，漏网情况的出现，使得犯罪者产生侥幸心理，从而藐视法律。因此，为了使"盗贼必得"，商鞅提出了施行全民监督的措施，具体的做法就是实行连坐。"重刑而连罪，则民不敢试。民不敢试，故无刑也。"②又说"重刑而连其罪，则褊急之民不斗，很刚之民不讼，怠惰之民不游，费资之民不作，巧谀恶心之民无变也。"③依据这样的指导思想，商鞅在具体变法中也确实实施了连坐政策，《汉书·刑法志》载："秦用商鞅连坐之法，造参夷之诛。"师古注云："参夷，夷三族。"也即是说一人犯罪，其父母、兄弟、妻子（有也说父族、母族、妻族）及邻里等相关之人都要受到处罚。固然族刑为重罪，被株连者一律处死，而连坐则不一定都俱死，但却也活罪难逃，或者被没为官奴隶或者受到别的惩罚，总之都属于无辜受罪，这实际上是扩大刑罚范围的一种体现，也是商鞅重刑思想的具体反映。

①《商君书·画策》
②《商君书·赏刑》
③《商君书·垦令》

96. 商鞅惩治官吏犯罪的思想

商鞅认为官吏是治理国家成败的关键，管理民众、治理国家首先要做是管好各级官吏，防止他们为奸，是最应该做的事情。商鞅说："法之不行，自上犯之。"因此，在其预防犯罪思想中有很大比重是预防官吏犯罪的内容。

其一，严格选拔。专制社会的国家统治既需要大量的官吏，又不得不对官吏进行严密的控制，而人才选拔就成为首当其冲之事。历朝历代都十分重视人才选拔，在不同时期也形成了各具特色的人才选拔制度。商鞅在治理国家过程中也十分重视这项工作，他说："常官则国治，壹务则国富。"① 其中"常官"即是依法授官的意思，"是以官无常，国乱而不壹，辩说人之而无法也"②，其意即是说如果选拔人才不依法治，则民众就不会安心从事农战，而那些巧言善辩之徒更会无视法律，以致使国家陷入混乱。而商鞅所说的依法即是指"农战"之功，他说："效功而取官爵，虽有辩言，不能以相先也，此谓以数治"，即取得官爵需要依靠功勋，不能仅仅因为有诡辩的口才而优先当官，这才是"法治"。所以商鞅主张依功劳之大小而分配官职，则可以使君主、臣下、民众三者之间达到平衡，进而国家统治秩序也就比较稳定，"君子操权一政以立术，立官贵爵以称之，论劳举功以任之，则是上下之称平。上下之称平，则臣得尽其力，而主得专其柄。"③

其二，设立制度，严格监管。商鞅为了加强对官吏犯罪的监管，设立了专职的监督机构，完善了相应的监察系统。"今恃多官众吏，

①《商君书·农战》
②《商君书·农战》
③《商君书·算地》

官立丞、监。夫置丞立监者，且以禁人之为利也。而丞、监亦欲为利，则何以相禁？故恃丞、监而治者，仅存之治也。"① 可见商鞅为了监察官吏设置了丞、监这样的机构，以此来监督各级官吏。但同样地，这些官吏也具有追求"利益"的本性，那又该如何呢？可见商鞅在进行制度设计时也考虑到了这样的机构如何被监督的问题，以官来监督官吏的做法如此繁复下去，则会使体制变得更为庞大，累赘也就更多。况且官吏结党营私更是在所难免，"彼而党与人者，不待我而有成事者也。上举一与民，民倍主位而向私交。民倍主位而向私交，则君弱而臣强。"② 所以为了解决这一问题，商鞅在使官吏相互监督的基础上，也建立了使普通百姓能够监督官吏的立体式的监督体系。"上壹则信，信则不敢为邪"③，商鞅设置官吏讲读律令，使百姓知法，"为法令，置官吏。朴足以知法令之谓者，以为天下正，则奏天子"④，从而使百姓能依据律令的规定对官吏进行监督。

其三，施用重刑，严厉打击。为了对为官吏犯罪行为进行打击，商鞅还制定了更为严格的对官吏犯罪处罚的政策措施。"守法守职之吏有不行王法者，罪死不赦，刑及三族。周官之人，知而讦之上者，自免于罪，无贵贱，尸袭其官长之爵田禄。"⑤ 即是对官吏不行王法，实施犯罪行为的，不仅自身受到处罚，而且株连其三族之人，而对于那些告讦的下属则不仅可以免罪，还可以承袭被处罚的官长的爵位田禄。如此严厉的措施实施下来，不仅整肃的官吏的风气，也对犯罪预防起到了积极作用。

---

①《商君书·禁使》
②《商君书·慎法》
③《商君书·垦令》
④《商君书·定分》
⑤《商君书·赏刑》

97. 商鞅犯罪学学说余论

　　商鞅及其追随者在司法实践中对犯罪及惩罚问题进行深入的探讨，提出了一整套系统的犯罪学理论，并据此而开展了种种法律实践。这套理论中分析了犯罪发生的社会原因，针对犯罪原因提出了预防犯罪的思路，并对如何处理犯罪行为问题做出了种种尝试。应该说在当时的社会中，商鞅的思想及实践符合了社会的需要，从而使秦国一跃而取得霸主地位。尽管由于种种原因，商鞅最后被车裂而死，但其法律成果却得以保存，并为后来秦一统天下奠定了良好的基础。其思想在历史上一直评价不一，有褒有贬，兹试评述商鞅的犯罪学思想以就教于方家。

　　其一，商鞅的犯罪学思想使秦国大治，国富民强。公元前361年商鞅开始变法，将其主张应用于法律实践。《史记》载，商鞅的法令"行之十年，秦民大说，道不拾遗，山无盗贼，家给人足。民勇于公战，怯于私斗，乡邑大治"。① 所以，尽管商鞅最后被诛杀，但其法仍然行之有效，为秦王朝灭六国统一天下做出了较大贡献。但毕竟人民承受力有限，靠严酷的刑罚进行的统治也慢慢受到挑战，以至在秦始皇之后发生了新的变化。《汉书·刑法志》载："至于秦始皇，兼吞战国，遂毁先王之法，灭礼谊之官，专任刑罚，躬操文墨，昼断狱，夜理书，自程决事，日县石之一。而奸邪并生，赭衣塞路，囹圄成市，天下愁怨，溃而叛之。"② 其前后实行的法都是商鞅及其追随者所制定的法律，在前期可以起到使国家富强，人民勇战的效果，但行之日久，却也使得百姓不堪其负，以至盗贼横起，奸邪并生，甚至最终导致了国亡身死的下场。可见，

---

① 《史记》卷六八《商君列传》，中华书局，第2231页。
② 《汉书》卷二三《刑法志》，中华书局，第1096页。

法律是重要的，但也应该是适当的有限度的，仅依靠、迷信法律的威慑和恐吓作用能行得了一时，却难以长久。

其二，商鞅以人性恶为起点，主张重刑其罪，以刑去刑，最终招致了社会矛盾的激化。商鞅对犯罪原因进行多次论述和思考，但归结起来仍然是"人性"本身，商鞅认为人的本性趋利避害，其追求名利之心，在任何情况下都是难以改变的，故而他主张不应该试图去教化人性，而应该顺应人性的本来面目，制定出奖和惩的手段来统治人民。商鞅提出的具体做法即是重刑轻罪，故而在其著作中多次论述重刑的重要性，在其司法实践中也设置了很多重刑轻罪的律令规章，这在一定程度上、一定时期内、一定范围里确实使一些人不敢于犯罪，慑于法律的权威而谨小慎微。但严刑峻法、轻罪重刑也导致了刑罚滥施，久而久之则反而更容易引起社会矛盾，从而产生更大的社会混乱。陈胜、吴广起义中所说："今亡亦死，举大计亦死，等死，死国可乎？"[1] 其实正是在这种高压恐怖的残酷刑罚之下不得已而做出的选择，既然同样都是被处死，干脆起而造反，于是反而引起了更大程度的犯罪和破坏。

其三，商鞅以法作为统治阶级统治人民的工具，并非真正意义上的法治，故而其犯罪预防和惩治的思想和实践都是为统治者服务的。商鞅是早期法家的代表人物，并提出了法治的三个要素即"法、信、权"，但其所谓的法治与今天的法治概念并不相同，"法家政治，是以臣民为人君的工具，以富强为人君的唯一目的，而以刑罚为达到上述两点的唯一手段的政治"[2]，故而这种法治虽然在运行之中有极高的行政效率，在短期内也能取得一定效果，但它毕竟违背人道精神，不能作为立国的长久之计。商鞅基于其对

---

[1]《史记》卷四八《陈涉世家》，中华书局，第1950页。

[2] 徐复观：《两汉思想史》（卷二），华东师范大学出版社2001年版，第31页。

"人性"、"法治"的认识，从而对所谓的"缘法而治"充满了迷信，甚至对其主张的"法治"推崇到无以复加的程度，对所谓的"德治"则嗤之以鼻，甚至彻底抛弃，因为法律可以立竿见影地发挥作用，而德治却遥遥无期，不可捉摸，这实际上是一种矫枉过正，走向了另一个极端，这也注定了纯粹的依靠其主张难以走远。

其四，商鞅犯罪学思想产生有其土壤，有其作用，其进步性不可忽视，其局限性应该认清。商鞅所处的时代，成文法的公布刚刚经历一段时间，传统的较为残酷的刑罚手段的影响不可能全部根除，这就给其重刑思想提供了丰富的生存土壤。再加上当时诸侯之间战争频仍，兼并剧烈，各国国君首先面临的是生存问题，其次则是新兴的地主阶级如何进一步巩固自己成果的问题，这就给商鞅及其学说提供了较为合适的政治环境。因此可以说，商鞅及其追随者犯罪学思想的产生可谓恰逢其时，它建立在对当时世道民情充分了解的基础上的，故事提出了违法必罚、犯罪必得、刑无等级、重刑轻罪等思想，这在当时来说应该是极为先进和深刻的，这也是其取得较大成功的原因。但不可否认的是，时间日久，也因局势的变化和思想的局限而产生了问题，故而荀子说"其禁暴也察，其诛不服也审，其刑罚重而信，其诛杀猛而必，然而雷击，如墙厌（压）之。如是，百姓劫则致畏，启则敖（傲）上，执拘则聚，得闻则散"①，就是在批评其重刑只能短暂的使百姓慑服，但稍一放松，则会发生更大的混乱。故而汉代统治者在反思秦王朝的灭亡的时候也提出了不同看法，"法者，缘人情而制，非设罪以陷人也"，况且法律制定出来之后，执法者也更为重要，不可忽视，而商鞅的论著中却很少论及，"法势者，治之具也，得贤人而化。……昔者使宰齮持轴而破其船，秦使赵高执辔而覆其车。今废仁义之术，

---

① 《荀子·强国》

而任刑名之徒，则复吴、秦之事也。"可见仅靠完备的法律规章并不足以使国治而民强，还需要其他方面的配合才能取得较为良好的效果。

98. 韩非与《韩非子》

韩非（约公元前280年—前233年），战国晚期韩国人。司马迁称："韩非者，韩之诸公子也"。所谓"诸"，即众或庶的意思。诸公子，即太子以外的公子，或为庶子。韩非在韩国虽然名为贵族，但实际上本身地位并不高，故而在其《孤愤》一篇中自称"疏远"、"轻贱"等语，正说明这位公子身份较低，并且人微言轻。他受到前期法家思想的影响，对韩国国君提出了进行政治改革的建议，但由于不受信任，其主张并未被采纳，结果韩国国势日削，韩非对这种现状极为不满。"韩非疾治国不务修明其法制，执势以御其臣下，富国强兵而以求人任贤，反举浮淫之蠹而加之于功实之上"[1]，愤而辞去官爵，刻意著书立说。

韩非和李斯是同学，俱师从于荀子。荀子是儒家学派的代表人物，因而韩非虽然师从荀子，但在一些问题上如礼与法的关系、经济发展问题、人治与法治问题等与荀子均有不同的看法。施觉怀先生认为"《荀子》中有一大段专门记载荀卿对李斯的谈话。但《荀子》书中从来不提韩非"，因此韩非和荀子不仅世界观不完全一致，而且可能关系也并不融洽。因为据学者考证，韩非师从荀子的时候年纪大约在二十七岁（陈启天说），甚至可能是四十五岁（陈奇猷说），因此在这个时候可能韩非已经形成了相对成熟的世界观、价值观。《史记》载"斯自以为不如非"。何以李斯这样

---

[1]《史记》卷六三《韩非列传》，中华书局，第2147页。

以为呢? 史记并未给出答案。但从《史记》中关于李斯的记载来看, 李斯是一个热衷于追求功名利禄的人, 理论上的建树不如韩非, 而韩非则对一些看似理所当然的事都能提出独特看法, 也正因为此, 韩非可能向荀子求学过程中也有许多辩论。所以在求学期间, 李斯就已感觉到自己与韩非的差距了。

　　韩非目睹韩国的衰落而忧心, 于是提出了很多建议。《史记》载: "非见韩之削弱, 数以书谏韩王, 韩王不能法。于是非疾治国不务修明其法制, 执势以御臣下, 富国强兵, 而以术任贤, 反举浮淫之蠹, 而加以功实之上, 以为儒者用文乱法, 而侠者以武犯禁, 宽则宠名誉之人, 急则用介胄之士, 所养非所用, 所用非所养, 悲廉臣不容于邪枉之臣, 观往者得失之变, 故作《孤愤》、《五蠹》、《内外诸》、《说林》、《说难》十余万言。"① 韩非退而著书, 将其思想和平生的研究, 分别整理。施觉怀说: "《韩非子》一书内容既深刻, 又渊博, 措施切中时弊而有效; 其偏执之处令人感到可怕, 其锋利的论辩力量又使人忘记其偏执。"② 韩非提出了运用法、术、势三种手段, 使国君能够牢固掌握最高权力, 使国家变得富强, 这种谋略适应了当时社会发展的需要, 很自然的受到一些诸侯的青睐。所以当其著作被传到秦国的时候, 秦王看了《孤愤》、《五蠹》等书之后, 非常感慨: "此生若得与此人会面交往, 与之游, 真是死而无憾矣"。为了得到韩非, 秦王立即出兵攻打韩国。韩王本来也没有重用韩非, 在事情紧急的情况之下, 主动将韩非遣往秦国。

　　韩非与秦王进行了长谈之后, 非常满意, 很喜欢韩非。但是因为毕竟韩非是韩国贵族后代, 所以对韩非也不甚信用。李斯本来就"自以为不如非", 当然十分担心韩非的到来会取代自己的位

① 《史记》卷六三《韩非列传》, 中华书局, 第 2147 页。
② 施觉怀:《韩非评传》, 南京大学出版社 2011 年版, 第 45 页。

置，威胁到自己的地位，于是就串通了姚贾向秦王进谗言，说："韩非，韩之诸公子也。今王欲并诸侯，非终为韩不为秦，此人之情也。今王不用，久留而归之，此自遗患也。不如以过法诛之。"①其意即是说韩非是韩国王室成员，从人之常情上来说，韩非肯定会为韩国着想的，在需要兼并诸侯的情况下，韩非不可能为秦国考虑。现在韩非在秦国，如果不及时除掉，等到将来回到韩国必为后患，因此不如找个理由把他杀了。秦王听到这样的谗言之后，深以为然，于是找了个理由使韩非下狱。的确，在《韩非子》中确实有《存韩》一篇，深入论述了秦国、韩国及其齐、赵等国之间的关系，认为不攻打韩国是有利于秦国的国家利益的。而李斯对此颇不以为然，他上书言于秦王说："秦之有韩，若人之有腹心病也，虚处则骇然，若居湿地，着而不去，以极走则发矣。夫韩虽臣于秦，未尝不为秦病，今若有卒报之事，韩不可信也。"②因此，李斯主张应该攻打韩国，并且对韩非的主张充满怀疑，"臣视非之言，文其淫说，靡辩才甚。"③由此可见，在对待韩国这一问题上李斯与韩非之间也是针锋相对的。因此可以推测李斯之所以陷害韩非可能是基于以下的原因：其一是担心韩非的才能高于自己而威胁自己的地位；其二是政见上的不同而存在着斗争。最终韩非被下狱之后，被李斯使人送药自杀而死。其间，韩非数次想要面见秦王，自陈其意见，而不得相见。对此，司马迁亦是十分感慨，因为在《韩非子》中有一篇《说难》，其中韩非透彻地分析了说服国君采纳自己观点的各种难处及应对办法，他说："凡说之难，非吾知之有以说之难也；又非吾辩之难，能明吾意之难也；又非吾敢横失能尽之难

①《史记》卷六三《韩非列传》，中华书局，第 2155 页。
②《韩非子·存韩》（附《李斯上秦王书》）
③《韩非子·存韩》（附《李斯上秦王书》）

也。凡说之难，在知所说之心，可以吾说当之"①。韩非对种种情况都有深入的思考和认识，但却在说服秦王的问题上栽了跟头，搭上了自己的身家性命，不得不令人唏嘘。故而司马迁将其《说难》一篇全文录入，并说"余独悲韩子为《说难》而不能自脱耳"，着实让人对韩非的遭遇充满了同情。

韩非生前留下了大量的著作，后人将之编辑在一起称为《韩非子》。《史记》中说韩非著述十万余言，但并没有提及《韩非子》一书。《汉书·艺文志》载："《韩子》五十五篇。名非，韩诸公子，使秦，李斯害而杀之。"②近代以来，对于《韩非子》一书的真伪问题，有很多学者进行了考证。据施觉怀总结，对《韩非子》一书的真伪问题主要有以下几个方面的认识："一类是从思想体系着眼，认为《解老》、《喻老》二篇所表现的是黄老思想，主张清静无为，与韩非着眼于君主运用权力对国家进行全面干预，厉行法治的主导思想互相矛盾，所以疑为后人所伪托。同样，其他一些带有黄老思想的篇章，如《主道》、《扬权》等可能是后人伪托。第二类是从韩非的处境着眼，认为《初见秦》、《存韩》二篇想法相反，因而是伪作。第三类是从历史事实出发，认为《饬令》篇中所述绝大部分与《商君书·靳令》篇相同，因而不是韩非所著，而是商鞅所作。《有度》篇中有'庄王氓社稷也，而荆以亡'、'桓公之氓社稷也，而齐以亡'，'昭王之氓社稷也，而燕以亡'等，这些国家的灭亡都在韩非死后，韩非不可能提到这些故事，故为伪作"③。关于韩非有所著述的问题，学者们没有争议，其争议的主要焦点在于其中一些内容是不是有人假托韩非之手而作，依《史记》

---

① 《韩非·说难》
② 《汉书》卷三〇《艺文志》，中华书局，第 1735 页。
③ 施觉怀:《韩非评传》，南京大学出版社 2011 年版，第 51 页。

中的记载来看，其中的《孤愤》、《五蠹》、《内外储》、《说林》、《说难》等篇是确信无疑的，故而在本文的讨论中并不刻意追究《韩非子》的真伪问题，也不意于陷入这样一种争论。就韩非子的犯罪学思想来看，以上所提及的《初入秦》、《存韩》等篇其实所述及犯罪学思想有限，并不影响研究的进行，故而在本书讨论的范围之内，仍然认为《韩非子》为真实可信之书，特作说明。

99．韩非的犯罪原因论

韩非认为人口的多寡是犯罪的原因之一，有学者称韩非是"中国历史上最早的绝对人口过剩论者"[1]，韩非说"上古之世，人民少而禽兽众，人民不胜禽兽虫蛇"，"古者丈夫不耕，草木之实足食也；妇人不织，禽兽之皮足衣也。不事力而养足，人民少而财有余，故民不争。"[2]可见在上古时期由于人口少而资源多，故而能满足人们的基本生活和各项需求，自然也就没有什么纷争，也就使得"厚赏不行，重罚不用而民自治"。但反观今日之情形则大有不同，其中最重要的变化即是人口的大量增加，使社会资源的生产发生了不足，分配难以均衡，以致引起纷争。"今人之有五子不为多，子又有五子，大父未列而有二十五孙，是以人民众而货财寡，事力劳而供养薄，故民争，虽倍赏累罚而不免于乱"[3]。人口的激增使得有限的资源难以得到合理的分配，为了使自己在竞争中处于优势地位，人们便会想尽心机以便获取更多资源，民众的争夺和纠纷的出现则在所难免了。

---

① 赵靖：《中国经济思想通史》（第一卷），北京大学出版社1991年版，第406页。
②《韩非子·五蠹》
③《韩非子·五蠹》

　　先秦诸子大多都对人性问题进行了探讨，其目的就是在于追究人的行为动机，并以此为基础来解释社会治乱的根源问题以及个体存在的意义，从而提出解决这些问题的方法。孟子作为儒家思想的代表人物，提出了"性善论"的学说，他从人性善出发，提出了自己一系的思想主张。同样作为儒家学派的代表人物，荀子在对孟子性善论的批判基础上，对先秦人性理论作了一次全面的总结，荀子在对人性的认识层面上，继承了孔子观察人性的视角，提出了"性恶论"的观点。他说："故善言者，必有节于今；善言者，必有征于人。凡论者，贵其有辩合，有符验。故坐而言之。起而可设，张而可施行。今孟子曰人之性善，无辩合符验，坐而言之，起而不设，张而不可施行，岂不过甚矣哉。"① 可见孟子性善论思想中的不能"辨论"、"符验"是其致命之处，因而其仁政理论在战国时期没有立足之地，"不可施行"。而荀子则提出"凡性者，天之就也，不可学，不可事。礼义者，圣人之所生也，人之所学而能，所事而成者也。不可学，不可事而在天者，谓之性，可学而能，可事而成之在人者，谓之伪；是性伪之分也"②，"今人之性，饥而欲饱，寒而欲暖，劳而欲休，此人之情性也"③，"若夫目好色，耳好声，口好味，心好利，骨体肤理好愉佚，是皆生于人之情性者也。感而自然，不待事而后生之者也"④，可见荀子从经验到现实，看到了人自利自为的本性，指出人皆有生存欲望，物质享受欲望，精神享受欲望等。这就是荀子眼中的人性，这种人性还会引发争夺生，辞让亡，残贼生，忠恶亡的恶果，"今人之性，生而有好利焉，顺是故争夺生而辞让亡焉，生而有疾恶焉；顺是，故残贼生而忠信

①《荀子·性恶》
②《荀子·性恶》
③《荀子·性恶》
④《荀子·性恶》

亡焉；生而有耳目之欲，有好声色焉；顺是，故淫乱生而礼仪文理亡焉。然则从人之性，顺人之情，必出争夺，合于犯分乱理而归于暴。故必将有师法之化，礼义之道，然后出于辞让，合于文理而归于治；用此观之，然则人之性恶明矣，其善者伪也！"① 荀子认为人性本恶，如果"从人之性，顺人之情"则必然会出现争夺进而造成社会混乱。

韩非师从于荀子，尽管在一些具体观点上与荀子曾有争论并有不同意见，但其在人性方面的理论则对荀子的主张有所继承。韩非在认识人最初的本性的时候首先观察了婴儿的行为，他说："人为婴儿也，父母养之简，子长而怨，子盛壮成人，其供养薄，父母怒而消之。子父，至亲也，而或谯或怨者，皆挟相为，而不周於为己也。……故人行事施予，以利之为心，则越人易和，以害为心，是父母离且怨"。② 即是说虽然父子乃是至亲，但如果父对子或者子对父没能给予一定的供养，父子之间也可能产生仇恨。韩非还指出："且父母之于子也，产男则相贺，产女则杀之，此俱出父母之怀衽，然男子受贺，女子杀之者，虑其后，计之长利也。故父母之于子女，犹用计算之心以相待也，而况无父子之泽乎？"③ 父母子女本是最亲近的人了，但即便这样仍然存在着"计算之心"，推而广之，如果没有父子这样的血亲关系又当如何呢？结论当然是计算得更加细密，施行的手段更加残忍而已。其原因究竟为何？当然是因为人之本性就是自私自利，即所谓的"恶"的，这是犯罪产生的深层次原因。这与儒家所提倡鼓吹的"仁""礼"的概念有很大差别，儒家的治国理论主要根源于"孝"的观念，强调父

---

① 《荀子·性恶》

② 《韩非子·外储说上》

③ 《韩非子·六反》

子至亲，在家庭中应该尊重家长的权威，即"亲亲"，将这一观念应用于国家则要尊重国君的权威，即"尊尊"。而在韩非看来，既然"亲亲"靠不住，以此推出的"尊尊"当然也是靠不住的。他说："今学者之说人主也，皆去求利之心，出相爱之道，是求人主之过于父母之亲也，此不熟于论恩，诈而伪也，故明主不受也。"①其实质上即是在批评儒家要君臣不要强调利益，而以爱来感召臣下，这当然是谬误而不可能实现的了。实际上的情形在韩非的认识里是这样的，"君臣也者，以计会者也"，因为"害身而利国，臣弗为也，害国而利臣，君不行也。臣之情，害身无利，君之情，害国无亲。"②可见无论是君或者臣，在自己的利益受到侵害的时候，可能都会翻脸而无情。那么将这一境况推及到普通人身上也是一样的，他说"医善吮人之伤，含人之血，非骨肉之亲也，利所加也，故舆人成舆，则欲人之富贵，匠人成棺，则欲人之夭死也。非舆人仁而匠人贼也，人不贵则不舆售，人不死则棺不卖，情非憎人也，利在人之死也。"③医生之于病人，非是骨肉之亲，但却愿意吮人之伤，含人之血，这是利益的屈使。做车的工匠希望人富贵，而做棺材的人却希望有人早死，这并不是他们在本质上有所区别，更不是匠人的道德素质要高于做棺材的人，同样也是利益的驱使。这种自私自利的本性是人之本性，是难以更改的，因此韩非说："人无毛羽，不衣则不犯寒，上不属天而下不著地，以肠胃为根本，不食则不能活，是以不免于欲利之心。"④为了衣、食，为了活命，因此便也就有了欲利之心。在衣食这些基本问题满足之后，还会产生其他的欲望，如此循环下去，欲望无止境，当然奸邪之

---

① 《韩非子·六反》
② 《韩非子·饰邪》
③ 《韩非子·备内》
④ 《韩非子·解老》

事难以根绝，"人有欲则计会乱，计会乱而有欲甚，有欲甚则邪心胜，邪心胜则事经绝"。[1] 尽管追逐利益是人之本性，但并非是在任何情况下都展示出人的本性。在一定情况下，人们出于"避害"的目的也可能暂时隐藏本性而采取其他的行为，"今有不才之子，父母怒之弗为改，乡人谯之弗为动，师长教之弗为变。夫以父母之爱，乡人之行，师长之智，三美加焉，而终不动其胫毛，不改。州部之吏，操官兵，推公法而求索奸人，然后恐惧，变其节，易其行"[2]。不才之才，在父母、乡人、师长的教育感化下也没有任何改变，但当州部之吏到来的时候，则"变其节，易其行"，可见其没有坚持他原先的本性，但其实质上因为州部之吏掌握有暴力工具，可以对其施以惩罚，才使其选择改变行为以避免处罚，这不仅不与其所主张的人追名逐利的本性相悖，而正是其思想主张的印证。即使是圣人也不能脱俗，"故圣人衣足以犯寒，食足以充虚，则不忧矣，众人则不然，大为诸侯，小余千金之资，其欲得之忧不除也。"[3] 可见，圣人在本性方面与众人并没有明区别，只不过其"衣足"、"食足"而不用担忧而已。那么这种人性最根本的需求用哲学的语言表述即为"人性恶"，而这正是犯罪及违法行为产生的深层次根源。

100．"明法"、"壹刑"

韩非提出了较为明确而有系统的法律思想，其中也蕴含着丰富的犯罪预防的思想。可以说，韩非的犯罪预防学说主要包括"明

---

① 《韩非子·外储说左上》
② 《韩非子·五蠹》
③ 《韩非子·解老》

法"、"壹刑"、"重刑"等几个部分。

所谓"明法"，即是指律令必须以公开、成文的方式使百姓知晓，任何人不能因人背法，"人主使人臣，虽有智能，不得背法而专制，虽有贤行，不得逾功而先劳，虽有忠信，不得释法而不禁，此之谓明法"①。明法首先要做到法律条文"明白易知"，即容易使人看到，容易使人懂得，容易使人执行和遵守。其次，法定界限应该明确、具体。韩非说："法者，编著之图籍，设之于官府，而布之于百姓也。"②这既是韩非对于法律概念本身的认识，也是对法律的要求，即由官府制定并使老百姓知晓，使其遵守的规范。这种规范是一种被固定下来的规则，其主要是用以限制人们的言行使社会有秩序，并且可以作为判断功过、是非、利害、赏罚的标准。"明主之国，令者，言最贵者也；法者，事最适者也"③。被明确下来的法应该得到严格的遵守，与所谓的伦理道德相比，法的价值要更大一些，所以韩非说："严家无捍虏，而慈母有败子，吾以至知威势之可以禁暴，而德厚之不足以止乱也"④。并说"家有常业，虽饥不饿；国有常法，虽危不亡，夫舍常法而从私意，……治国之道废也"⑤。其意即是法律对于国家的稳定和秩序是非常重要的，只要有常法，即使有危难也不会亡国，但如果舍法而从私意，那就产生危机了。"法者，宪令著于官府，刑罚必于民心，赏存乎慎法，而罚加乎奸令者，此臣之所师也"⑥。也就是说法令在官府中明白地写着，使人民知道赏与罚的重要性，从而在心里面重视

---

① 《韩非子·南面》

② 《韩非子·难三》

③ 《韩非子·问辩》

④ 《韩非子·显学》

⑤ 《韩非子·饰邪》

⑥ 《韩非子·定法》

律令，其实质上即是"明法"的具体体现。

所谓"壹刑"即是指统一刑罚，也就是在适用法律的时候主要强调公平性和平等性，"不辟亲贵，法行所爱"，具体说来就要做到："法不阿贵，绳不绕曲。法之所加，智者弗能辞，勇者弗敢争。刑过不避大臣，赏善不遗匹夫，故矫上之失，法下之邪，治乱决缪，绌羡齐非"。① 大臣、贵戚犯罪也必须依律定罪，施以刑罚。对于犯罪的人，应该无论其身份贵贱、地位尊卑、智力高低等，均同等对待。这实际上与儒家所主张的"礼不下庶人，刑不上大夫"的观点正好相反，是法家提倡的法律面前人人平等的最初反映和体现。在这样的主张之下，无论是占据统治地位的上层权贵阶级，还是属于被统治者的贩夫走卒、普通百姓都能够安于守法，这样国家的政治统治秩序和社会秩序自然也就能够得到有维持。

"重刑"是法家学派的一贯主张，韩非也不例外，他同样认为重刑能够有效地预防犯罪发生。韩非指出："所谓重刑者，奸之所利者细，而上之所加焉者大也；民不以小利蒙大罪，故奸必止也"。② 其逻辑是，将犯罪后受到的惩罚与违法犯罪获利进行比较，使其受到的惩罚远大于获得利益的成本，那民众自然也就不会再去作奸犯科，实施犯罪行为。因此重刑是控制民众，使社会有秩序的最好方式，他说："夫严刑罚者，民之所畏也；重罚者，民之所恶也。故圣人陈其所谓，以禁其邪；设其所恶，以防其奸。是国安而暴乱不起"。③ 其意即是严酷刑罚，以禁奸防奸，使人们的一言一行均有法令可有遵从。重刑是手段，其目的是为了"以刑去刑"，同商鞅的主张一样，他也认为重刑的规定可以产生巨大的威慑作用，

①《韩非子·有度》
②《韩非子·六反》
③《韩非子·奸劫弑臣》

使民众不敢触犯法律，从而达到了无刑的目的。因此重刑并非是伤民，反而是为了"爱民"，使人民在严刑峻罚面前有所畏忌。这样一来重刑就同样具有了"去奸"的效果，"且夫重刑者，非为罪人也。明主之法，揆也。治贼，非治所揆也，治所揆也者，是治死人也。刑盗，非治所刑也，治所刑也者，是治胥靡也"①。所以韩非所主张的重刑其实就是使罪与罚、害与利之间的差距拉大，极大的提高违法犯罪行为的成本，从而使人们"不以小利而蒙大罪"，那么根据人"趋利避害"的本性，自然也就不会去犯罪，实际上也就不用施用刑罚了。所以韩非说："古之善守者，以其所重禁其所轻，以其所难禁其所易，故君子与小人俱正"②，于是他主张用严刑可法，以制止人们犯罪。

101. 重点治吏

　　君主治理国家不得不依靠百官吏役，而防治官吏违法作奸则是问题的关键。韩非主张君主治吏不治民，其理由在于：其一，官吏是国家治乱的关键。"闻有吏虽乱而有独善之民，不闻有乱民而有独治之吏"③。其意即在于把官吏管理好，使官吏不犯上作乱，国家自然也就不会出差错，从而国治民安；其二，官吏是国家治理中的纲，纲举则目张。"吏者，民之本、纲者也"，"圣人不亲细民，明主不躬小事"④，因此圣明的君主应该主要抓住官吏这一关键节点，就能够治理好群臣和民众。在韩非看来，管理官吏的方式主要靠"刑德"，他说："人主者，以刑德制臣者也。""明主所导制其

---

① 《韩非子·六反》
② 《韩非子·守道》
③ 《韩非子·外储说》
④ 《韩非子·外储说右下》

群臣者，二柄而已矣。二柄者，刑、德也。何谓刑、德？曰：杀戮之谓刑，庆赏之谓德。"刑、德是君主控制臣下的两个最为重要的工具，刑即杀戮，德即奖赏。而人臣则会因刑德的使用而表现出不同的做法，"人臣之情，非必能爱其君也，为重利之故也"①。也即是说人臣为君主做事，其本质上并非是因为爱君主，而是因为看重自己的利益，为了这些原因才为君主做事的，当然君主就应该依据这一特点适当地运用刑德手段。

102．治民以法

先秦儒家提倡以"礼"治国，而以商鞅、韩非为代表的法家则认为治理国家最重要的还是要通过法律的方式才行得通，道德的约束力量毕竟是有限的，在面对人性恶的情况下，须用律令才能真正地解决问题。"夫圣之治国，不恃人之为吾善也，而用其不得为非也。恃人之为吾善也，境内不什数；用人不得为非，一国可使齐。为治者用众而舍寡，故不务德而务法。夫必恃自直之箭，百世无矢；恃自圆之木，千世无轮矣。自直之箭，自圆之木，百世无有一，然而世皆乘车射禽者何也？隐栝之道用也。虽有不恃隐括而有自直之箭、自圆之木，浪工弗贵也。何则？乘者非一人，射者非一发也。不恃赏罚而恃自善之民，明主弗贵也。何则？国法不可失，而所治非一人也。故有术之君，不随适然之善，而行必然之道。"②韩非观察到为吾善的人少，因此圣人治国不依赖于此，而目标是使人"不为非"即可。国家民众很多而非一个人，因此依靠法律要比纯粹依靠道德说教要有用得多。此外，法律的设立

①《韩非子·二柄》
②《韩非子·显学》

主要是针对那些可能为非作歹的奸人而非良民，韩非说："故设柙，非所以备鼠也，所以使怯懦能服虎也；立法，非所以避曾、史也，所以使庸主能止盗跖也；为符，非所以豫尾生也，所以众人不相谩也。"①这就是说设立兽笼，不是为了对付老鼠，而是使那些怯弱的人也能够制服老虎；设立法制，当然也不是为了对付曾参、史鳅这样的人物，而主要是为了使平庸的君主也能对付得了像盗跖这样的强盗。所以说法治极其重要，不可忽视。"人主离法失人，则危于伯夷不妄取，而不免于田成、盗跖之祸。何也？今天下无一伯夷，而奸人不绝世，故立法度量。度量信，则伯夷不失是，而盗跖不得非。法分明，则贤不得夺不肖，强不得侵弱，众不得暴寡。"②

103. 无书简之文，以法为教

韩非在治国主张中提出了文化专制的思想，文化专制主义达到了顶点。韩非说："是故禁奸之法，太上禁其心，其次禁其言，其次禁其事。"③可见他认为禁奸止罪可以分为三个层次，第一层次是使其不产生邪恶之心，第二层次是禁止邪恶言论，第三层次才是禁是禁止具体的违法犯罪。为了实现"禁其言"的目标，他主张："且夫人主于听学也，若是其言，宜布之官而用其身，若非其言，宜去其身而息其端。"④即是君主自己考量对于学者们所主张的观点学说是否支持，如果属于支持的，那就应该给予官职，提拔重用，如果属于不支持的，那就应该贬黜废除，甚至消灭其身。那到底哪些属于"是"，哪些属于"非"呢？在其著述中韩非提出了他自

---

① 《韩非子·守道》
② 《韩非子·守道》
③ 《韩非子·说疑》
④ 《韩非子·显学》

己的一些主张和看法，他说："今学者之说人主也，皆去求利之心，出相爱之道，是求人主之过于父母之亲也，此不熟于论恩诈而诬也，故明主不受也。"[①] 他还讲五种人称之为五蠹，即学者、言古者、带剑者、患御者和工商之民，他认为"儒以文乱法，侠以武犯禁"，因此"人主不能除此五蠹之民，不养耿介之士，则海内虽有破亡之国，削灭之朝，亦无怪矣。"[②] 可见韩非对于其他学者的主张尤其是与"法治"所不相容的内容是较为反对的，持一种批评的态度，而对其所认可的法家学说则给予了充分肯定，他说"故明主之国，无书简之文，以法为教；无先王之语，以吏为师。"[③] 韩非认为通过这样的文化控制即可以使一些混乱的、错误的思想没有生存的空间，从而也就使奸邪避免发生了。

104. 专防八奸

韩非的思想体系的出发点和落脚点是要维护君主专制制度，维护君主在政治统治中的绝对权威，而实现这一目标的最重要的内容即是要保住君主的权位不被一些别有用心的小人侵夺。在韩非的逻辑中，这种蒙蔽君主甚至谋朝篡位的邪恶之行当然是最重要的犯罪，因此作为最高统治者的君主在实际中一定要注意对此的防范。韩非将这些围绕在君主身边可能对君主造成威胁的人称之为"八奸"，即八种篡夺君权的阴谋手段。其一曰同床，即"贵夫人、爱孺子"这些人，容易利用君主醉酒饭毕，吹耳旁风从而达到自己的欲望，要注意防范；其二曰在旁，即"优秀侏儒，左右

---

① 《韩非子·六反》
② 《韩非子·五蠹》
③ 《韩非子·五蠹》

近习"，这些以歌舞、诙谐供统治者取乐的人及君主身边的亲信之人，冒似无害，甚至唯唯喏喏，十分顺从，但实际上可能心怀鬼胎，不可不察；其三曰父兄，即"侧室公子，人主之所亲爱也。大臣廷吏，人主之所与度计也"；其四曰养殃，即"人主乐美宫室台池，好饰子女狗马以娱其心，此人主之殃也"；其五曰民萌，即"为人臣者散公财以说民人，行小惠以取百姓，使朝廷市井皆劝誉己，以塞其主而成其所欲"；其六曰流行，"即人主者，固雍其言谈，希于听论议，易移以辩说，为人臣者求诸侯之辩士，养国中之能说者，使之以语其私。为巧文之言，流行之辞，示之以利势，惧之以患害，施属虚辞以坏其主"；其七曰威强，"君人者，以群臣百姓为威强者也"；其八曰四方，"君人者，国小则事大国，兵弱则畏强兵。大国之所索，小国必听，强兵之所加，弱兵必服。为人臣者，重赋敛，尽府库，虚其国以事大国，而用其威求诱其君；甚者举兵以聚边境而制敛于内，薄者数内大使以震其君，使之恐惧，谓之四方"。①韩非认为这八种人在君主周围，各利用自己的便利条件向君主或游说或影响，实际上的目的是想要获得更大的利益或者甚至取代君主的地位，因此他告诫君主一定要对这八种人时刻注意，不能轻信。"凡此八者，人臣之所以道成奸，世主所以壅劫，失其所有也，不可不察焉"。因此在预防犯罪方面时特别注意他们，避免被他们所利用，避名位失而身死的结局。

105. 韩非"法术势"结合的社会控制思想

韩非是先秦法家的集大成者，创立了法术势结合的思想理论体系。后世学者对此也有较高的评价："韩非建立的以法治为主的

---

① 《韩非子·八奸》

法、术、势结合的政治思想体系，适应了当时封建地主阶级即将
取得统一政权的形势，为中央集权制度奠定政治思想的基础"①。
他的这种思想从宏观上为中央集权制度奠定了思想基础，同时也
蕴含着丰富的犯罪学思想，即运用法、术、势的方法去防范犯罪
的发生，从而控制社会和稳定政权。

　　韩非对法、术、势本身的含义进行概括，并论述了他们之间
的关系。韩非说："法者，宪令著于官府，刑赏必于民心，赏存乎
慎法，而罚加乎奸令者也，此臣之所师也。"这个定义准确指出了
法律由国家（官府）制定，其主要内容在于"刑赏"，并主要依赖
于国家强制力保证实施。虽然表达方式不同，但实际上与现代意
义上的法律的内涵有相通之处。韩非所说的术则是君主所操控的
驾驭群臣的统治之术，"术者，因任而授官，循名而责实，操生杀
之柄，课群臣之能者也，此人主之所执也。"②君主要想控制君臣，
必须掌握术的方法，因此对于术的内容要有清晰的认识和把握。
在法与术之间，并非是矛盾的，而是应该互相配合。韩非指出："君
无术则蔽于上，臣无法则乱于下，此不可一无，皆帝王之具也。"③
可见无术则可能被群臣蒙蔽而不自知，无法则可能出现混乱的局
面，两者皆不可或缺。至于势，韩非认为："势者，胜众之资也。"④
他继承并发展了慎到的势治思想，并论述说"千钧得船则浮，锱
铢失船则沉，非千钧轻而锱铢重也，有势之与无势也。故短之临
高也以位，不肖之制贤也以势。人主者，天下一力以共载之，故安；
众同心以共立之，故尊。"⑤可见韩非所谓的势是一种由客观自然之

① 任继愈:《中国哲学史简编》，人民出版社 1984 年版，第 149 页。
②《韩非子·定法》
③《韩非子·难三》
④《韩非子·八经》
⑤《韩非子·功名》

形势转而用来说明国君能用以号令臣民的"权势"。以物喻之可见，千钧与锱铢之所以浮沉有别，非在于轻重，而在于有势无势；对于人君来说，世袭的王位或者官位则是势，在客观条件下掌握的权力和对权力的运用就是势，即"生而在上位"，"夫尧舜生而在上位，虽有十桀纣而不能乱者，则势治也；桀纣亦生而在上位，虽有十尧舜而亦不能治者，则势乱也。故曰：势治者则不可乱，而势乱者则不可治也。此自然之势也，非人之所得设也。"① 可见生而在上位即世袭而来的地位正是自然之势的反映，世袭把权势给予某位君主，如果是一个好人掌握了这种势，即使是十个桀纣这样的暴君也难以撼动统治地位；同样，如果是一个暴君掌握了这种势，即使是有十个尧舜这样的圣君也难以使政治清明。这就是势的重要作用。

　　法、术、势都很重要，不可偏废其一，而应使其相互有一定的结合。"故明主使其群臣不游意于法之外，不为惠于法之内，动无非法。峻法，所以禁过外私也；严刑，所以遂令惩下也。威不贰错，制不共门。威、制共，则众邪彰矣；法不信，则君行危矣；刑不断，则邪不胜矣。故曰：巧匠目意中绳，然必先以规矩为度；上智捷举中事，必以先王之法为比。故绳直而枉木斫，准夷而高科削，权衡县而重益轻，斗石设而多益少。故以法治国，举措而已矣。"② 韩非在汲取了前代法家的思想之后，提出了更综合性的内容。商鞅重法，《商君书》云："国之所以治者三：一曰法，二曰信，三曰权。法者，君臣之所共操也；信者，君臣之所共立也；权者，君主所独制也。"③ 尽管商鞅不排斥和反对势与术的作用，但其考虑问题时则主要重视法的作用。申子则更重势，而慎到则重术。韩非认

①《韩非子·难势》
②《韩非子·有度》
③《商君书·修权》

为这三家各依法、术、势而据此治国时，没有注意到将这些内容加以综合，更没有体会到三者之间的内部联系，从而将其联为有机的一体。韩非自己则努力尝试对之进行了突破。

他认为法需要术的补充，术和势又需要法的补充，而且术与势之间也有一定的互补关系。韩非说："君执柄以处势，故令行禁止"①。这里所谓的令行禁止，其实就是法律之所以能够起到相应的作用，就是因为有势作为基础。再者，"夫为人主而身察百官，则日不足，力不给。且上用目则下饰观，上用耳则下饰声，上用虑则下繁辞。先王以三者为不足，故舍己能而因法数（术），审赏罚。先王之所守要，故法省而不侵。独制四海之内，聪明不得用其诈，险躁不得关其佞，奸邪无所依。远在千里外，不敢易其辞，势在郎中，不敢蔽善饰非。朝廷群下，直凑单微，不敢相逾越。故治不足而日有作，上之任势使然之也"。②可见作为君主相要监视百官，时间和精力上都有一定的困难。况且上有政策，下有对策，群臣总能找到一些方法来应对君上的检查，其结果是难以取得相应的效果。所以先王们为了达到目的，舍弃了一些依赖自己的作法，而是使用法、术，运用赏罚的方法。即使是远在千里之外，也能轻松把握问题的关键，从而使自己处于一种优势的地位，达到独制四海的境界，这都是因为善于凭借势的缘故。他还论述道："夫是以人主虽不口教百官，不目索奸邪，而国已治矣。人主者，非目若离娄乃为明也；非耳若师旷乃为聪也。目必不任其数，而待目以为明，所见者少矣，非不弊之术也。耳必不因其势，而待耳以为聪，所闻者寡矣，非不欺之道也。明主者，使天下不得不为己视，天下不得不为己听。故身在深宫之中，而明照四海之内，

①《韩非子·八经》
②《韩非子·有度》

而天下弗能蔽、弗能欺者，何也？暗乱之道废，而聪明之势兴也。故善任势者国安，不知因其势者国危。"① 可见人主虽然不直接对百官耳提面命，不时刻监视他们，也能使天下治，就是依靠术和势，这里的术和势已不局限在权术和权势的范围之内，二者相依为用，在势的基础上运用"严刑重法"和"法术之数"，即势作为法、术的有力支持。

反过来，势虽然为自然产生的，但势仅依靠自身也是不足够的，它也需要有其他东西进行补足。韩非说："国者，君之本也，势者，君之马也，无术以御之，身虽劳犹不免于乱，有术以御之，身处佚乐之地，又致帝王之功也。"② 因此，有势还不足够，还要有术才能驾驭，也才能事半功倍。可见法主要由大臣来参与执行，术却要君主独持，法和术的目的就是要保卫君主的势。法、术、势三者各具其作用和功能，是不可分割的三位一体的关系。

韩非实际上并没有直接论述法、术、势三者何为核心、何为重要。后世学者在探究韩非的思想时做出不同的解读，有学者认为其思想核心是法，是其所主张的治国的根本，"法为制衡势与术执运之标准：由是而建立在韩非政治哲学之中心地位"③。也有人认为在韩非的思想体系中术是最重要的，他一直站在君主的立场来考虑政治，其目的也是为了稳固君主的地位并巩固其政治统治，而术是实现这一策略的最重要方法和手段，因此这些学者认为韩非"虽然法术兼持，而其全书精神，毕竟归本于任术。稍有识者，细玩全书，当不疑斯言。……韩非书，虽法术并言，而其全书所

① 《韩非子·奸劫弑臣》

② 《韩非子·外储说》

③ 王邦雄：《韩非子的哲学》，（台北）东大图书公司 1983 年版，第 231 页。

竭力阐明者，究在于术"①刘泽华则认为势才是韩非思想的核心，其所论述的法、术都是作为势治的政策、策略和手段，"在势、法、术三者当中，韩非更注重势……势又是实行法、术的前提条件，君主失去权势就不成其君主，主失势而臣得国。"②对于法、术、势之间地位的争论固然有其必要性，可以帮助人们进一步认识韩非在其思想体系里到底如何构筑了一个复杂而系统的庞大体系，但实际上如果从犯罪学的角度上去看，无论三者之间谁更为重要都是无关大局的，这三者的存在其目的都是为了使占据统治地位的君主能够对其统治有更好的把握和掌控天下，加强对全社会的控制。君主通过法、术、势掌控臣子们的一举一动，臣下们又进一步尽职尽责做好本分工作管理好辖下的民众，这样以来既巩固了国君的统治地位，又使社会局面和谐而稳定。这是韩非希望期理论获得的预期效果。

106. 韩非犯罪学学说余论

韩非所主张的法治理念站在国家、君主的立场上，强调君主对臣下的控制，在实行刑罚的时候主张"刑无等级"，即所有人在法律面前一律平等，没有差别，"君臣上下贵贱皆从法"，这种思想主张的提出应该说是难能可贵的。尽管在等级森严的君主专制政体下，实际上也很难做到真的"人人平等"，但其所提出的这种精神对于普通民众的法律意识具有较强的教育作用，实际上也对贵族阶层的恣意妄为也起到了限制作用。尽管其与后来西方现代法治所提倡的"法律面前人人平等"的内涵不尽相同，但亦不可

---

① 熊十力：《韩非子评念经》，（台北）学生书局 1984 年版，第 3 页。
②《韩非子·孤愤》

忽视其具有的重要意义。

　　韩非重视重刑的作用，并期望以重刑来达到无刑的效果，为了提高刑罚的威慑力，他又主张将刑罚制定的更为严酷，以至于走向了极端。过分地依赖并信任重刑也是偏颇的。其一，重刑并不能解决所有问题。韩非认为只要重刑就能使人们感到畏惧，自然就会安分守己，遵纪守法。但实际上人性的复杂以及社会生活的多样性决定了在重刑达到一定程度之后，其产生的作用可能会降低甚至会造成相反的后果，只一味的将重刑看作是灵丹妙药是不足取的。其二，刑罚的威力是有限的。韩非过于迷信刑罚，认为儒家所提倡的道德教化作用是无效的，因此在处理犯罪上也仅重视赏罚。从短期效果上来看，刑罚可以立竿见影，但久而久之则会引起人民群众的不满，最终也难以长久的和谐。因此对犯罪分子进行惩罚是必要的，对某些较为严重的犯罪进行打击当然必不可少，但如果对一切行为都以重刑的方式进行解决，并不是一种最优的选择。

　　韩非的法治思想是在战国末期中央集权体制即将形成的情况下提出的，其理论的出发点和落脚点都是要通过加强君主的权力来强化中央集权。而使君主掌握权力的方式和路径即是用法、术、势结合来应对国家中所出现的种种情况。其所想要达成的效果即是"事在四方，要在中央，圣人执要，四方来效"①，其中所谓的"要在中央"即是指君主及其所代表的统治阶层要掌握立法的权力，要将分散在地方上的、其他诸侯手中的权力集中起来，由中央来行使；"圣人执要"就是要将权力牢牢地掌握在君主手中，实行君主专制。这种主张极大地适应了大一统的需要，自然也就受到统治集团的青睐。因此韩非的这种思想主张不仅对秦王朝统一六国

---

　　①《韩非子·扬权》

起到了重要作用，也对其后的朝代起到了间接作用，尽管在汉武帝接受董仲舒"罢黜百家，独尊儒术"的建议，但实际上历代统治者也仍然十分重视法律在国家治理中的作用，甚至"阳儒而阴法"的帝王亦不在少数。但由于韩非及其所代表的法家学派在主张中过于露骨、直率的表达方法，使得人们在心中形成了法家刻薄寡恩、冷酷无情的印象，所以在现实生活中缺少市场，也不太受到欢迎。若就其具体的主张和思想理论上来讲，其很多内容都是有道理的，是可以立即发挥作用并产生积极影响的，但在治国理政的过程中不可以一味地依赖于暴力，迷信于重刑，也应该将其与儒家所提倡的教化及道德的作用相结合，才能取得更为良好的效果，这也正是后来的统治者最终的选择。

韩非是法家的集大成者，古往今来对于韩非的评价褒贬不一，见仁见智，有的观点甚至大相径庭，其最重的原因就是因为观察视角的不同而导致的差异。无论从哪个角度上来看，韩非及其所代表的法家思想在学术上的地位是不可忽视的，梁启超评价说："法家起自战国中叶，逮其末叶而大成，以道家之人生观为后盾，而参用儒墨两家正名核实之旨，成为一种有系统的政治学说，秦人用之以成统一之业。"①秦朝灭亡之后，汉代统治者尽管对法家之弊提出了激烈的批评，但实际上也受到法家学派的影响。"汉承秦规，得有四百年秩序的发展。盖汉代政治家萧何、曹参，政论家贾谊、晁错等，皆用其道以规画天下。及其末流，诸葛亮以偏安艰难之局，犹能使吏不容奸，人怀自厉。其得为多出法家。"②所以尽管在汉武帝之后儒家开始占据统治地位，但实际上往往是"明儒暗法"、"阴法阳儒"，帝王以仁义礼之名，实以法、术、势的方

---

① 梁启超：《先秦政治思想史》，天津古籍出版社 2003 年版，第 177 页。

② 梁启超：《先秦政治思想史》，天津古籍出版社 2003 年版，第 177 页。

式掌控天下。

战国时期的法家中较为出色的有商鞅、慎到和申不害。商鞅重法，他说："国之所以治者三：一曰法，二曰信，三曰权。法者，君臣之所共操也，信者，君臣所共立也，权者，君之所独制也。人主失守则危，君臣释法任私则乱。故立法明分而不以私害法则治，权制独断于君则威，民信其赏则事功成，信其刑则奸无端矣。"①商鞅认为完备的法律是治理好国家的关键，是定分止争的重要工具，因此他重视律令而反对私议，"世之为治者，多释法而任私议，此国之所以乱也。先王县权衡，立尺寸，而至今法之，其分明也。夫释权衡而断轻重，废尺寸而意长短，虽察，商贾不用，为其不必也。故法者，国之权衡也。"②韩非和商鞅一样也主张以法治国，但韩非更强调治国要"行法"、"执术"、"挟势"，使"法、术、势"三者有机结合起来。即要做到以法为本，抱法处势，以术佐法。法作为一种规则，是帝王统治的重要工具，"君无术则弊于上，臣无法则乱于下，此不可一无，皆帝王之具也"，而"法者，宪令著于官府，刑罚必于民心，赏存乎慎罚，而罚加乎奸令者也"③。可见韩非更为全面地总结了前代学者治理国家的理论，从而提出了更具综合性和实用性的治国方略。

107．李斯

李斯（公元前284年——公元前208年），战国末期楚国上蔡（今河南上蔡）人。李斯年少的时候就表现出了与众人不同的见识，

---

① 《商君书·修权》
② 《商君书·修权》
③ 《韩非子·定法》

那时候他在郡里做一个小吏，有一次他看见吏厕中的老鼠在偷吃一些看起来很恶心的粪便，听到人的脚步声和狗叫声，嗖一下就赶紧溜走了，非常害怕。而太仓中的那些老鼠，坐在高高的粮仓上，吃的硕大无比，既不怕人也不担心人来赶他。从这些观察中李斯非常感慨"人之贤不肖譬如鼠矣，在所自处耳！"①在厕所的老鼠和在太仓的老鼠之所以有如此之大的区别，最大原因就在于其所处的环境不同而已，人又何尝不是如此呢？所以自此以后，李斯立志要做一个"太仓之鼠"。

李斯师从荀子学习帝王之术，与战国时期另一个著名的法家人物韩非是同学，在读书期间韩非就表现出异乎常人的聪明，因此《史记》载"斯自以为不如非"，但这实际上并不影响李斯也学有所成，并开始积极按照自己的"太仓之鼠"的计划进行行动。他分析了当时的形势，认为楚王并不足以谋取天下，而六国皆弱，不能建功立业，只有秦国才最有发展前途。于是李斯动身前往秦国谋职，并向荀子辞道："斯闻得时无怠，今万乘方争时，游者主事。今秦王欲吞天下，称帝而治，此布衣弛骛之时而游说之秋也。处卑贱之位而计不为者，此禽鹿视肉，人面而能强行者耳。故诟莫大于卑贱，而悲莫甚于穷困。久处卑贱之位，困苦之地，非世而恶利，自托于无为，此非士之情也。故斯将西说秦王矣。"②他觉得一个人遇到机会，千万不可松懈错过，现在正值秦王想吞并各国，欲谋称帝时，这也正是普通出身的人们建功立业之时。地位卑贱，而不想着去求取功名富贵，就如同禽兽一般，只等看到现成的肉才想去吃，白长了一副人的面孔勉强直立行走。因此他要准备西入秦国，谋取富贵。这实际上是其"仓鼠之说"的实践性

①《史记》卷八七《李斯列传》，中华书局，第2539页。

②《史记》卷八七《李斯列传》，中华书局，第2540页。

的第一步。

到了秦国以后，李斯先是在吕不韦家中作客卿，吕不韦觉得李斯有才能，于是拜其为"郎"，这样李斯便有机会接近秦王了，瞅准机会将自己愿意辅佐秦王的想法及吞并六国的途径。秦王听了觉得非常满意，于是拜其为长史，采纳其计谋，遣谋士持金玉游说六国，离间其君臣，之后又拜李斯为客卿。这时恰逢韩国人郑国以修筑渠道为名，到秦国离间君臣，被人发觉。于是秦国的贵族对秦王说，各诸侯国人来秦国的目的就是为了给他们的国君游说，以离间秦国，应该把他们都一概驱逐。李斯也在被驱逐之列，于是李斯就上了其著名的《谏逐客书》，秦王听了之后放弃了逐客之令，而使李斯复官，后升至廷尉。后来秦始皇吞并六国，称皇帝，又拜李斯为丞相。秦始皇三十七年，秦始皇病逝，赵高、胡亥与李斯同谋，"诈为受始皇诏丞相，立子胡亥为太子"，并称赐死长子扶苏，胡亥即位为二世皇帝。后因与赵高有矛盾，被赵高陷害被捕入狱。李斯身陷囹圄，仰天长叹曰："嗟乎，悲夫！不道之君，何可为计哉！昔者桀杀关龙逢，纣杀王子比干，吴王夫差杀伍子胥。此三臣者，岂不忠哉，然而不免于死，身死而所忠者非也。今吾智不及三子，而二世之无道过于桀、纣、夫差，吾以忠死，宜矣。……今反者已有天下之半矣，而心尚未寤也，而以赵高为佐，吾必见寇至咸阳，麋鹿游于朝也。"① 后来李斯被制以谋反之罪，其子及其宗族皆被捕入狱。秦二世二年七月，李斯被腰斩于咸阳，在从监狱出来时，与其子相顾而哭曰："吾欲与若复牵黄犬俱出上蔡东门逐狡兔，岂可得乎！"② 此时的李斯不知对其"仓鼠之说"有何新的感想。司马迁评价李斯说："李斯以闾阎历诸侯，

①《史记》卷八七《李斯列传》，中华书局，第2560页。
②《史记》卷八七《李斯列传》，中华书局，第2562页。

入事秦，因以瑕衅，以辅始皇，卒成帝业。斯为三公，可谓尊用矣。斯知六艺之归，不务明政以补主上之缺，持爵禄之重，阿顺苟合，严威酷刑，听高邪说，废嫡立庶。诸侯已畔，斯乃谏争，不亦末乎！人皆以斯极忠而被五刑死，察其本，乃与欲议之异。不然，斯之功且与周、如列矣。"①可见司马迁对李斯的评价也一分为二，既肯定了其辅助始皇实现帝业的成就，也对其后来因受赵高蛊惑而废嫡立庶以至身死的结果进行了批评。

有学者将李斯作为秦朝的历史人物进行研究，当然这种做法有其合理性。但实际上纵观李斯的一生，其思想的形成和活动的轨迹主要集中于战国末期的秦国，也即是说在大一统的秦王朝实际形成以前，李斯已经基本上建立了自己的思想体系，并据此辅助秦始皇建立了完善的政治、法律制度。因此从这个角度上来看，实际上李斯仍然是战国时期法家学派的重要代表人物，尽管其没有系统的著作流传于世，但因其为秦相数十年，可以认为秦王朝的大部分法律出于其手或至少他参与其中，因此，在研究李斯的犯罪学思想的时候既不能忽视其所直接提出的法律观点，更不能忽视秦朝的直接的法制建设中的具体内容，只有这样的结合才能对李斯有更为清晰和全面的认识。

108.李斯的犯罪学学说

李斯与韩非一样，是荀子的学生，在就人性的讨论上，韩非也接受了荀子的观点。荀子说："今人之性，饥而欲饱，寒而欲暖，劳而欲休，此人之情性也。"②李斯也认为人会趋利而恶害，因此他

---

①《史记》卷八七《李斯列传》，中华书局，第2563页。
②《荀子·性恶》

认为卑贱、穷困是恶行之源，因此在其辞别荀子去往秦国的时候就说："诟莫大于卑贱，而悲莫甚于穷困"①，在这种认识下，他认为人们的行为或具体做事会依此为依据，"久居卑贱之位，困苦之地，非世而恶利，自托于无为，此非士之情也"②，也即是说在久居卑贱之位的情况下，人们自然会做出一些事情以求改变。李斯选择入秦国谋取官职，但对于其他人来说则不一定，而可能为了其目的进行一些违法犯罪的活动。

针对犯罪行为，李斯提出了犯罪预防的学说。概括起来，包括以下几个方面：

其一是重视立法。李斯继承了法家"明法审令"的重法的思想，在辅佐秦始皇吞并六国一统天下的过程中，十分重视法律的制定和实施，意图废除六国的法令，而使秦国的法令能够通行全国，并且要使法律制定的内容包含生活的方方面面，使一切"皆有法式"。秦始皇登泰山时留下的《泰山刻石》记载："皇帝临位，作制明法，臣下修饰"，"治道运行，诸产得宜，皆有法式"③，除此之外在登琅邪时，也指出"黔首安宁，不用兵革，六亲相保，终无寇贼。欢欣奉教，尽知法式"④，这种对于法治的重视，体现了当时君臣在思想层面上对于法律本身的认识，既注重法律本身的制定，也十分注意关于法律的宣传，使广大百姓都能够及时全面的了解法律，这样一来就可以使人们的生活及行为有法可依，有制度可以遵循，从而不至于胡作非为，甚至作奸犯科。

1975 年在湖北省云梦县出土了大量秦墓竹简，其中记载着大量的秦代法律，据学者整理出来的法律形式包括有《秦律十八种》、

---

① 《史记》卷八七《李斯列传》，中华书局，第 2539 页。
② 《史记》卷八七《李斯列传》，中华书局，第 2540 页。
③ 《史记》卷六《秦始皇本纪》，中华书局，第 243 页。
④ 《史记》卷六《秦始皇本纪》，中华书局，第 245 页。

《法律答问》《封诊式》等，涉及的内容包含了农业、手工业、徭赋、官员任免、军爵赏赐等各项制度，依当前的法律知识体系可以说囊括了包括刑法、民法、行政法、诉讼法等多个部门法，可见其重视法律制度的程度。李斯及秦国贵族认为通过严密的法律可以使普通民众的行为有章可循，不犯上作乱。因而李斯说："法修术明而天下乱者，未之闻也。"①

　　其二是轻罪重刑，实行报复主义。李斯与法家的其他代表人物如商鞅、韩非一样，同样非常重视重刑的作用，认为轻罪重刑，可以达到"以刑去刑"的目的。他在给秦二世的上书中引用了韩非、商鞅等人的学说："故韩子曰'慈母有败子，而严家无格虏'者，何也？则能罚之加焉必也。故商君之法，刑弃灰于道者。夫弃灰，薄罪也；而被刑，重罚也。彼唯明主为能深督轻罪。夫罪轻且督深，而况有重罪乎？故民不敢犯也。是故韩子曰'布帛寻常，庸人不释；铄金百镒，盗跖不搏'者，非庸人之心重，寻常之利深，而盗跖之欲浅也。又不以盗跖之行，为轻百镒之重也。"②慈母有败子，但严家却没有，这是为何呢？主要就是因为惩罚的缘故。因此，在商鞅时代就已经确定了"弃灰之法"，其实质上就是对很轻的犯罪行为施以重罚，而不实行那样的行为可以很容易做到，自然也就没有惩罚了。而类似这样的轻罪重刑在秦代的《法律答问》中也是比比皆是。如秦简《法律答问》载："或盗采桑叶，赃不盈一钱，何论？赀三旬。"也即是说偷采别人的桑叶，虽不满一钱，却被罚服三旬的徭役，足见秦律对盗窃罪惩罚之重。再如《法律答问》载"五人盗，赃一钱以上，斩左趾，有黥为城旦"。这都体现了法家一贯所主张的重刑轻罪的原则。

---

①《史记》卷八七《李斯列传》，中华书局，第 2555 页。
②《史记》卷八七《李斯列传》，中华书局，第 2555 页。

　　其三是控制思想，钳制言论。公元前 213 年，秦始皇在咸阳宫大宴群臣，博士仆射周青臣称颂秦始皇，"他时秦地不过千里，赖陛下神灵明圣，平定海内，放逐蛮夷，日月所照，莫不宾服。以诸侯为郡县，人人自安乐，无战争之患，传之万世，自上古不及陛下威德"①。秦始皇听了非常高兴，这时候齐人淳于越却反对说："臣闻殷、周之王千余岁，封子弟功臣，自为枝辅。今陛下有海内，而子弟为匹夫，卒有田常、六卿之臣，无辅拂，何以相救哉？事不师古而能长久者，非所闻也。今青臣又面谀陛下之过，非忠臣。"②周青臣颂扬秦始皇的功德，而淳于越却说周青臣"面谀陛下之过，非忠臣"，表面上看这是对于现世政治的看法不同，实际上是期望遵循的思想有区别，即淳于越希望秦始皇"师古"，恢复"礼"的作用，反对郡县制而提倡分封制。秦始皇让臣下接着讨论。李斯发表了一番看法，被世人看做是"焚书坑儒"的开端。李斯说："五帝不相复，三代不相袭，各以治，非其相反，时变异也。今陛下创大业，建万世之功，固非愚儒所知。且越言乃三代之事，何足法也？异时诸侯并争，厚招游学。今天下已定，法令出一，百姓当家则力农工，士则学习法令辟禁。今诸生不师今而学古，以非当世，惑乱黔首。丞相臣斯昧死言：古者天下散乱，莫之能一，是以诸侯并作，语皆道古以害今，饰虚言以乱实，人善其所私学，以非上之所建立。今皇帝并有天下，别黑白而定一尊。私学而相与非法教，人闻令下，则各以其学议之；入则心非，出则巷议，夸主以为名，异取以为高，率群下以造谤。如此弗禁，则主势降乎上，党与成乎下，禁之便。臣请史官非秦记皆烧之，非博士官所职，天下敢有藏《诗》、《书》、百家语者，悉诣守、尉杂烧之。有敢偶语《诗》、

---

① 《史记》卷六《秦始皇本纪》，中华书局，第 254 页。
② 《史记》卷六《秦始皇本纪》，中华书局，第 254 页。

《书》者弃市，以古非今者族，吏见知不举者与同罪。今下三十日
不烧，黥为城旦。所不去者，医药、卜筮、种树之书，若欲有学
法令，以吏为师。"① 可见李斯通过论述实际上希望达到三点目的：
其一是除法家、医药、卜筮、种树之类的书之外，其他《诗》、《书》
这样的内容皆被禁止学习；其二是再谈论《诗》、《书》者，弃市，
"以古非今者族"，官吏见而不举者要同罪；其三是若想学习法令，
则 "以吏为师"。之后，秦始皇采纳了这个建议，发布了 "焚书令"，
后来又进行了 "坑儒"，把 "犯禁者四百六十余人，皆坑之咸阳"。②
通过这样的方法意图控制人们的思想和言论，使他们没有机会惑
乱普通民众，减少犯罪的机会，从而实现国家的统治。

　　其四是反对仁义，行督责之术。仁义、礼乐是先秦儒家所提
倡的治国理民的重要方式和手段，但法家学派对此一直持反对意
见。商鞅认为仁义、礼乐会破坏农战，甚至危害社会治安；韩非在
其《五蠹》一文中将儒家列为 "五蠹之首"，认为 "儒以文乱法"，
应该扫除。李斯同样也秉持这样的看法，他说："且夫俭节仁义之
人立于朝，则荒肆之乐辍矣；谏说论理之臣间于侧，则流漫之志诎
矣；烈士死节之行显于世，则淫康之虞废矣。故明主能外此三者，
而独操主术以制听从之臣，而修其明法，故身尊而势重也。"③ 他认
为君主能够独断专行，自然不会大权旁落。"凡贤主者，必能拂世
摩俗，而废其所恶，立其所欲。故生则有尊重之势，死则有贤明
之谥也。是以明君独断，故权不在臣也。然后能灭仁义之涂，掩
弛说之口，困烈士之行。……故外不可倾以仁义烈士之行，而内
不可夺以谏说忿争之辩。"④ 可见李斯对于所谓的仁义之术是嗤之以

---

① 《史记》卷六《秦始皇本纪》，中华书局，第 255 页。
② 《史记》卷六《秦始皇本记》，中华书局，第 258 页。
③ 《史记》卷八七《李斯列传》，中华书局，第 2557 页。
④ 《史记》卷八七《李斯列传》，中华书局，第 2557 页。

鼻的。他更强调以"督责之术"来驾驭臣僚，所谓的"督责之术"就是指督察君主下面的百官而责之以刑罚。他说："夫贤主者，必且能全道而行督责之术者也。督责之，则臣不敢不竭能以徇其主矣。此臣主之分定，上下之义明，则天下贤不肖莫敢不尽力竭任以徇其君矣。是故主独制于天下而无所制也，能穷乐之极矣。贤明之主也，可不察焉！"①。他认为行使督责之术即可以帮助贤主掌握权力，治理群臣。至于其中的逻辑联系，他又论述道："督责之诚，则臣无邪，臣无邪则天下安，天下安则主严尊，主严尊则督责必，督责必则所求得，所求得则国家富，国家富则君乐丰。故督责之术设，则所欲无不得矣。"②在李斯看来，只要实行督责之术，自然会臣无邪，天下安，主严尊，进而实现国家富的目标，对于君主来讲实行督责之术就可以获得自己想要的一切，群臣百姓只能俯首听命，不可能起而造反，自然也就使犯罪不会产生了。

109. 李斯的犯罪学学说余论

李斯是那个时代的风云人物，秦的兴亡虽不能说全系于一身，但在其中也必然起着极为关键性的作用。历史上对李斯已经有诸多评价，如汉代桑弘羊说他"功侔伊望，名巨泰山"③，但也有批评性意见，如司马迁就认为其最后被腰斩于咸阳实在是咎由自取。评价其一生功过可能不易，仅就其关于犯罪原因、犯罪预防等方面的思想提出一些看法。

李斯入秦的时候恰逢秦庄襄王去世，秦始皇继位成为新的国

---

① 《史记》卷八七《李斯列传》，中华书局，第 2554 页。
② 《史记》卷八七《李斯列传》，中华书局，第 2557 页。
③ （汉）桓宽：《盐铁论》卷四《毁学》

君。刚开始的时候只是在吕不韦家里做舍人，后来才有机会进见秦王。那时候他就说："昔者秦穆公之霸，终不东并六国者，何也？诸侯尚众，周德未衰，故五伯迭兴，更尊周室。自秦孝公以来，周室卑微，诸侯相兼，关东为六国，秦之乘胜役诸侯，盖六世矣。今诸侯服秦，譬若郡县。夫以秦之强，大王之贤，由灶上骚除，足以灭诸侯，成帝业，为天下一统，此万世之一时也。"①可见此时的李斯所处的时代是一个秦国较为强盛的时代，而这一强盛实际上是秦国历代国君积累的结果，在秦国不断积蓄力量过程中，商鞅等前辈法家功不可没，为秦国奠定了良好的法治基础。李斯受到申子、慎到、商鞅及韩非等人的影响，在其后来制定具体法律政策时基本上仍沿袭了法家的一贯做法。

李斯本身留下的著作数量有限，从其中所体现的犯罪学思想仍然主要是之前法家人物的主张，如关于人性的认识，他师从于荀子，也认同人性本恶的观点。因而在分析犯罪原因的时候其主要的观点也是基于人性恶，并且认为人的贫穷和地位卑贱使他们可能会谋求改变，但在改变过程中不同的人做出了不同的选择，有的人就走上了作奸犯科的道路。在犯罪预防方面，他也对法家一贯主张的重刑轻罪十分推崇，而对儒家所提倡的仁义礼乐等内容则嗤之以鼻。虽然在论述上的进路不同，但可以看出其在主要观点上基本上仍然与商鞅、韩非等一致。而且相较于商鞅、韩非来说，他在具体的思想主张上并没有特别的建树，甚至可以说大多数只是在以前的理论上继续阐述而已。可能造成的原因大概有以下三个方面：其一是李斯留下的文章有限，使我们在了解他具体的思想主张上难以全面把握；其二是经过上百年的实践，法家的主张已经较为成熟，意欲提出一种全新的思路并非易事；其三是李斯

---

①《史记》卷八七《李斯列传》，中华书局，第2540页。

本人更注重追求政治上的进取，这从其"仓鼠之说"中即可以看出，因此他在政治上可以说做到了位极人臣的地步，其所构想的法律制度和方法可能已经在其执政中得以体现，但在文字上面并没有直接体现。因此从总体上讲，李斯的犯罪学思想没有超出其他法家学派人物的范畴，建树有限，但不可否认因其政治地位的显赫，在具体制度建设中起到了较为重要的作用。

第七章

墨家思想中的犯罪学学说

110. 墨家及其学说

墨家学派由墨翟开创。春秋战国时期，该学派与儒家齐名，并盛极一时，其与其他学派不同的观点，揭开了百家争鸣之序幕。墨学，晚于儒学，但"在战国初期，它异军突起，大有席卷天下之势，以至于天下之言，不归杨，则归墨。"[①] 后来，孟子对杨、墨之学予以批判，墨家势力稍稍见衰。墨学在当时影响很大，与儒家并称"显学"，在当时的百家争鸣，有"非儒即墨"之称。秦汉以后，影响日衰，以致西汉司马迁在《史记》中，并未对墨子单独立传，只是在《孟子荀卿列传》之后，用寥寥数笔附带一提："盖墨翟，宋之大夫，善守御，为节用。或曰并孔子时，或曰在其后。"这表明，作《史记》时，不仅墨家已经绝迹，其学派的著作也很少见到了，因此，司马迁不得不以传闻为据了。

墨子（前 468 至前 376）是墨家学派的开创者，名翟，汉族，战国初期宋国国都鲁国（今山东滕州）人。他是历史上少有的农民出身的哲学家。其主要思想有兼爱、非攻、尚贤、尚同、节用、

---

① 李亚彬：《中国墨家》，宗教文化出版社 1996 年版，第 2 页。

节葬、非乐、天志、明鬼、非命等项，以兼爱为核心，以节用、尚贤为支点。墨子在先秦时期创立了以几何学、物理学、光学为突出成就的一整套科学理论。墨子死后，墨家分为相里氏之墨、相夫氏之墨、邓陵氏之墨三个学派。墨子之后，有禽滑厘、高石子、公尚过、耕柱子等弟子十五人，许犯、索卢参等再传弟子三人，另有位次不详的墨家弟子十三人，杂家四人。[①]认识墨家学派思想的作品主要是《墨子》。该书由墨子的弟子及后学记录、整理、编纂而成，分为两大部分内容：一部分是主要反映前期墨家思想，主要记载墨子言行，阐述墨子思想；一部分主要包括《经上》、《经下》、《经说上》、《经说下》、《大取》、《小取》等六篇，着重阐述墨家的认识论和逻辑思想，一般称作《墨辩》或《墨经》。

墨子自幼聪慧好学，智力超群。由于家庭和环境影响，墨子年轻时候很早熟悉了各种手工制作工艺和技巧，成为了一名出色的匠人。由于孔子的缘故，墨子出生地所在的鲁国儒家文化非常发达，因而墨子从小就受到儒家文化的熏陶。墨子师从史角的后代学习儒学。由于其勤奋好学，很快读遍百国春秋，谈话间不乏引经据典。

正是因为曾经"学儒者之业，受孔子之术"[②]，因此，墨子的犯罪学学说思想受儒家的影响较大。但其后，他离儒学而创墨学，与儒学的主要观点又有较大的不同，首先，墨家适应了公布成文法的社会发展大趋势，倡导法治。而儒家却对法治持偏视态度，对刑罚亦相对轻视。其次，墨家对犯罪问题做了更加深入的研究。儒家也希望消灭犯罪，但极少研究犯罪本身的问题。而墨家则既追求消灭犯罪的目标，又对犯罪进行了较为深入的研究，提出了

---

① 参见李亚彬：《中国墨家》，宗教文化出版社1996年版，第37页。
②（汉）刘安主编：《淮南子》卷二十一《要略》

犯罪的成因，消灭犯罪的方法和途径等。此外，墨家代表"农与工肆之人"等小生产者阶层的利益，成员大多为劳动者。由于他们终生并未脱离劳动，其思想感情与劳动者是相通的。对于国家的政治社会生活，他们表现出了极大的关心，特别是对于关系社会安定有序的预防和惩治犯罪问题，更是发表了许多独到的见解，反映了劳动者阶层的要求和愿望。

与儒家相似，墨家的法律思想也是以"仁"为核心，其对于犯罪的预防和惩治的认识也都体现了仁的精神。"犯罪即是不仁"是其对犯罪的基本看法。由此出发，墨家深入探讨了引发犯罪的客观和主观原因。然而，相对于儒家的德礼教化以根除犯罪之心，实施仁政使民众安居乐业的现实主张，墨家研究犯罪后，给出的阻止和消灭犯罪的途径和方法则更多的具有想象的成分，空具有理论推导上的成功，忽视了实践上的可行性。"他们借天或天鬼迫使人们相爱的理论体现更多的是感情色彩，而不是理性的论证。而这恰恰反映了整个墨家法律思想的一个极大的弱点：目标远大，方法简单；立论宏伟，论证薄弱。"[1]

111. 墨家对犯罪的认识

从现代刑法的犯罪特征来看，墨家对犯罪的论述和阐释，非常准确地概括出了犯罪的主要特征，即社会现实危害性、"不仁"、"不义"之恶性、违法性。

墨家认为，犯罪对社会的现实危害性，既包括对他人的危害、对家庭的危害，也包括对他国的危害。这一特征是犯罪最容易为人认识的方面。社会上出现的，诸如"入人之场园，取人之桃李

---

[1] 徐祥民等编：《中国法律思想史》，北京大学出版社2004年版，第93页。

瓜姜"，"逾于人之墙垣，担格人之子女"，"角人之府库，窃人之金玉蚕累"，"逾人之栏牢，窃人之牛马"，"杀一不辜人"等行为①，均是具有社会危害性的犯罪。根据这一特征，犯罪可以按照侵犯的对象、行为方式、损害程度等要素区分为不同的种类，这对战国时期"贼"、"盗"以及"盗牛"、"盗马"等罪名的区分具有很强的现实指导意义。

"不仁不义"是犯罪的主观心理特征。为说明主观上这种不仁不义的故意行为，墨子用了大量的例子展开论说。他说："今有一人，入人园圃，窃其桃李，众闻则非之，上为政者得则罚之。此何也？以亏人自利也。至攘人犬豕鸡豚者，其不义又甚入人园圃窃桃李。是何故也？以亏人愈多。苟亏人愈多，其不仁兹甚，罪益厚。至入人栏厩，取人马牛者，其不仁义又甚攘人犬豕鸡豚。此何故也？以其亏人愈多。苟亏人愈多，其不仁兹甚，罪益厚。至杀不辜人也，扡其衣裘，取戈剑者，其不义又甚入人栏厩取人马牛。此何故也？以其亏人愈多。苟亏人愈多，其不仁兹甚矣，罪益厚。当此天下之君子，皆知而非之，谓之不义。今至大为不义，攻国，则弗知非，从而誉之，谓之义。此可谓知义与不义之别乎？"②墨子的这番话，仍然涉及犯罪对于他人权益和社会利益的危害性，但更具体地考察到了行为人的主观心理态度，即"不义"、"不仁"和"亏人自利"的主观故意。这比先前单纯凭借客观行为归罪的理论更为全面，将对犯罪的认识扩展到了主观和客观两个方面，为深入研究犯罪指出了一个正确的方向。

遗憾的是，墨家并未沿着此路径，单纯探讨犯罪的主观方面，将主观特征作为划分犯罪类型的标准，而是仍然以作为犯罪的客

---

①《墨子·天志下》
②《墨子·非攻上》

观危害程度，作为衡量主观过错的大小、轻重。这就导致墨家在对犯罪的认识上，虽然发现了主观方面，但却又置之不理，难逃客观归罪的窠臼。法家重视这一发现，并对此问题展开了进一步探寻。最后，在深入分析主观因素的基础上，法家在法律实践中将人的主观过错区分为故意和过失两类，为犯罪学的发展做出了重要的贡献。

其中，违法是构成犯罪的必要条件，"罪不在禁，唯害无罪"[①]，即是说，如果所从事的危害行为不在法律的禁止范畴内，则虽然具备一定程度的社会危害性，也不能够认定为犯罪。墨家对此虽然并未展开论证，但这一观点是可取的。从战国时期起，随着立法的完善，我国古代法制中的"罪刑法定"传统逐渐形成。虽然之后的各朝代，并未对罪刑法定原则以法律条文形式明确化，甚至未能完全遵循这一原则，但是，在一般情况下，定罪量刑的司法过程是以法律为根据的。

112. 墨家对犯罪原因的认识

墨家接受了儒家的"仁"的概念，并用之解释社会，进而寻求社会稳定之方。这使得墨家学派中渗透着儒家仁的精神，仁成为了法的标准。但是，墨家的仁从儒家继承而来，却与之相区别。儒家的仁具有爱人之义，但有亲亲之等级差别，是有差等的爱。墨家的爱人则扩展为无亲疏界限的"天下之人皆相爱"[②]，也即"兼爱"。在墨家的论述中，犯罪主要有思想根源和经济根源两个相互联系着的原因。前者是犯罪的主观原因，墨家将其概括为"人们

---

①《墨子·经上》
②《墨子·兼爱中》

之间不相爱"；后者是犯罪的客观原因，主要缘于在上者的过分索取，使得民众过于贫穷。

墨子主张"兼爱"，并从"兼相爱，交相利"的原则出发，对犯罪原因进行了细致的探讨："当察乱何自起？起不相爱。臣子之不孝君父，所谓乱也。子自爱，不爱父，故亏父而自利；弟自爱，不爱兄，故亏兄而自利；臣自爱，不爱君，故亏君而自利，此所谓乱也。虽父之不慈子，兄之不慈弟，君之不慈臣，此亦天下之所谓乱也。父自爱也，不爱子，故亏子而自利；兄自爱也，不爱弟，故亏弟而自利；君自爱也，不爱臣，故亏臣而自利。是何也？皆起不相爱。虽至天下之为盗贼者亦然：盗爱其室，不爱其异室，故窃异室以利其室。贼爱其身，不爱人，故贼人以利其身。此何也？皆起不相爱。虽至大夫之相乱家，诸侯之相攻国者亦然：大夫各爱其家，不爱异家，故乱异家以利其家。诸侯各爱其国，不爱异国，故攻异国以利其国。天下之乱物，具此而已矣。察此何自起？皆起不相爱。"① 墨子罗列了当时的各种犯罪，认为这一切违背礼法的"乱行"都源于人们之间的不相爱。人们之间的互不相爱，不仅可以直接表现为犯罪，即"亏人自利"。也可在此基础上进一步产生新的犯罪原因，即为上者的自利造成民贫，民贫导致新的犯罪。

从经济的角度来看，墨家以统治者搜刮民财的现实作为论证的出发点，将民众的贫困也作为了引发犯罪的原因。墨子说：（执政者）"必厚作敛于百姓，暴夺民衣食之财，以为宫室，台榭曲直之望，青黄刻镂之饰。为宫室若此，故左右皆法象之，是以其财不足以待凶饥，振孤寡，故国贫而民难治也。"② 统治者厚敛夺财，生活腐化堕落、骄奢淫逸等行为，直接导致国家大量物质财富浪

①《墨子·兼爱上》
②《墨子·辞过》

费，使得国贫、民贫，衣食之财不足。由此，为满足衣食之用，从家到国将会发生一系列的连锁反应："为人弟者求其兄而不得，不弟弟必将怨其兄矣；为人子者求其亲而不得，不孝子必是怨其亲矣；为人臣者求之君而不得，不忠臣必且乱其上矣。是以僻淫邪行之民，出则无衣也，入则无食也，内续奚吾，并为淫暴，而不可胜禁也。是故盗贼众而治者寡"①，"是以其民饥寒并至，故为奸邪，多则刑罚深，刑罚深则国乱。"②

113．墨家对犯罪预防与惩治的学说

对于防治犯罪的措施，墨子针对犯罪的思想和经济方面的原因，提出了相应的预防和惩治犯罪的策略。

"兼相爱，交相利"。墨家认为社会中的一切祸患均是由于人们之间的"不相爱"而产生。这种状况亟需改变，而最有效的方法无疑是墨子所说的"以兼相爱，交相利之法易之"③。即国君只要做到彼此相爱，便不会互相攻伐；大夫彼此相爱，也不会互相残杀；民众之间，强者对弱者，富者对贫者，智者对愚者，都能够彼此"兼爱"，天下的怨恨便无从发生，国家也随之得到了良好的秩序。

"兼相爱，交相利"是墨家法律观的基本原则，也是衡量法律制度，评价各种学派学说观点，提出自己立法主张的依据。在此基础上，墨家认为，"兴天下之利，除天下之害"是这个原则的具体体现，也是统治者执政的目标，即凡是对国家和人民有力的，

---

① 《墨子·节葬下》
② 《墨子·辞过》
③ 《墨子·兼爱中》

就应当支持和提倡，反之，对国对民有危害的则应当禁止。墨子说："必务求行天下之利，除天下之害，将以为法乎天下。利人乎即为，不利人乎即止。"①这种要求，意在将法律由维护少数贵族利益转变为维护大多数民众利益的主张，集中反映了以墨家为代表的小生产者彼此互助互利的良好愿望，表达了其反对剥削、反抗压迫，建立"强不执弱、众不劫寡、富不侮贫、贵不傲贱"之理想社会的进步思想。墨家认为，只有在这种理想社会中，人与人之间才能够获得普遍的平等和自由，进而互爱、互敬、互谅、互助，违法犯罪行为也就不会出现。

墨子把这种理论概括为兼与别，即"别""恶人而贼人者"，"兼""为人之家若为其家"的人。"按照这个概括，则罪生于别，乱息于兼。由于社会上有别相恶才有种种的'乱物'；如果社会上人人都在兼相爱，则犯罪就会消失。"②

发展生产，富民节用。除了相爱互利之外，墨子认为预防犯罪，还必须改变"饥者不得食，寒者不得衣"③的悲惨社会状况，使整个社会的财富，以及民众可支配的物资充裕起来。基于这种认识，墨子从开源和节流两个方面提出了具体的方案：首先，发展社会生产，特别是大力发展农业和农民家庭手工业有关的产业，解决民众吃饭穿衣等基本的生活需要，使民众过上相对安稳富裕的生活，避免因迫于贫穷甚至温饱实施相对激进的破坏行为，不得不选择违法犯罪之路。其次，倡导节用，反对浪费。统治者的骄奢淫逸，奢华享受，将会极大地增加民众的负担。因此，墨子提出"节用"的主张，"使各从事其所能，凡足以奉给民用则止。诸加费不加于

---

① 《墨子·非乐上》

② 徐祥民等编：《中国法律思想史》，北京大学出版社 2004 年版，第 97 页。

③ 《墨子·兼爱中》

民利者弗为"①。此举意在提醒执政者，消费应限制在社会生产和生活条件的基础之上。一旦超过了界限，对民众的生活产生不利影响，就算是浪费，应当坚决杜绝。为更明确这个限度，墨子更是提出了自己关于节用的具体主张：衣服以"冬以御寒，夏以御暑"即足够；饮食以"增气充虚，强体适腹"为满足；住房则以"御风寒"、"别男女之礼"就可以；舟车等以"完固轻利"、"任重致远"为限度。除了以上对于衣食住行各方面的尺度和标准外，墨子还主张"节葬"和"非乐"，力求从社会生活的各个方面革除奢靡的不良行为与习俗。

治大国须有法度。墨家继承儒家仁的精神，同时，亦认真总结了战国时各诸侯国惩治犯罪的实践，认为预防和控制犯罪，需要有一套事先规定好的法律作为前提。墨子说："天下之从事者，不可以无法仪。无法仪而能成事者无有也。虽至士之为将相者，皆有法。虽至百工从事者，亦皆有法。百工为方以矩，为圆以规，直以绳，正以县，无巧工不巧工，皆以此五者为法。"墨子肯定了法的作用，将"从事"需要法上升为普遍的规律。他在将法比喻为规矩的同时，也发现操法之人素质高低，对法律作用发挥的是否充分有较大的影响。"巧者能中之，不巧者虽不能中，放依以从事，犹逾己"，但不管如何，在犯罪预防控制方面，法律的存在和实行要比没有法律或者不依据法律要强。进而，墨子认为君王使用法律打击犯罪，比单纯凭借自己的德行威望要好得多。墨家的这一观点，反映了其与儒家之间的明显区别。儒家认为，治国非得有圣贤不可，而墨家的此番理论，实际上是承认非圣贤的君主也能够治理好国家。这便为许多非圣贤的君王找到了治理好国家的路径和方法，总之，"今大者治天下，其次治大国，而无法所度，

---

① 《墨子·节用中》

此不若百工辩也。"①

兴利除害，劝善沮恶。"兴利除害"、"劝善沮恶"被墨家视为法律的基本作用。在犯罪预防角度看，墨家也是主张发挥法律的上述工具性作用，从微观上影响每个人的内心和行为，使其向善，从宏观上最终构建人民之间相爱互利，和谐有序的太平世界。墨子说："人人之为事者，必兴天下之利、除天下之害，将以为法乎天下。利人乎即为，不利人乎即止。"②这是墨家对执政者所提出的总体要求。这一标准展开来，便是用赏和罚"禁恶而劝爱"③，即以赏的手段引导人们做爱人利人的事，以罚的手段阻止人们做恶人贼人的事，最终达到人人相爱相利，而不相恶相贼。

劝善沮恶，墨子不止一次地谈及，认为赏可以起到劝善的作用，罚则主要发挥沮恶的效果。在谈论兼爱问题时，他要求君主"劝之以赏誉，威之以刑罚"；谈为政时则认为君主应当"发宪布令以教诲，时赏罚以劝沮"④；谈尚同时，要求君主与民众上下同心同义，否则会造成"上之所赏则众之所非"，"上之所罚则众之所誉"，进而发生"赏誉不足以劝善，而刑罚不足以沮暴"的结果，导致执政的最终失败。

法家将人们内心"嫌贫爱富"的心理视为人性恶的外在表现，墨子也看到了民众的这种一般心理，但并未对其如法家一般概括。墨子认为，赏之所以能够发挥劝善的作用，是因为人们欲得到赏誉；罚之所以能够沮恶，也是因为人们不欲受到惩罚。"国家用赏罚治理社会的办法从思想过程上来看有两个阶段：一个阶段是对人们心理的分析和总结，另一个阶段是利用这种心理适用赏罚对

---

① 《墨子·法仪》
② 《墨子·非乐上》
③ 《墨子·兼爱上》
④ 《墨子·非命中》

策。"① 前面一个阶段是思想家对人的心理和需求进行归纳的过程。后一个阶段则是国家利用这种经验，有目的地施行赏和罚，从而引导人们的行为。墨子所谓的"富贵以道其前，明罚以率其后"说法，正是对这种有目的设定的概括。"

"赏必当贤，罚必当暴"。墨家重视刑罚的劝善止暴作用，认为"赏，上报下之功也，罚，上报下之罪也"②，"古之圣王发宪出令，设以赏罚，以劝贤沮暴"③。墨子曾说："国君亦为发宪布令于国之众，曰：'若见爱利国者，必以告；若见恶贼国者，亦必以告。'若见爱利国以告者，亦犹爱利国者也，上得且赏之，众闻则誉之；若见恶贼国不以告者，亦犹恶贼国者也，上得且罚之，众闻则非之。是以遍若国之人，皆欲得其长上之赏誉，避其毁罚。是以民见善者言之，见不善者言之；国君得善人而赏之，得暴人而罚之。善人赏而暴人罚，则国必治矣。"④ 对爱、利国者和恶、贼之人，民众与执政者的看法一致，并主动向君主和官吏报告情况，不仅能够保证善人能及时得到封赏，恶人及时受到惩处，而且能够充分发挥劝、沮的作用。

同时，墨家还强调刑罚的适当，因为法虽良法，如执法不当，导致"赏不当贤，罚不当暴"，"上之所赏则众之所非，上之所罚则下之所誉"情况的发生，则法的"劝善"、"沮暴"作用便难以发挥。这里所谓的"当"，一方面是赏罚对象的正确，另一方面则主要是赏罚量度上的适宜。为此，墨子以"有苗族用刑不善"导致天下混乱为例，说明"善用刑者以治民，不善用刑者以为五杀"，希望执政者在尚同的前提之下，慎重适用刑罚，坚持"赏当贤，

① 徐祥民等编：《中国法律思想史》，北京大学出版社 2004 年版，第 90 页。
②《墨子·经上》
③《墨子·非命上》
④《墨子·尚同下》

罚当暴，不杀不辜，不失有罪"的原则①，注意不偏不倚、不徇私情。他认为，做到这一点，不仅是良好执政的必然要求，也是发挥赏罚的劝沮作用的必备条件，"若苟赏不当贤，而罚不当暴，则是为贤者不劝，而为暴者不沮矣"②。

墨家主张"兼爱"，反对刑罚滥用，滥杀无辜。《吕氏春秋》中对此评述道："墨家之法，杀人者死，伤人者刑，此所以禁杀伤人也。"③由此可知，墨家主张刑罚的目的不是强调"以血还血，以牙还牙"的报复，而是为了"禁杀伤人"，即通过惩罚达到犯罪预防的目的，使其他人不至于再犯杀人伤人的罪行。这种"劝爱禁恶"的主张虽然在形式上与复仇有些类似，但在实质上一个强调犯罪预防，一个强调以杀止杀，存在根本区别。

当然，对于严重的贼盗行为，墨家却并不一概反对用刑杀方式惩处。例如，墨子便提出"杀盗人，非杀人"的主张④。这表明其对杀盗不持反对态度，原因则在于墨家倡导"赖其力者生，不赖其力者不生"的自食其力，而盗贼之流则显然是"不与其劳获其实，己非其所有而取"的不劳而获、不仁不义者，因此，应当受到道德谴责和刑罚严惩，即所谓"众闻则非之，上为政者得而罚之"⑤。

---

①《墨子·尚同中》
②《墨子·尚贤中》
③《吕氏春秋·去私》
④《墨子·小取》
⑤《墨子·非攻上》

后　记

　　很早就有写一本《中国古代犯罪学学说通史》的想法，也曾跟一些老师和朋友谈起过这个想法，大多数都表示支持，也觉得这个想法很有意义。当然，有的朋友也提出了不同的看法，认为中国古代没有犯罪学。对于此，我也是认同的，作为学科意义上的犯罪学，的确是在近代才由西方引进来的，古代先贤们没有系统地研究过这门学问。但这不影响我们对古代各家对于犯罪问题进行的思考和阐述进行学习和考察。数千年文明史中，古圣先贤群星璀璨，文献典籍浩如烟海，其中不乏对于犯罪问题的真知灼见。对这些学说和思想进行梳理，或许可以看到一条与西方犯罪学思想特质不相同的发展道路。所以我还是决定要动笔。当然，也有一些朋友对我的能力表示怀疑，觉得我的能力尚不能驾驭这样的"大部头"，我觉得他们说的真的很有道理，尤其是当我真的动笔写的时候，这种感觉便越来越强烈。我最早着手写的是从训诂学领域对"罪"这个字进行一番考证，之前还没有学者系统地做过这个工作，所以一切都得从头来。从甲骨文开始，从金文一直到小篆，作为门外汉，我不得不从头学起。花了两个月的时间，才写出了那篇《释"罪"》，按照这个速度，写完《通史》得到猴年马月呀？

　　一次偶然机会，与同门冯志伟君、闫文博君言及此事，二君对此非常感兴趣，于是就决定共同完成这项工作。二君与我同窗多年，学问功底扎实，他们的加入使我顿觉轻松，也信心倍增。2014 年，我们初步完成了先秦时期犯罪学学说史的写作，这部分是相对较难的一个阶段。这一时期的学说涉及对罪的起源问题的探讨，哲学意味较重。又兼先秦典籍文字古奥，各家学派互有参差，梳理起来也颇费功夫。在大家的分工合作与共同努力之下，终于完成了这部分工作。

我们的具体分工是这样的：第一章"罪观念的起源"、第二章"罪观念的训诂学考察"由刘志松负责；第三章"《周易》对罪的认识"、第四章"先秦道家思想中的犯罪学学说"由周囿杉与刘志松负责；第五章"先秦儒家思想中的犯罪学学说"、第七章"墨家思想中的犯罪学学说"由冯志伟负责；第六章"先秦法家思想中的犯罪学学说"由闫文博负责；全书由刘志松负责统稿修订。

由于时间有限，对于先秦时期犯罪学学说的考察还有一些内容没来得及补入，如对罪观念的起源问题还缺乏一个详细的脉络梳理，对于儒道法墨之外的其他学派的犯罪学学说还没来得及梳理，这些都是很大的缺陷。我们会在全部《通史》完成出版时将这些内容尽量补齐。另外，由于能力有限，文中存在诸多舛漏，遗笑方家，敬请各位师长不吝指正，帮助我们完善。

我们的这一研究课题得到了天津市哲学社会科学基金和天津社会科学院院重点课题的资助，在出版过程中，得到天津社会科学院出版补贴项目的资助，这为我们完成这项工作提供了重要的保障。在写作的过程中，得到了南开大学侯欣一教授、岳纯之教授，华东政法大学刘风景教授，天津社会科学院张建院长，李同柏秘书长，潘允康研究员、任云兰研究员、刘小梅研究员等师长的指导和帮助，得到了天津社会科学院法学研究所各位同仁的支持与宝贵建议，在此表示衷心的感谢！在出版过程中，中国法制出版社潘孝莉编辑付出了很多辛劳，在此表示感谢！只能以我更多的努力，继续完成《通史》的写作，来报答一直以来关心和支持我们的各位师长、同仁、亲人和朋友。

　　姑且以此作为后记。

刘志松于沽上见素堂

二零一五年九月八日夜

图书在版编目 (CIP) 数据

先秦犯罪学学说丛论 / 刘志松，闫文博，冯志伟著 .—北京：中国法制出版社，2015.9

ISBN 978-7-5093-6723-0

Ⅰ.①先… Ⅱ.①刘… ②闫… ③冯… Ⅲ.①犯罪学—研究—中国—先秦时代 Ⅳ.① D917

中国版本图书馆 CIP 数据核字（2015）第 221786 号

策划编辑：潘孝莉　　　　责任编辑：周庠宇　　　　封面设计：杨泽江

先秦犯罪学学说丛论
XIANQIN FANZUIXUE XUESHUO CONGLUN

著者 / 刘志松　闫文博　冯志伟
经销 / 新华书店
印刷 / 人民日报印刷厂
开本 / 640 毫米 × 960 毫米　16　　　　印张 / 19.5　字数 / 232 千
版次 / 2015 年 9 月第 1 版　　　　2015 年 9 月第 1 次印刷

中国法制出版社出版
书号 ISBN 978-7-5093-6723-0　　　　定价：50.00 元

值班电话：010-66026508
北京西单横二条 2 号　邮政编码 100031　　　　传真：010-66031119
网址：http://www.zgfzs.com　　　　**编辑部电话：010-66010406**
市场营销部电话：010-66033393　　　　**邮购部电话：010-66033288**
（如有印装质量问题，请与本社编务印务管理部联系调换。电话：010-66032926）